政协委员履职风采

ZHENGXIE WEIYUAN LVZHI FENGCAI

言恭达

言恭达　著

中国文史出版社

言恭达（2012年）

2008年7月，作者书“何振梁在莫斯科申办第二十九届奥运会的陈述演讲”的大草书法长卷《我的中国心》在北京首发。图为何振梁接受书法长卷

2010年3月，作者在政协第十一届全国委员会第三次会议期间

2010年6月，作者为南京慈善总会捐款100万元，开始建立“南京言恭达慈善基金”

2010年8月，驻苏全国政协委员历史文化名城调研

2010年10月，作者被授予“全国防治艾滋病形象大使”

2010年11月，在“联合国首届中文日·言恭达书法特展”上，作者向瑞士、斯里兰卡的友人介绍中国书法

2012年7月，伦敦奥运会期间“创意城市——伦敦美术大展”上展出作者的顾拜旦《体育颂》15米大草长卷。图为作者在长卷前留影

2013年9月，作者在台湾两岸汉字艺术节上与同道书法家交流书法教育

2013年9月，作者率中国文联代表团访问马来西亚并出席“文化高峰论坛”

2015年6月，驻苏全国政协委员调研如东县特殊教育学校

目 录
contents

媒体报道

自述：抱云堂议事

借得春潮千翼竞，
和风骀荡策纶商。
中枢盛会纾民瘼，
化作丹青入锦章。

长河浴日吐辉煌，
识险排艰赖引航。
鼎业豪英隆郅治，
和风尽拂说兴昌。

江川汇海新潮涌，
共绘蓝图万众从。
欲借长风催桃李，
飞芳吐艳月溶溶。

文开国运出名贤，
万里繁花喜竞妍。
淡定冲夷赢至德，
我将我血洒江天。

以上是我出席第十一届、十二届全国政协会议时所写的部分诗作，表达了一位书画艺术家时代抒怀的真挚情感。

我在担任两届全国政协委员的过程当中，参加了全国政协专门委员会所组织的很多活动。我认为，对于一个全国政协委员来说，不但是应该全力以赴来做好这些活动，提出好的提案，更重要的，这实际也是锻炼和考察一个全国政协委员对民生的关注，以及对我们党的事业的忠诚。从2008年开始到现在为止的多个提案当中，我举几个我认为比较重要的例子。

比如说，在2008年我提了8个提案，其中有一个提案就是关于对当代艺术的一些批评，其中我主要的题目就是对当代艺术的展览宣传这个方面的一个意见和建议。后来这个意见产生了很大的社会反响，当时《美术报》把我这份提案变换了一个题目，叫做“不要丑化中国人的脸”。这个提案的用意何在呢？从八五艺术思潮以后，当代艺术把西方的某些文化价值观嫁接到我们中国本土。在这种情况下，当代艺术当中有很多的作品，有一些画廊出现了把丑化中国人当作一种精神风貌的现象，这实际是某些别有用心的人在文化意识形态方面对我们悄悄进行渗透。

经过后来的了解，以及一些评论家的评论，实际上存在着这样一种现象：某些西方国家，妄图以所谓的“和平演变”颠覆我们的政权，他就是这样在文化艺术宣传方面来丑化你的形式，促使中国的画家，无意识地进入到他的世界当中。因此我这个关于当代艺术的展览宣传提案引起了《美术报》的大讨论，进而引起了全国美术界的大讨论。最后，在第五期的时候，我记得是他们重新邀请我来做一个访谈。在访谈中我谈到，这个提案实际上也是针对了当下我们在管理文化的管理体制方面，比如从中宣部、文化部、中国文联、美协这些管理体制如何尽职尽力来联合对这样的一种文艺思潮，甚至有一些今天来说是反动的文艺思潮进行抑制，而引领现在一种健康的文艺思潮，并对之加大宣传，使其能够进入到我们的人民生活当中，包括在对外宣传。

因此《不要丑化中国人的脸》这样一个提案，后来让我成为那年《美术报》的十大年度人物，这是一个提案。当然其他提案也有很多，比如说对我们整个公共文化服务体系当中，如何动员全国的社会力量来办好我们公共文化服务体系。在这个过程当中，我记得我在联组讨论的时候，作为发言，比较尖锐地提出来，我们现在的公共文化服务体系需要一种正常的扶持。在政府方面，我们往往是做好事，我们是免费地文化下乡，三下乡，为农民兄弟服务。但在我多年的农村调查当中，我同时感觉到，这也产生了我们要看到另外一面，我提出来要把我们送戏的送变成奖，原来我们送的前面是拨，以送代拨，要变成以奖代送。什么意思呢？就是我们以前送戏下乡的送，送了以后，也带来了一些负面的消息，譬如说造成农村文化生态的一种不平衡，包括民间演出团体的萎缩；包括农民文化生活尽管丰富，但是它文化消费的习惯的养成却依旧道阻且长。这些都不是正常的。因此我认为要以奖的方式，而且对文艺团体，通过奖来代送、代拨，是可以鼓励他们经常出新戏，创作出新的作品来的。所以我感觉到，有关部门也应该对这个方面进行 重视，包括对民营的博物馆、体育馆、美术馆、展览厅这些场所，思考如何通过我们的政策来扶持它们，等等。

在公共文化服务体系建设当中，尤其是在目前这两年，我们提出来一个城镇化的问题，城镇化问题包括在我们现在的“十三五”规划当中，如何使原来的农民变成新市民，进行一种软件的转化，如何使农民能够留得住乡愁，这就需要我们不但要进行硬件的建设，可能更重要的是，需要我们通过政策扶持，并动员社会各个方面的力量，使我们农村在城镇化的建设当中，更充分地利用好这个软件，更多的要重视文化建设，更多的要重视我们要保护保留农村的一种传统风貌，包括我们如何把历史的农村的遗产能够保存下来等等。

在这个过程当中，包括通过新浪网跟冯骥才先生联合发出呼吁，关注我们古村落的保护问题。我想，这些都是作为一位全国政协委员的呼吁。除此之外，我想就是对中国文化走出去这一问题的关注。这一点上，我基本上都提了建议，在多年当中也都提过很多这方面的建议。中国文化走出去，如何使之走出去，现在的走出去实际是送出去，把送变成请出去，这是我们现在需要真正认真思考的问题。鉴于此，我做了一些努力。在2012年底，我向北京语言大学捐赠了100万作为文化教育基金。设置这个基金的目的是为了奖励留学生。因为就我了解，北京语言大学包含了180个国家10000多名留学生。他们已经走进来了，我是想让他们走进来也让他们又带出去。因此我捐赠的这笔基金，实际上也是中国文化走出去非常重要的一点。

包括这几年当中，从2010年第一次联合国中文日，我第一个作为中国书法家在联合国总部进行展出，他们好多国家的使馆人员都来参观这个展览，一直到后来的多个长卷的展出，包括到2011年在夏威夷的APEC会议上的展出，实际上就是中国文化走出去的一个非常重要的点。除此之外，对文化产业的方面，我的提案当中也有涉及。其中包括尤其我非常重要的关注几个方面。一是我们整个的社会大文化，其中包括教育，包括农民工的教育问题，包括现在的素质教育问题。二是我们的体育事业，包括我们社区的体育活动问题，包括社区图书馆的问题，等等，也就是社区大文化。三是我们的农村文化，农村文化包括农村的有线电视的问题，农家书屋的问题，我实地都去进行了调研，而且把他们的要求都通过提案的形式写下来。包括我们的社区图书馆、农家书屋的问题，还有一类就是农民业余文化生活的问题等等，这些都是一种社会大文化。当然除了这些以外，还有一个专业文化问题。对此，我提出，我们的文化建设不但要有一个文化民生的思考，还要有一个就是当代的精品文化的积累问题，所以把积累作为我们的大文化建设当中的重要部分。

大文化当中当然还有医疗问题，涉及意外事故等诸多方面，范围很广。总的来说，在个人的提案当中，我不仅关注了自己的专业文化方面的专题，更将视野扩大到整个社会，所以我想这个也是我现阶段作为全国政协委员非常重要的一个定位点。

随着全国政协专门委员会也好，包括由我们全国政协来组织的活动，我想举两个例子。一个是在前年，由时任全国政协副主席阿不来提・阿不都热西提率领我们一个团到敦煌，考察麦积山文化，就历史文物的保护问题进行调研。这一路走了几千公里，让我从中进行思考的，就是我们对整个中国最主要的历史文化的保护问题。尤其是对文物的保护，在目前的形势下，我们到底如何通过我们国家的政策，并结合我们国家的实际情况来进行保护。这其中，我感觉到非常重要的一点，是对敦煌的这些文物古迹没有忧患意识。通过这一次的调研，最后我们包括靳尚谊主席一行，一起在议论提建议的时候达成非常重要的共识：时不我待，必须要迅速地抢救敦煌历史文化遗产。就靳先生自己讲，30年前他曾在敦煌某一个洞口写生，现在那里的壁画已经变黑了，图像已然模糊，说明文物已经风化得非常严重。另外，如何在保护文化遗产的前提下进行开放参观，我们对此都提出了很多的建议。目的就是抢救中华民族的历史文化遗产。

另外一个例子是在去年，由马飚副主席带领我们的，题目为“大数据下中国书画艺术发展”的这样一个调研活动。我们从北京开始，听取北京市政府包括国家工信部、文物局、文化部等部门汇报以外，我们又实际看了从中国美术馆、国家博物馆、中央美院，一直到雅昌的整个目前的大数据，了解到大数据时代对中国书画艺术带来的很多的技术革命。技术革命带来功能的全面扩大，这是非常惊人的，而且技术不断在发展中。但是技术革命也带来了真伪的问题，带来了社会对艺术作品认识上的一种混乱，带来了很多在我们的制作当中，包括保管当中诸如此类的一些问题。

所以我们可以看到，在大数据时代的互联网时代，技术革命一方面带来了我们生活上的便捷和我们老百姓在审美领域的高端感受；但是另外一个方面，在我们艺术创作方面，如何使每个艺术家能够更深地沉浸下去，这也成为了一个问题。因此后来我们又去了安徽，看了文房四宝原始的一条线，做纸、做笔、做墨、做砚等等，又到了浙江，就是从它的画院、博物馆、美术馆，一直到阿里巴巴，由最新的云计算到现在最原始的，胡开文做墨还在用手工。面对这一些，最后总结的时候，我当时总结了七条建议，后来都收在全国政协整个材料上。这一些，我在此处略去不谈，但是有一点，就是我们通过政协的这种调研，非常重要的是，走马要细细地观花，来发现一些规律性的问题，发现时代的特质所带来的不同，我们从创作、传播、保管、收藏，一直到我们学习的各个方面的这些问题。我们既要看到我们的优长，看到我们可喜的成果，但是又要看到我们存在的忧患、存在的危机，从而要迅速地从国家层面为这些看上去很具体，但是实际上也很宏观的这样一个文化和艺术的形态进行考虑和布局，思考如何来通过管理和创新，尤其是创新，来处理涉及这些方面的提案。所以我认为，这种提案、这种调研是非常有效的，也让我们每一位全国政协委员，在这方面的素质得以提升。

作为政协委员十年来，我走基层、下农村、进社区、机关与学校，聊民情、听民意，问题导向，焦点恳谈，从而梳理剖析，建言献策，向两会提交了共70余份提案与建议，尽了一位政协委员的职责。

我常常想，如何当好一名政协委员，以不负这一光荣称号？答案只有一个：将参政议政当作学问来做。因为我深知：一个知识分子报效国家的最好途径是将他的专业精神与政治参与结合起来。

此书是我作为全国政协委员十年来履职尽责、守操归真的一份答卷，一条心路。

我珍惜这份荣誉，更看重这份责任！

建言献策　尽责履职

政协第十一届全国委员会

【提案】

关于加强对中国“现代艺术”创作、展示和市场管理的提案

一、中国现代艺术发展的现状

中国现代艺术是伴随着中国改革开放的进程而发展起来的，20世纪80年代初西方各种文艺思潮的介绍和引进，促进了中国现代艺术的产生。通常以1985年左右在中国美术界发生的被称为“‘八五’美术新潮”为中国现代艺术的起点，至今已经走过二十几年的历史。在这二十几年里，中国的现代艺术几乎重演了西方现代艺术发展100多年来的所有艺术形式。中国现代艺术的发展因为其一味效仿西方现代艺术的形式，追求形式的感官刺激，追求极端的个人享受，甚至有些作品违背道德规范，因而中国现代艺术并不能为中国的广大群众和官方所认可，发展一直处于边缘的状态。

20世纪90年代以来伴随中国经济的高速发展，书画拍卖市场迅速升温，中国现代艺术的主力如方力钧、王广义、张晓刚等人的作品均有百万美元以上天价而成交。如2006年10月9日在苏富比香港秋季拍卖会上中国当代艺术家张晓刚的《血缘系列：大家庭》作品，以874.4万港元成交，创下中国当代艺术品世界拍卖的新纪录。2007年6月21日晚上，苏富比的当代艺术品拍卖中，张晓刚、岳敏君、刘野、方力钧等人的作品都以高价拍出。其中岳敏君的作品《教皇》被以2148万英镑的价格买走，成为中国当代艺术品拍卖中的

最高纪录。

中国现代艺术在拍卖经济的强大刺激下，客观上得以迅速发展，促进了中国现代艺术的规模化和产业化的发展，以现代艺术创作为中心的城市艺术区在北京、上海、广州、深圳、成都、南京等多个城市产生，北京的798厂大山子艺术区，已经形成了一个当代中国现代艺术的文化产业的示范基地。

二、中国现代艺术发展中的问题

中国现代艺术是依附于西方现代艺术形式发展起来的，它的发展有着自己先天的不足，这就必然导致中国现代艺术发展中出现问题。

1. 中国现代艺术是以西方价值判断为中心的，因此，中国的现代艺术创作迎合西方审美，成了当下现代艺术的游戏规则

中国的现代艺术创作必须迎合西方审美，这就是目前的主要艺术游戏规则。就是在这样非常别扭却异常响亮的国际化标准下，中国当代艺术从一个符号走向另一个符号（诸如，政治波普、大批判、玩世现实主义到70年代后、卡通一代等等），每个艺术家都削尖脑袋拼凑着自己的“符号”，以求找到最快的捷径。西方的艺术专家对中国社会生活情境没有亲历的感性认识，而更多是由冷战思维引起的对中国社会的集体性猜测。所以在评论中国艺术家的作品的时候，那些有中国政治与革命符号的作品正投合了西方人的胃口，在拍出天价的中国现代艺术的主力的作品中，不仅是普通民众，甚至连毛泽东、周恩来、邓小平等国家领袖的形象都遭到了丑化和诋毁。这些作品往往以中国身份参与各种世界性的展览。这严重影响了我国的国家形象、诋毁了中国共产党的形象，而在拍卖天价的背后，更引起了众多年轻艺术家的效仿。

2. 党委和政府职能部门对中国现代艺术的创作队伍以及展示和市场管理基本处于失语状态

中国现代艺术创作群体主要以非体制之内的职业画家为主，由于一直以来中国现代艺术的创作被官方视为非主流，而疏于管理与关注，在一定程度上得到了西方世界的同情与扶植而逐步发展起来。有些政府职能部门只看到现代艺术发展所带来的文化产业机遇而给予政策与扶持，但对于游离于体制之外的

中国现代艺术中有损国家形象和执政党领袖形象的创作缺乏相应的管理措施。中国现代艺术作品在参加世界性展览的时候，缺乏一种严格的审查机制，一些丑化中国形象的作品频频在各种世界展览上亮相，极大地损害了中华民族在世界的形象。

三、问题解决的途径

1. 努力建立中国现代艺术的价值体系

中国现代艺术的健康发展必须摆脱对西方形式的依附和对西方审美的投机。只有按照十七大精神建立具有中国社会主义核心价值体系的中国现代艺术才能使中国现代艺术走向健康之路，也才能使中国现代艺术和西方现代艺术平等交流。要十分重视将中国现代艺术核心价值体系建设纳入繁荣社会主义先进文化、建设和谐文化现阶段文化工作的主题中来。将中国传统文化积淀和中华民族精神融入中国现代艺术的价值体系之中。以积极、健康、活力的艺术形象展现在世人面前，才能在中国赢得广大人民群众的支持。

2. 党委和政府职能部门应建立针对中国现代艺术创作、展示和市场的相应管理机制

党委和政府职能部门要十分清晰地认识到当下现代艺术出现问题的严重性，应该采取积极、主动的态度，去正确认识它、引导它、管理它，使它健康发展，以满足广大人民群众日益增长的精神需求。

针对中国现代艺术发展要建立相应的创作、展示和市场管理机制，要将中国现代艺术对外文化交流上升到树立国家形象和文化安全的高度，要加强对中国现代艺术创作队伍的引导和管理，要加强中国现代艺术参加国际展览和国内市场的审查制度。现代艺术的发展既要坚持百花齐放的方针，又要正确引导和管理，才能使它健康发展。才能符合胡锦涛主席在十七大中提出的繁荣社会主义先进文化，建设和谐文化，建设和谐社会的要求。

2008年

关于设立中华母亲节的提案

近年来，由于构建和谐社会、坚持民族文化立场，传承中华文化的需要，全国都在呼唤优秀传统文化思想和伦理道德的回归。

太平盛世，各种节日名目繁多。然而，在众多的节日中，被广大群众，尤其是青少年一代所青睐的却不是中华民族的传统节日，而是西方的情人节、母亲节、父亲节、圣诞节等等。

很多青少年对祖国的传统文化历史知之甚少，盲目跟随西方人过节，这是当今社会存在的客观现象。对此，我们无由责难这些青少年。反躬自省，我们的党和政府是否及时普及了祖国传统节日的历史知识？是否正确引导了祖国优秀传统节日的理念？是否有意识地传播了传统节日在整个文化传承过程中的重要性？如果我们没能填补这块空白，当然，外国的文化就会轻而易举地入侵。由此可见，坚持祖国文化立场和发展中国传统文化的重要性。

“百善孝为先”，这是对社会主义荣辱观的具体实践，是中华民族传统美德的具体传承，是贯彻落实《公民道德实施纲要》的有效手段和重要载体。道德培育离不开养成教育，从娃娃抓起，是固本强基之举。母亲，作为孩子最早的启蒙老师，责无旁贷地承载了极其重要的使命，中华民族应该拥有自己的母亲文化节。“中华母亲节”的设立，将会为弘扬中华民族优秀传统文化思想、坚持中华民族一脉相承的文化立场、呼唤中华民族优秀伦理道德回归、传承优秀的儒家思想和促进和谐社会建设、为维系中华文化血脉和培育中华儿女的民族精神做出重大贡献。

在中国历史上，早在1000年前的祖国民间，孟母庙就已经在全国可见。孟母，孟子的母亲，“孟母三迁为教子”的美谈从古至今都在被广为传颂。孟母教子有方，才会出现孟子这样的千古圣人。千年之前，被群众公认的孟母，是历史形成的理念。当今时代，我们更呼唤孟母这样的母亲榜样，设立以孟子出生的那一天为节日的“中华母亲节”，通过立法的形式予以确立，在全国树立伟大母亲的形象，势必会启迪当代人的文化、思想和伦理，是意义重大、影响深远的大好事。中国素有文明之邦、礼仪之国的美誉，然而由于历史的原因，一度道德基石松动，道德滑坡堪忧。在市场经济条件下，在面对西方节日纷至沓来的今天，继承和发扬中华民族的传统美德，建设社会主义的人伦道德体系，树立落实社会主义的荣辱观更显得任重而道远。在全社会范围内大力提倡尊母、敬母、爱母、孝母的“中华母亲节”，是弘扬祖国传统美德，是凝聚一个家庭、一个民族乃至一个国家的重要精神力量。

孝是一切伦理道德的根本，是德育教育的核心，中华孝道源远流长，“孝行天下”的故事不胜枚举。养成孝敬父母、尊重长辈的良好品质，使青少年常怀“感恩之心、敬畏之心、进取之心”，树立正确的世界观、人生观和价值观。

讲孝道，需要全社会的共同参与、共同培育并不断巩固深化。讲孝道不仅仅是青少年的事，每一个公民都应自觉成为孝道的遵从者和实践者，都应身体力行、率先垂范，充分发挥好模范带头作用，让与时俱进、富有时代特色的“孝”大行于天下。

2008年

关于中央数字电视书画频道在北京迅速落地的提案

党的十七大报告指出：文化要大发展、大繁荣，坚持社会主义先进文化前进方向，兴起一个文化建设的新高潮。

近些年来，由于党中央号召构建和谐社会的目标，为符合社会主义科学发展观和加速建设有中国特色社会主义的需要，文化工作被提到了空前重要的地位。和谐文化是全体人民团结进步的重要精神支撑，“文化是民族的根，是国家的魂，是民族凝聚力和创造力的重要源泉”，这是广大人民群众的共识。

中国文化的核心和精髓是诗、书、画、印。我欣喜地看到，在江苏乃至祖国的边陲地区如海南的五指山和云南的西双版纳，一个承载了中国文化核心与精髓的高清数字电视频道——中央数字电视书画频道正在播出。据了解，该频道从2006年7月开播，是由国家广播电影电视总局批准开办的全国唯一的专业书画电视频道，是中央数字电视平台中的重要一员，已经登上中星6B卫星，可以传送全国各地及世界部分国家。开播伊始，各国驻华大使和国外电视机构纷纷表示祝贺，足见其在全世界范围内形成的影响力。

书画频道代表先进文化、传播主流文化、崇尚国粹文化、弘扬民族文化。已经在全国绝大多数省市地区落地播出，受到了地方政府书画界、文化界、宣传部门的领导者、艺术家、教育家、经营者和爱好者的广泛好评，吸引了众多观众，既普及了以书画为核心的美术知识，又提升了民众的美术鉴赏水准，体现了广泛传播的专业特点。

然而，1年半来，来京参会期间，却接收不到书画频道的信号，深感遗憾之至！困惑不解之余，详细询问各界友人，方知书画频道在北京一直未能落地。这种“灯下黑”的奇怪现象之所以发生，在于目前中国数字付费电视产业链条间各环节的衔接不畅通以及条块分割的客观存在，相关部门就合作的细节未能达成一致，使诸多矛盾未能解决，综合起来共同导致了处于该产业链条最上游的书画频道供应商的节目无法从卫星接入到地面的有线网络，使得北京已经安装机顶盒的广大受众不能正常收视，实为可惜！

北京，作为党中央所在地，全国的政治文化中心，人文荟萃之要地，理应扛鼎弘扬中国传统文化的时代重任，率先贯彻党中央提出的文化发展战略，积极推进文化建设的新高潮。2008中国奥运将会让全世界聚焦北京，中国必须向世界进行充分的自我展示，作为传播效果最好的高清数字电视媒体，毋庸置疑该担此重任。而其传播的内容中如缺失了最能展示中国文化魅力之一的书画艺术，将会成为永久的遗憾。

书画频道北京落地是首都广大民众的需要，是国家文化建设的需要，是贯彻党的十七大精神，推进文化大发展、大繁荣的需要。基于此，建议北京有关部门，如广电系统、地方有线网、文化系统、政府宣传部门、政协、人大等予以充分重视，积极贯彻落实中央文件精神，以国家的文化建设大业为重，以人民的利益和民族的科学发展为重，而不再纠缠于个别单位之间的矛盾，将问题解决到底。

所幸，2008年伊始，国家对数字付费电视产业提出了令人欣喜的政策。由国家发改委、科技部、财政部、信息产业部、税务总局、广电总局等六部委联合发布了《关于鼓励数字电视产业发展的若干政策》，《政策》明确提出建立和完善适应“三网融合”发展要求的运营服务机制。根据国家战略，数字电视产业的发展目标是，要实现由电视生产大国向数字电视产业强国的转变。由此，国家数字电视产业正式获得政策“助推器”。政策是先导，重在贯彻、执行和落实，整个数字付费电视产业的良性发展势必为书画频道全面落地，尤其是首都北京落地提供大好条件。

有鉴于此，我认为书画频道尽快在北京落地是迫在眉睫、势在必行、功在千秋、泽被后世的大事！

建议各级政府、各有关部门都能从国家全局出发，大力倡导书画频道应该尽快为北京民众所收视，为首都的文化艺术生活注入一股阳光下感恩、传统中敬畏、民生里博爱的清风！为书画频道传承中国书画传统、推出时代原创精品、实施文化走出去的国家文化发展战略，提升国家整体文化力开辟顺畅的通路！

2008年

拓展文联职能，深化文化管理体制改革

2003年，十六届三中全会通过的《中共中央关于完善社会主义市场经济体制若干问题的决定》明确提出："深化文化体制改革。按照社会主义精神文明建设的特点和规律，适应社会主义市场经济发展的要求，逐步建立党委领导、政府管理、行业自律、企事业单位依法运营的文化管理体制。转变文化行政管理部门的职能，促进文化事业和文化产业协调发展。"其中在行业自律方面，通过拓展人民团体文联职责，使其逐步承担起社会文化行业协会职能，开展社会文化方面的行业服务、行业管理、行业自律、依法维权工作应成为文化管理体制改革的一个重要方面。这样做有利于活跃文化市场、规范行业发展，真正做到政企分开、政事分开、政资分开、政与市场中介机构分开、管办分离；也有利于文化行业行政部门从办文化的事务中解脱出来，实现政府依法管理、行业依法调节、企业依法经营，文化事业和文化产业协调发展，人民基本文化权益得到更好保障，社会文化生活更加丰富多彩的繁荣兴盛局面。

根据这一思路，目前各地文联积极进行了探索。如江苏省文联在2006年率先在全国组建了省级动漫艺术协会，其协会职能向行业协会过渡；创建了文艺家权益保障委员会，履行维护、保障、代理文艺家著作权权益的职能；省民间艺术家协会与具有"工艺大师"职称评审的工艺美术学会资源整合，满足民间艺术家职称评定、资质认定等需求；有的市文联承接了该市文学艺术奖评比工作或承担了工艺美术类初高级职称评审工作；不少文联所属协会开展了社会艺术教育、培训等有关行业执业资质认证、考级等工作，在相关社会评估体系中发挥了不可替代的作用。

但由于对十六届三中全会提出建立党委领导、政府管理、行业自律、企事业单位依法运营的文化管理体制认识不到位，许多地方在文化体制改革中没有甚至十分不愿意将社会文化方面的行业协会职能向社会团体文联移交，而是另起炉灶，政府职能部门自己牵头成立由自己管理的行业协会。如某市文化广播电视管理局牵头成立的行业协会目前有11家。这样翻牌的结果不仅依然还是管办一家，而且会造成机构的重叠、资源的浪费、管理的混乱。

究其原因，由于计划经济时代的权力部门化、部门行业化，部门拥有对所管社会资源进行垄断性分配的权力，行业成为部门利益的共同体，既得利益使这些部门不愿将已有的职能转移出去，同时也因为既得利益问题，使得这些部门缺乏购买文化服务的意识而热衷于经常性直接组织，如各种调演、会演、展演、比赛、评奖甚至商业演出等活动。既"管文化"，又"办文化"的结果是，耗费了政府大量人力物力，分散了政府管理精力，使政府陷入与政府管理职责无关的繁杂事务中，淡化和混淆了政事、政企和政社之间的关系。

胡锦涛总书记在中国文联第八次全国代表大会和中国作协第七次全国代表大会上的讲话中指出："中国文联、中国作协要围绕中心、服务大局，坚持正确文艺方向，发挥自身优势，履行好联络协调服务职能，起好桥梁纽带作用。""面对新情况新问题，各级文联、作协要努力探索适应社会主义市场经济体制、符合文艺发展规律和人民团体特点的管理体制、运行机制、组织形式、活动方式，不断加强行业服务、行业管理、行业自律，依法维护文艺工作者的权益，广泛团结各方面各领域的文艺工作者，把文联、作协办成文艺工作者之家。"胡锦涛总书记的讲话进一步明确了在文化管理体制改革中文联的职责，在原有文联职能基础上，根据形势发展要求，将文化方面行业协会职能同时担当起来。

为更好地推动文联同时肩负起社会文化方面行业协会工作，进一步推进文化管理体制改革，建议：

1. 各级宣传部、文化厅（局）、文联等应按照《中共中央关于完善社会主义市场经济体制若干问题的决定》精神，明确在新时期各自工作、职责的定位，改变目前一些地方存在的错位、越位、缺位的现象。

2. 应明确由各级文联承担社会文化方面行业协会职责，通过各级文联及所属各协会拓展职能，融文艺家协会职能与行业协会职能于一体，来直接承接各级政府转换的职能，推动管办分开。各地党委、政府组织的社会性文化活动展演、展览及有关社会文化方面的职称评定、资质论证、成果评审、评奖等工作应逐步转交各级文联和社会团体来承办。

3. 各级文联在承接政府转换过来的职能时，不能照搬政府行政管理方式，应认真借鉴国内外非政府组织的成功经验和做法，如基金会运作机制等，注重机制创新，紧密结合文联自身特点和实际情况，自觉树立承接政府职能转移的意识，以行业自律为核心，以行业服务为宗旨，以行业维权手段来构建行业管理平台，为履行社会文化方面行业协会职责做好充分准备。

2009年

关于慈善文化培育的几点建议

胡总书记在2008年12月5日在会见出席慈善大会代表时的重要讲话强调，要弘扬慈善文化。慈善文化在中华民族的传统中源远流长，但是，如何激发每一个人参与慈善，形成强烈的慈善氛围，还需要我们加强工作。为此，我建议：

一、认真学习落实胡总书记的讲话，建议把“讲话”作为全社会开展慈善事业的理论依据和指导思想。胡总书记的讲话充分肯定并高度赞扬了慈善事业的神圣使命和高尚行为，极大鼓舞了全国每一位慈善捐赠者和工作者的热情。地方各级党委、政府以及慈善机构要认真学习总书记的讲话精神，展开多种层面的学习研讨活动，将党中央的关心支持落到实处，从而带动全社会掀起一股认识慈善、学习慈善、践行慈善的热潮。建议选一个合适的日期作为全国慈善日，开展系列慈善文化的宣传活动，以此号召社会各界积极投入慈善活动。

二、弘扬慈善精神，建议从学生抓起，培育他们的慈善、爱心意识，传承祖国源远流长的慈善文化和意识。西方慈善事业之所以深入人心，很重要的一点就是全民的慈善参与意识，而我国由于历史的原因，在教育、宣传方面的工作还做得不够，而慈善意识的推广和积淀并不是一代人所能完成的任务。当前应从学生入手，建议学校每个学期开展几次慈善方面的讲座、讨论以及课外活动，使他们从小就养成无私奉献、扶贫济困的优良品德，让慈善成为公民的日常生活方式，这是我国慈善事业可持续发展的根本。

三、建议把慈善理念作为一个专门学科、一种生活方式来对待。慈善是一项系统工程，牵涉到经济学、政治学、社会学、伦理学、法学等诸多学科，因此建议要适时建立专门研究慈善事业的机构，汇集社会各方面的专家学者，共同出谋划策，引导慈善事业向系统化、科学化、国际化方向发展。

四、建议各级慈善机构、非营利性组织、媒体、网络等部门要在工作中注重宣传慈善理念，推广慈善文化，通过各类群众喜闻乐见的活动向社会传播慈善意识。要发挥强势媒体的作用，为慈善宣传提供便利，将慈善意识生动地引入到大家的日常生活当中，成为我们的一种生活习惯，而不是古板的说教。

五、建议早日出台慈善相关法规，从而更好地推动慈善事业的良性发展。我国现代慈善事业尚处于起步阶段，很多行为都没有得到法律的规范，一些慈善的愿望、热情和捐赠行为没有得到法律的保护和扶持，造成了某些时候慈善募捐行为的混乱和无序，挫伤了大家的捐赠积极性。建立完善的慈善法律法规，可以推动慈善意识的培育，规范慈善行为，促进慈善事业多元化发展，消除部分群众对于慈善行为、慈善机构的某些偏见。

2009年

关于新兴文化业态行业管理的建议

进入信息时代，各种新兴的文化业态不断涌现，如数字内容、动漫、游戏、移动多媒体广播电视、网络广播影视、数字多媒体广播、手机广播电视，纸质有声读物、电子书、手机报和网络出版物等，特别是网络文化的迅猛发展，博客、播客、聊天工具、论坛、讨论版等新生文化业态越来越多，既繁荣了文化市场，也向文化市场的规范提出了新的挑战。虽然中央出台了一系列文件、规定，并不断掀起扫黄打非的高潮，但仅靠文件管理显然是不够的，靠运动式的管理是不能持久的，最有效的方法还是通过行业自律实现有序发展，在当前文化体制改革政府管办分离，政事、政企、政资、政与中介机构“四分开”的形势下，文联作为党领导下的人民团体理应将新的文化业态纳入管理中，通过行业协会形式，让各个新兴的文化业态在自律与他律结合的基础上有序发展。

一些地方的文联在这方面已有所尝试，探索新形势下人民团体职能拓展。江苏省文联在2006年率先在全国组建了江苏省动漫艺术协会，在信息沟通、职称评定、行业自律、资源整合、维权服务、培训咨询、国际交流合作等方面发挥了非政府组织的独特作用。但由于各级文联编制、经费还是按过去传统的管理模式核定，使得人员编制和办公经费成为组建新的文化业态协会的瓶颈，人民团体进入办社会文化“主战场”的工作业态难以进一步顺应当前社会文化发展潮流进行拓展，不能适应日新月异的文化发展形势需要。

为此建议：中央宣传、人事、财政等有关部门应在十七大精神指导下，认真研究分析各类新兴文化业态发展情况，积极鼓励、支持各级文联拓展职能，组建适应新兴文化业态发展的有关行业协会，并与其他传统的人民团体协会一样，解决人员编制和业务经费问题，使新组建的协会能更好地在党委领导下，通过建立和加强行业自律，实现新兴文化业态的有序发展，使党和国家对新兴文化业态的管理达到事半功倍的效果。

2010年

遵循市场规律振兴戏曲市场

戏曲艺术是优秀传统文化的重要组成部分，许多地方都已经把戏曲艺术列入了非物质文化遗产保护名录，加大了戏曲艺术的保护力度。这些戏曲剧种都有过辉煌的过去，每一个历史发展阶段都曾涌现出一批优秀戏曲人才。他们的艺术成就和艺术影响，被历史记忆、被人们称颂。他们的成才、所取得的成就和影响，是靠他们面向市场，夏练三伏、冬练三九的苦练基本功和长年累月在舞台上演出赢得广大观众支持获得的。

不用讳言，近十多年来，随着改革开放的不断深入和发展，市场经济渗透到社会各个领域，媒体多元化的普及影响和改变了观众的欣赏习惯，戏曲统领城乡文化娱乐的盟主地位，已经不复存在。戏曲逐年步入困境，国有剧团生存步履维艰，从业人员陷入迷茫和焦虑之中。

为了重振戏曲，党委政府有关部门也采取了一系列措施，除了推行京剧进校园外，主要是由政府埋单，让本地国有剧团送戏下乡，无偿为基层服务演出，这固然在一定程度上是繁荣演出市场，丰富基层群众，特别是广大农民群众的文化生活的惠民措施，但从另一个角度看，按照艺术市场的培育规律，它也带来了一定的生态失衡隐患，不利于戏曲市场全面健康发展。对许多观众而言，易形成不花钱的戏就看，花钱就不看的心态，哪都进就是不进剧场；而对剧团而言，反正有政府埋单，演好演差一个样，平时打造精品只为获奖，使获奖剧目成为形象工程，使原本扎根于基层群众之中的戏曲艺术与观众的距离越来越远。而民营剧团举步维艰，很难竞争，形成演出市场的恶性循环。

然而，正当众多戏曲跌入低谷的时候，一度萧条的电影市场在市场这只无形的手引导下已率先走出了困境，一些戏曲艺术也在市场这只无形的手推动下打出了一片新天地，从有的地方送电影下乡曾出现白送也少有人看的场景到如今火爆的电影院，从“刘老根大舞台”“德云社”等民营剧团的成功，让我们再次看到市场的威力，也让我们领悟到在振兴戏曲方面，我们不缺市场，不缺观众，缺的是适应观众需求的艺术精品，缺的是遵循市场规律的观念，缺的是适应市场要求的文化机制、体制。

国务院《文化产业振兴规划》已经明确指出：“要扩大文化消费，不断适应当前城乡居民消费结构的新变化和审美的新需求，创新文化产品和服务，提高文化消费意识，培育新的消费热点。”“建设现代文化市场体系。建立健全门类齐全的文化产品市场和文化要素市场，促进文化产品和生产要素的合理流动。”为了培育良好的文化生态环境，让戏曲艺术能在遵循市场规律的前提下重新振兴，同时为深入推进文化体制改革，让国有经营性文化单位顺利实现转企改制营造有利条件，建议：

一、采取市场运作方式开展戏曲惠民活动。各级政府应改变过去在年底集中组织送戏下乡的做法，而采取以奖代拨的形式让戏曲优秀作品走进基层，培养戏曲观众群。对于每年在农村、社区演出达到一定场次、群众评价高、演出内容健康的剧团，经当地文化部门考核合格，给予奖励，以扶持适应群众需要、群众认可的剧团在竞争中发展，让百姓能自己选择喜爱的节目，并养成文化消费的理念和习惯，更好地丰富群众日常文化生活。

二、必须让名剧、名角经过观众认可，通过舞台产生。应对各类获奖剧目、获奖演员及演员评高级职称等提出票房要求。

三、建立高中低档不同的戏曲消费市场，适应不同的观众群体要求。目前电影市场的火爆，一方面是电影作品适应市场需求；另一方面，许多电影院已升级换代，形成了高中低不同档次，使不同收入的消费群体都有自己的消费空间。可借鉴电影院改造的经验，广泛吸收社会资本，加大对剧场改造、升级的力度。

2010年

关于建立网络文艺组织的建议

国际互联网在中国的应用日益普及，据CNNIC此前发布的中国互联网络发展状况统计报告，截止到2008年12月31日，中国的网民规模已经达到了2.98亿人。根据近一年来中国网民以每月800万—900万的增长速度推算，截至2009年1月6日，中国网民数量已经突破3亿，网民数量居世界第一。

中国互联网权威机构于2008年1月8日发布的调查报告称，在中国网民结构中，学生用户仍是第一群体，占到网民总数的近两成，其次为IT行业用户。数据显示，网民整体教育程度较高，本科、大专比例超过六成；收支状况也普遍良好，支出占到收入总额的64.6%；26至30岁年龄段成为网络消费主力军；消费地区则集中在网民收入较高的北京、上海和浙江。网络接入、网络购物和网络游戏为中国网民数项较大开支，2007年其月均消费分别达到93.6、109.2和24.9元，而电子邮箱、网络安全、网络音乐、网络交友、即时通讯等方面消费则在3元上下。

3亿网民中有60%至70%青年网民，这一庞大群体中，又有相当多的人在从事网上艺术创作。虽然现在没有查到准确数据，但根据网络现实，最保守也可以毛估出，大约有四五千万青年从事网络艺术创作，如美术、音乐、文学、影视等。网络艺术创作的生产量非常巨大，传播非常迅速。诞生于网络的许多优秀文艺作品，在网络和现实社会中产生很大影响。涌现出了一大批优秀网络艺术人才。

但是，在网络艺术创作活动和作品中，也充斥着大量以“搞笑”为目的的或内容低劣、格调不高、违反社会主义文艺方向甚至是违反人类精神、意志、人性的反动作品和黄色作品。

网络艺术作品，不仅已经对人们特别是青年的审美观念产生强大影响，而且对未来社会文化发展产生一定影响，关系到祖国优秀传统文化的传承，关系到中国先进文化的积累与创造，关系到我国文化安全，是一个值得特别重视的文化问题。

造成这一问题的原因是多方面的，其中很重要的一个原因是网络艺术家、艺术爱好者没有一个以党为领导、以文艺界人民团体为指导，以自愿结合为原则，以团结、引导网络文艺家进行艺术创作、繁荣发展网络艺术事业的组织。

2007年1月23日下午，中共中央政治局进行第38次集体学习。学习内容是国际互联网技术。中共中央总书记胡锦涛在学习会上强调，加强网络文化建设和管理，充分发挥互联网在我国社会主义文化建设中的重要作用，有利于提高全民族的思想道德素质和科学文化素质，有利于扩大宣传思想工作的阵地，有利于扩大社会主义精神文明的辐射力和感染力，有利于增强我国的软实力。我们必须以积极的态度、创新的精神，大力发展和传播健康向上的网络文化，切实把互联网建设好、利用好、管理好。胡总书记的讲话提出了加强网络管理的根本方针。现在，全国、省、市文学艺术人民团体体制健全，正在为贯彻落实党的十七大提出的大力促进我国社会主义文艺事业大发展大繁荣而不懈努力，文艺成绩显著，得到了党和人民的赞扬与肯定。在这样的背景与基础上，贯彻落实胡总书记关于加强网络管理的重要讲话精神，加强网络文艺组织建设，是我们促进社会主义文艺事业大发展大繁荣题中应有之义。因此，我们建议：中国文联或全国各艺术家协会拓展组织职能与工作任务、创新工作领域和工作方法、扩大工作对象特别注意吸纳有未来意义的网络优秀青年文艺人才，率先成立网络艺术组织，带动全国特别是互联网应用发达省、市逐步建立网络艺术组织，形成网络文化主流引导力量。

2010年

关于进一步保护和发展“中华老字号”的建议

“中华老字号”不仅是一种商业景观，更是一种历史文化现象；恢复“中华老字号”是传统企业品牌的延续和恢复，也是一种优秀传统文化的承传和人类优秀精神财富的积淀。“中华老字号”的消失不只是一种品牌的消亡，更是一种人类优秀物质财富和文化精神的巨大浪费，因此，保护“中华老字号”对中华传统品牌的继承、传统文化的延展以及中国当代企业形象的塑造具有十分重要的历史意义和现代价值。

然而，据有关数据显示，目前“中华老字号”的生存现状十分堪忧，经原国内贸易部认定的“中华老字号”企业1600多家，但近几年来只有10%生产经营较好；70%的企业经营较为平淡，没有明显改观；约有20%的企业经营不景气，甚至已经倒闭。“中华老字号”品牌文化的缺失是当前不景气的最主要原因。因此，加大对“中华老字号”的关注、扶持和保护已经迫在眉睫，必须引起政府和社会的广泛关注。

考虑到“中华老字号”的现状和所具有的特殊文化价值和历史意义，现提出有关建议如下：

一、发挥政府部门的主导作用，应高度认识到“中华老字号”这个传统品牌，在当代经济建设中所具有的重要价值，对中华文化的承传、儒商的塑造具有十分重要的意义。认真执行2008年由商务部、发改委、教育部等14个部门联合发出的《关于保护和促进老字号发展的若干意见》。三年来，“中华老字号”的生存和发展现状好多地方还没有明显的改观，建议有关部门在《意见》的基础上，结合“十二五”规划制定本地区城市和经济发展进程中更切实、更具体、更有效、更有可操作性的政策和规划，为推进“中华老字号”的保护和发展办实事、求实效。

二、建议各地政府有关部门在资金、人才等方面对“中华老字号”进行扶持和研究，通过影视、文学、课题申报、专题活动等不同形式，对“中华老字号”进行宣传、展演、研讨等，不仅让社会了解“中华老字号”，更要让社会参与共同维护“老字号”，让“中华老字号”“老树着新花”，在当代的社会经济建设中不仅得到延续而且还要发扬光大。

三、关注品牌的人文意义是“中华老字号”企业文化创新的关键。老字号企业自身要注重在理念创新（看重老牌、敢于亮牌）、科技创新（注入现代科技使其产品质量与时俱进，赢得民众）、制度创新（注重机制与方式上与市场经济和国际接轨），通过创新培育新的市场增长点。使消费者在消费时不仅意识到一分品质，同时也能在心中包含对历史文化的眷念。发展“中华老字号”弘扬儒商文化，是中华民族商界复兴的必由之路。

2011年

关于以品牌引领文化产业发展的建议

文化产业的崛起，是当今文化发展的一个世界性的趋势，是经济和文化加速融合的直接体现。作为文化资源大国，我国现有的文化产业与欧美、日韩等强国的文化产业相比，差距十分明显。要改变这种格局，当务之急是加快塑造中国文化产业领域的品牌，改变一个“文化制造”的弱国形象。

世界文化品牌的竞争实质上是文化创意的竞争。文化品牌是一种文化现象，一种文化象征，是有形资产与无形资产的容纳器。中国文化产业要想在未来的竞争中赢得先机，除了政策扶持、资金投入、人才培养等要素外，必须加强塑造文化产业品牌，其核心竞争是品牌的竞争。这是因为，一是品牌塑造具有无形性。消费者在文化消费中得到的纯粹是精神层面的体验和娱乐，是通过对品牌概念的消费来获得精神层面的愉悦和满足的。文化产业的品牌塑造是构成文化产品内容的核心。二是品牌塑造具有象征性。它的诞生一般要经历一个“意义—品牌—产品”的生成过程。它表示非实物化的内容产品在品牌化之前就首先被人为地赋予了特定的象征意义，这种意义经过不断的品牌传播活动慢慢转化成品牌的象征价值，是一个从无形象征价值到有形产品价值发展的过程。世界知名品牌皮尔卡丹、金利来、可口可乐、劳斯莱斯、海尔等均是如此。三是品牌塑造具有情感性。消费者对文化创意产品的热情不断高涨，看中的就是文化产品的愉悦功能和个性的表达功能。

目前在文化产业品牌打造方面，我国虽初见成效，但就世界范围而言，知名品牌偏少与我国经济发展的地位相比还不相称。我国文化产业要在世界舞台上占有一席之地并把“中国形象”展现在世人面前，关键在于通过打造一批精品来塑造一批真正强势的文化产业品牌。为此建议：

一、审时度势，明确品牌塑造的目标要求。应要求各地在文化产业发展中，从一开始就应树立精品、品牌意识。特别是对一些地方花巨资建的文化设施、游乐场所，重点建设的文化产业园区，重点扶持的龙头文化企业，应以上海世博会排队大热门的石油馆等为参照标准，将做精做强做出品牌放在首位。

二、突破重点，坚持品牌塑造的优势内涵。时下美国网络游戏、迪斯尼动画及日本、韩国的动漫产品等，占领了我国文化市场的相当份额，组织文化产业集团联合打造一批可以与之抗衡的原创精品动漫作品，从而树立自己的文化产业品牌。

三、注重特色，避免品牌塑造的同质竞争。进行准确的品牌定位，让品牌在消费者心目中寻找到一个独特的位置，是构建品牌关键所在。如我国新闻出版产业非常发达，媒体众多但缺少特色，缺少叫得响的品牌。中央应指导各个媒体围绕塑造品牌，找准自身定位，打造互不重复的一报一刊一台一特色，塑造出具备个性和竞争力的出版业品牌。

四、创新思维，强化塑造品牌的战略延伸。品牌延伸已经成为各种企业战略增长的核心。把文化产业品牌塑造的象征价值，通过品牌延伸策略向有形产品领域转移是打造强势文化产业品牌的内在需求。同时，文化产业品牌向有形产品延伸是要有独特条件的，延伸品牌要能不断强化主品牌的核心价值，而不是削弱它的核心价值。应吸取“喜羊羊”卡通形象品牌，由于缺乏相应的品牌延伸管理策略，导致市场上多个“喜羊羊”品牌的出现、授权企业生产的衍生产品质量问题等直接对“喜羊羊”品牌造成伤害，并产生消极的影响的教训。在文化产业品牌塑造向有形产品领域延伸时，国家应注意对相关企业的培训指导，使它们注重对授权企业的资质审定，加强对衍生产品的延伸管理，以不断强化和维护品牌核心价值。

五、维权服务，保障品牌塑造的顺畅发展。当前我国文化产品的品牌塑造其实质是我们在全球化语境下重塑民族精神和文化价值的国家文化战略的推进。抵抗西方文化各种不同方式的文化殖民，维护中华民族的文化特质、文化主权，是当代文化安全的主题。因此，品牌知识产权权益的保护，不受侵犯是相当重要的。要强化执法力度，推进行业自律。除进一步发挥司法维权的主体地位，加强法律法规在执行中的可操作性和威慑力外，更要有计划地扶持社会企业以维权主体地位开展自我维权行为。

2011年

关于文化“走出去”的建议

当前，文化“走出去”已提升为国家战略，其形式和内容在日益丰富，文化“走出去”的影响力和竞争力也在不断增强。但严格地说，文化“走出去”的效能还没有得到很好的体现。目前各地的文化主要是“送出去”，距离“走出去”“走进去”还有一定距离。

一、问题

（一）竞争力差，只能“送出去”

在文化体制改革过程中，还没有建立起完善的文化“走出去”的政策扶持体系。许多文化部门和文化企业感到“走出去”前期推广费用高、综合运作成本大。由于投入的财力有限，现在“走出去”的文化产品好多为低端产品，如民乐类、传统杂技和简单服务，较少考虑国外受众的欣赏习惯和审美情趣，仅坚持“要让外国人看到我们”，而没有琢磨外国人想看什么，喜欢看什么，能看懂什么。“送出去”产品和服务的内容缺乏创新，现代科技含量较低，翻译水平低，故欣赏性较差，市场竞争力较弱，影响力不大。目前各地在国外开展的很多文化活动虽然从表面上看轰轰烈烈，但其实完全是“送出去”的，由政府唱主角、政府来埋单，甚至有的连观众都是政府请当地华人团体组织的，很难谈得上有多少影响。更没有纳入市场经济和全球化语境的大背景下来考量，缺乏一定的产业运作观念和意识，更谈不上社会效益、经济效益双丰收。

（二）各自为政，缺乏统一规划

部分文化单位和企业仍习惯于等、靠、要，“走出去”的方法不多。同时，各地组织对外文化交流推介活动的单位和部门比较多，仅省级层面就有外办、外宣办、文化、广电、出版等多部门，地级市也分别组织各自的对外文化活动。没有统一的布局，相互之间缺少沟通和合作，甚至还存在一定程度的恶性竞争，导致难以形成走出去的拳头产品，基本上处于散兵作战状态。

（三）专业人才较为缺乏，成为“走出去”瓶颈

从文化产品来看，缺乏外向型编辑出版人才、了解国际市场的营销人才和真正了解国外的高层次翻译人才；从经营层面看，缺乏真正意义上的以专营中国文化为主的国际经纪机构和经纪人，而懂文化、会经营、懂外语、擅策展、熟悉国际文化市场运作规律的复合型人才，更是十分匮乏。部分文化企业出国演出由于缺乏独立运作能力，只能委托海外的经纪公司安排，在报酬分成上只得小头。很多外向型出版物在外语翻译表达上存在严重问题，不仅外国人看不懂，装帧也不符合外国的审美习惯。我国传统文化的翻译由于翻译者的理解和外语水平，翻译出来的意义大相径庭。如一个昆曲词牌，就有江苏版、浙江版、北昆版……直到演员在台上唱了，观众才发现原来都是一个折子。而好的翻译作品，如《东史郎日记》是请在日本生活了20年的美国人用两年时间才译好的。苏州昆剧院青春版《牡丹亭》之所以能以完全商业演出的形式，远赴欧洲参加中、英政府共同举办的“时代中国”的演出和世界十大艺术节之一的“希腊国际艺术节”的演出，并以票价45英镑创中国所有赴英演出团体之最，剧场上座率高达85%，那是因为由白先勇翻译并资助的，但这样的人才极少。

二、建议

（一）制定目标规划，保障就有方向

文化“走出去”要真正作为一个重大文化工程来做，纳入“十二五”规划中，并建立起相关的考核、评价和责任制度。其中很重要的一点是以文化“走出去”，促进经济发展方式转变。

（二）完善管理体制，保障走得顺畅

全国至各省拟建立统一协调的文化“走出去”管理机构，以充分调动各文化单位和企业的积极性，协调不同部门的合作。可由宣传部门牵头，相关部门参与，统一扎口管理，并出台文化“走出去”方面的规章和规范性文件，更好地指导文化“走出去”工作。

（三）打品牌建平台，保障形成特色

实施文化品牌战略，形成有特色、有品位、成系列、规模化、富有国际影响力的文化品牌，以特色的民族理念、优质的产品、先进的服务唱响中国价值。同时，在经营层面，应成立区域性的、具有较高国际影响力的营销机构，着力打造具有国际竞争力的外向型“走出去”文化企业，鼓励他们通过独资、合资、控股、参股等多种形式在境外兴办实体、设立分支机构，充分利用国外的营销渠道，打造具有重要影响力的国际文化产品贸易交易平台。

（四）培养专业人才，保障赢得依靠

围绕文化“走出去”，完善人才引进、培养和激励机制，大力引进更多具有国际视野和深厚文化素养的复合型、外向型人才。加强对国际文化市场的研究，充分考虑外国受众的欣赏习惯和审美情趣，努力打造适销对路的文化精品。建议文化主管机构整合翻译人才资源，成立权威的对外文化翻译机构，由国外学者与国内学者合作，负责代表国家的外宣产品翻译和产品设计，让外国人看得懂，喜欢看。

（五）落实扶持政策，保障愈加宽广

在服务环境上，应尽可能多地为“走出去”文化单位或企业提供国际贸易技术层面和法律方面的指导，加强贸易风险提示和预警，降低贸易风险。在贴息、补助、奖励和减免税收等方面，进一步加大政策扶持力度。对“走出去”的文化企业和文艺院团分类指导，并按照不同类别、不同标准进行补贴，在加大国家投入的同时，引导鼓励更多的民间资本、社会资本投入。

（六）办好“孔子学院”，保障焕发活力

从2004年开始，我国在借鉴英、法等国推广本民族语言经验的基础上，寻找在海外设立的教授汉语和传播中国文化为宗旨的非营利的公益机构——“孔子学院”，至今全球启动孔子学院已有一定规模，中央也投入了相当资金。“孔子学院”不仅要多建，更要建好，建出文化“走出去”的真正的实效，建出中华民族的自豪感。要抓住前年联合国所定包括中文在内的世界六种官方语言的契机，运用好“孔子学院”这一国际化平台，做好“中文语言日”这篇文章。以扩大中国文化的国际影响力、亲和力，树立中华民族形象与国家精神，以确立建设文化大国的国家总体战略。

2011年

关于抓好基层群众文化队伍建设的建议

随着各地基层文化惠民设施的不断完善，基层文化站、体育健身场地的相继建成，基层群众文化活动在硬件方面有了很大改善。许多地方的基层群众文化开始呈现“三多”特点。一是活动多。一些地方在基层开展了各种类型的周末文艺汇演，送戏、送电影、送综艺节目下乡，丰富了基层的文化生活。二是参与人数多。一些广场文化活动、全民健身活动等都吸引了众多群众参与。三是团队多。各类以文艺、戏曲、健身等为主题的社团雨后春笋般不断涌现。

然而，以上的“设施好”与“活动多”并不说明当前群众文化已处在大繁荣、大发展时期，呈现如下几个不匹配：

一、群众文化的表面繁荣与各层级的满意度不匹配。

领导不满意，认为“脸难看”，一是不满意活动的形式与参与活动的主体。“脸难看”，是因为群众文化的主体大都是老人，说“老是看一群老太太脸”。专家不满意，认为“不好教”。专家都想把群众文化的参与者指导成有专业素养的演员，然而，群众文化的主要骨干队伍和成员不是退休老人就是业余人员，他们腿不灵，心不巧，常常很难达到专家要求的标准。不达标的情况常常会在无形中伤害专业人员的信心。管理者不满意，文化管理团队的同志对基层群众文化活动的开展也很不满意，认为“事难做”。群众不满意，认为做点自己喜欢的事吧，没有人能帮助，没有场地，没有道具，没有经费，处在一种自生自灭的境地。

以上“不满意”直接导致的后果是，基层群众文化建设的现状可用“三不高”来形容，即呼声不高、档次不高、水平不高。

二、硬件上去后与落后的软件不匹配。

许多地方政府重视文化，但把重视给了文化的硬工程，硬件投入超一流。各地标志性文化建筑不断涌现，有的街道已建成2000平方米以上的省级标准化综合性文化活动中心。虽然基层文化场馆有了很大改善，但负责文化阵地的人却许多是派不上用场的“二线人员”。一些地方的街道文化艺术中心除馆（站）长和极个别有专业特长能指导的人之外，几乎都是“二线”人员（开开门，管管钥匙的）。由于缺乏人才，上规格的文化阵地并没有发挥出其应有的作用。同时基层文化干部队伍的专业技术职称明显偏低，许多文化站长第一学历是高中学历，甚至有的地方把文化站职位当作安置的岗位。

三、经济发展与文化发展不匹配。

许多地方经济向前迅猛发展，可是文化的发展却相应显得滞后，有的还后退了。十几年前，大部分街道都有一个文体站，文化活动也很正常，而且基本上是非商业性质的。当今，随着商业经济的发展，街道为GDP所驱动，好多文体站等群众文化所需的硬件设施大部分出租，成了卡拉OK、洗头房等商业收费场所。导致文体站日常工作名存实亡，有的甚至沦为麻将馆。

四、群众文化的较快发展与组织领导力量的不匹配。

区级文化工作由区、街、社区三级管理。区级指导工作主要由文体局与文化馆承担，由于人手少，主要精力只能放在区内大型文化活动组织以及省、市各类文化体育比赛活动的组织上。街道管理工作主要由文化体育科承担，他们由于身兼数职，只停留在开展一些小型文化健身活动上。社区拥有业余团队，自发组织开展各类民间文化活动，积极性高涨，但经费不足，缺少指导，文化活动层次与水平都相对不高。目前许多地方表面繁荣的基层文化活动主要支撑还是政府组织的一些临时性的大型文化活动，如庆祝建党90周年歌唱活动等。平时的基层群众文化活动主要还是零星的文体活动。

党的十七届六中全会提出要“广泛开展群众性文化活动，提高社区文化、村镇文化、企业文化、校园文化等建设水平，引导群众在文化建设中自我表现、自我教育、自我服务”。指明了基层群众文化活动的方向。为了更好地繁荣社区文化，提高社区文化建设水平，建议：

一、尽快出台《社区群众文化团队管理和扶持办法》。明确界定社区群众文化团队的概念、内涵、外延和功能，社区群众文化团队的成立条件、登记流程、权利义务、日常管理、经费来源，政府部门的管理职能、扶持政策等。

二、理清职能，重新定位，各司其职。建议由街道办事处出面，以购买服务的方式将辖区内文化团队的事务性管理，统一转移给社区民间组织（如社区群众文化团队联合会等）来承担。街道办事处负责宏观引导和扶持，一方面在财力上予以充分保障，并赋予社区民间组织一定的财政自主权，另一方面建立完善的考核评估体系，定期对社区民间组织进行监督和考评。同时，居委会的职责也由直接管理转变为协调、监督和建议。

三、提升社区群众文化团队民间组织的具体管理职能。联合会应在政府部门的引导下，加强自身建设，尽快担负起政府移交的相关职能。其具体职责是：制定年度规划、指导团队活动的有序开展，人、财、物的合理调配及使用；发掘社区文化人才、提升团队活动水平，努力打造群众喜闻乐见的品牌活动等。

四、加强群众文化管理队伍建设。应设立“从业资格”，通过由省辖市组织的统一招考、持证上岗，完善并配齐文化管理队伍。应通过组织人事部门发文硬性规定基层要有1至2名文化专业人员。

五、开辟“绿色通道”，引进“特需”人才。正如基层医院需要全科医生一样，群众文化（乡镇村级）也需要“复合型”人才：有技能（专业技能），能教（有传授技能的方法），能说（相声）会演（小品），会策划，会组织。对这样的“复合型”人才，应在省辖市以上的文化部门考核认可的基础上，通过“绿色通道”特别引进。

六、加大奖励力度，大力扶持业余文化队伍。应完善各项奖励机制，重点加大对有特色、有精品的业余文化队伍的奖励力度，使之不断提升知名度，扩大影响力，从而提升业余队伍水平。

2012年

关于重视农业文化遗产保护的建议

农业文化遗产保护简单地说，是保护传统农业生产生态系统，具体的又可以有农业景观、生态耕作系统，还有农业的植物品种、生产工具、生产技艺、风俗习惯、自然地貌、居住村落等物质的和非物质的文化遗产保护。保护的主要目的之一是保护区域的农业文化独特性，所以，农业文化遗产保护主要是地域性生态特征的保护。

目前农业文化遗产保护存在问题主要有：

由于生产、生活方式转变、水环境污染和人工养殖增多等原因，造成许多水域水生物减少、品种单一、传统捕捞技艺流失、水工建筑损坏、水乡风俗少见。

许多地方为了片面追求经济利益而主要以种植意杨为主的做法，破坏了当地原有的树林物种生态，传统的桑树、楝树、槐树等当地树种已很少看见，原生态树林更难看见。

土生土长的传统特色家禽日益减少。

传统农业技艺失传、失存问题十分严重。

农业文化遗产保护不仅仅是农业文明的延续，保护生态与环境，而且，也是关注“三农”问题，落实科学发展观的重要举措。为了加快农业文化遗产保护并推进农业文化资源利用工作，建议：

一、明确保护职责。由于农业文化遗产保护涉及多个方面，建议由各省农委牵头建立农业文化遗产联合保护协调机构，参加单位拟有文物、农业、水利、林业、畜牧业、渔业及环境保护等主管部门，以确定保护范围、各自职责、对原生态物种的修复、传统农业生产技艺、设施的保护等任务。

二、摸清家底。应在非文物文化遗产普查基础之上，筛选出重点保护目录，尤其是濒临灭亡重要遗产，由上述部门按各自职责加以保护。

三、建立专项的农业文化遗产保护专项资金。可以考虑在农业专项支持资金中，划出一定比例，用于农业文化遗产保护工作。

同时，各级政府文化产业引导资金应设立农业文化资源专项资金。

四、应培养农业文化遗产保护专门人才；扶持农业传统技艺传承人。

五、规划、设计、建设一批重点农业文化遗产保护的专题馆、博物馆；建议把现场保护与建农业文化遗产博物馆相结合，即在有特色的农业文化遗产现场建立农业生态博物馆。

六、建立地方农业物种保存和研究中心。

七、重视支持特色农业（农业文化遗产保护基地）旅游的发展，扶持一批具有当地传统特色的以水、渔、桑、蚕、茶、树等为灵魂的文化创意农业园。

八、通过评估、鉴定建立一批传统农业技术生产实验基地、传统农业产品生产作坊，使农业文化遗产保护走专业化、品牌化道路。

2012年

关于切实关注农民工子女受教育问题的提案

全国第5次人口普查结果显示，我国流动人口超过1.2亿，随父母进城的农民工子女则有近2000万，他们当中失学率高达9.3%，近半数适龄儿童不能及时入学。

我国《宪法》规定，每个适龄儿童都有接受义务教育的权利，政府有关部门也有关于做好进城务工农民子女接受教育的有关意见和规定，各地也逐步形成了一些有效的经验和做法。但是相对于城市本地儿童，进城务工农民子女的教育问题远没有得到当地政府的高度重视和有效解决。这一问题越来越成为了我国教育特别是普及义务教育的新的问题。建议国家有关部门，采取多种办法，有效解决这一问题。

一、国家应该立法解决进城务工农民子女教育问题。可通过修订和完善现有法律，明确“流动儿童”的教育责任、主体等。可通过有关部门规章和工作要求，明确政府的职责，管理目标和要求，甚至落实为地方政府的考核指标。

二、政府在财政上要落实经费。建立中央政府和地方政府在经费上的分担机制，要明确公共财政在解决农民工子女教育问题上的主渠道作用。

三、各地政府要把农民工子女的教育纳入教育发展规划。要在教育布局、学校建设、装备标准、师资安排、经费保障等方面，把工作落到实处。

四、要加强宣传，让全社会关注和关心农民工子女的教育问题。通过宣传树立和落实“以流入地政府负责，以公办学校接纳为主”的工作原则，政府要支持和规范城市中农民工子弟学校的办学和建设，多渠道解决农民工子女受教育问题。

进城务工农民子女的教育问题是我国现代化、城市化进程中的一个必然的历史问题。我们必须要正视和重视解决这一问题，这关乎我国现代化进程的完成度，是和谐社会建设的重要内涵之一。是社会文明和公平的重要标志。切实关注农民工子女受教育问题，积极推进社会和谐发展，应该是各级政府的责任。

2008年

让校园戏剧成为提升大学生素质的重要抓手

当前，对我国何时出现世界一流大学成为人们关注的重点，而如何提高大学生的综合素质也开始为大家所关注。不可否认，许多大学生由于受进大学前的十多年应试教育影响，除了死读书、会考试外，其他方面的知识和能力都很欠缺，尤其是在人文知识和艺术修养方面，一定程度上导致他们缺少创新思维、不善与人交流、内在气质不佳，大学生就业难的背后实际上隐含着他们综合素质下降，难以得到社会认可这一重要原因。

虽然应试教育短期难以扭转，但应试教育导致的先天不足是可以后天补上的。我们欣喜地看到许多大学开始重视学生的人文知识和艺术修养培养，许多大学举办了大学生艺术节、校园戏剧节，如2009年举办的历时6个月的第二届江苏省校园戏剧节就有34所高校、78个剧目报名参赛，其中有《生死场》《灵魂拒葬》等经典作品的重新演绎，也有《日出·命运》《捞钱》等关注现实的原创作品，观众人数达5万余人，不仅为戏剧舞台增添了一道独特的风景线，更为青年学子健康人格的塑造和培养提供了一个行之有效的途径。

一些参加演出的学生深有体会地说："相信当一个人能从容地站在舞台上，那是他最自信的时候。面对台下黑压压的观众，有些紧张，但更多的是兴奋。下了舞台，发现自己真的不一样了，不管是上课发言还是开会工作，没有了之前的紧张，变得更加从容、自信。心理素质、抗压能力增强。遇事积极主动，不再选择逃避，多了一份担当、一份责任。"某医科大学校长也说："我们要培养的不是千篇一律的治病机器，而是具备健全人格、充满爱心的高素质人才。校园戏剧的最终功能，就是为了给学生人格的完美塑造提供帮助。"同时通过校园戏剧节活动，发现在校园里居然有那么多热爱戏剧、极富创作与创造力，同时又兼具表演才能和表演激情的年轻人。

然而尽管校园戏剧在一些高校取得一些成功，但面临的问题和困难还有许多。在第二届江苏省校园戏剧节现场调查中，虽然大家普遍为所看的戏而激动不已，但有超过三分之二的大学生是第一次走进剧场看话剧，校园戏剧目前还是少数人参加。除了少数高校外，许多高校的校园戏剧处在自发、自费、无人过问的状态，只是少部分学生课余活动的一部分，有的高校之所以给一点资助也只是为了在评委面前学校不丢脸。虽说应是“高雅艺术进校园”，但许多进校园的艺术并不算高雅，一定程度降低了学生艺术修养水准。

其实校园戏剧在提升大学生综合素质方面发挥的作用是很大的，虽然高校的德育课程越来越多，但学生的问题并没有减少，这是因为缺少与学生共鸣的抓手，单纯课堂灌输的效果远不如学生自编自演自看的校园戏剧。通过演戏、看戏，可以让大学生身临其境地领悟其中深刻内涵。如果说中小学生应多读名著以提高自身修养，大学生则应多看、多演名戏名剧来提升自身修养。可以说，大学生如能走上戏剧舞台，就容易走进社会舞台，更好地融入社会，并影响、提升全社会的素质。俗话说：文化化人、艺术养心，应将校园戏剧作为学校德育美学教育的一个重要方面。为此建议：

一、在教育中长期规划中明确“校园戏剧”在提升大学生综合素质、有效开展德育美学教育中的地位，将看名戏、演名剧作为各专业大学生在校学习的必修科目。

二、应鼓励各高校建立各具特色的学生剧社，并给予经费、场地等方面的支持。

三、大学德育教育应摒弃单纯课堂说教式的教学方法，更多地融入各类艺术、体育、社会活动实践中，通过润物细无声，潜移默化，达到让大学生陶冶情操、锤炼心灵、提升素质的目的。

2010年

关于农民工培训的建议

2008年下半年以来，受金融危机的影响，农民工成为遭受直接冲击的群体。针对突如其来的大批农民工返乡带来的农民工就业形势新变化，中央各相关部门前所未有地高度重视农民工技能培训，把稳定和促进农民工就业作为劳动保障工作的重中之重。大量返乡的农民工也深刻认识到拥有一技之长的重要性，他们迫切希望能接受到高层次实在有用的技能培训来提升自身竞争力。

在各级政府对农民工技能培训力度不断加大，各涉农部门都积极参与对农民工培训这样的大好形势下，却存在着不可忽视的问题：

（一）多头参与各自为政，不顾需求只下指标，使农民工培训成为各部门又一个政绩工程

目前参与农村劳动力培训的部门纵向层面的有省、市、县、乡等各级政府，横向层面涉及的部门有人保、农业、科技、教育、财政、妇联、工会、共青团、扶贫办等近20家。各部门、各有关单位的职责范围没有明确划分，自成体系，互不联通，使得培训资源未能相互有效地衔接，造成政出多门、重复培训等问题。而且许多地方下达的培训人数指标没有考虑到基层究竟有多少人需要培训，需要什么样的培训，一些培训内容太窄、与重新就业脱节，还要农民自己搭上路费、餐费，影响了培训的展开。由于农村劳动力培训和诸多部门诸多官员的考核、政绩等紧密相连，所以，为完成任务，许多基层只能重“数字”轻“实效”。有的地方为了应付检查，发钱给农民来冒充半天或者一天，上级检查后，培训班就宣告结束；有的地方劳动部门由于完不成培训指标只好向教育部门借人来参加本部门培训。

（二）培训内容与就业实际需求脱节，难以引起农民工兴趣

从农民工整体来看，对文化知识和技能培训有着强烈渴望和迫切愿望，但是面对政府部门的培训，很多农民工并不领情，甚至觉得浪费时间。原因在于：

1. 培训课程的设置不符合农民工就业需要。

受收入、时间的限制，农民工对培训是有选择地参加，而且参加培训目的主要是为了增加收入，所以倾向于实用技术培训和职业技能培训。

2. 培训机构的成本核算使农民工最想学的专业无处可学。

据调查，有培训需求的农民工中绝大部分都想学电焊工、电工、数控技术等，拥有这些技术就能提升自己的就业竞争力和工资待遇。虽然农民工想学这些技术，但是培训机构却不是想学就能够开班的。如培训电焊工不仅需要教室教课，还需要有实训的车间供练习，而且培训过程中，有关工具需要自己购买，很多农民工都舍不得掏这个钱；再有，培训电焊工起码要一年半载。而政府给予培训机构的补贴，每人也只有几百元，类似这样的技能培训，成本高、周期长，培训机构怎么算都是亏本的，当然也就少有培训机构愿意开这个培训班了。

事实证明现在开展的具有普惠性质的农民工培训成效并不明显，基层不愿意，农民不买账。2009年中央一号文件明确提出“输出地、输入地政府和企业都要加大投入，大规模开展针对性、实用性强的农民工技能培训”，其中的“针对性、实用性”既是对农民工培训的要求，也是衡量农民工培训工作的标准。为了让各部门对农民工的培训形成合力，更好地适应广大农民工的需求，不断提升农民工的层次，建议：

（一）整合资源，依托职教开展农民工培训

资金问题一直是制约农民工想培训和被培训的瓶颈问题。根据《2003—2010年全国农民工培训规划》的政策措施，农民工的培训资金由政府、用人单位和农民工共同负担。目前农民工培训主要由政府埋单，农民工没有承担费用的能力，而企业则没有承担费用的意愿。当前培训资金分配在各个部门，导致各自为政，使培训形不成合力。而除了职教部门外，其他部门的培训往往都是无场地无设备无专职教师，当务之急应是整合培训资源，使得中高等职业学校成为农民工培训的主要基地。

为此应采取切实措施解决目前多层次、多部门争分“农民工培训”一杯羹现象，可以省为单位设立农民工培训联席会议制度，各有关部门在人力资源和社会保障部门统一协调下，根据农民工需求和我省产业升级情况承担相应的培训组织工作，而具体培训任务应交给当地具有实训设备、可以满足农民工培训需要、培训结束时可以达到企业用工技术标准或获得一定技术等级的正规职业教育院校，以提高农民工培训含金量。培训经费应根据人数由培训的组织者承担。

（二）分类培训，突出培训针对性

开展培训应分类别、分层次、分需求，使培训更适合农民工需求。

1. 分类别培训

由于真正能发挥作用的农业实用技术培训已由各类农民合作社、农业专业协会、农业龙头企业承担，“两后生”的职业技能培训已由教育部门负责，而年轻人的计算机知识培训实际也由各类网吧承担了，因此，培训应根据具体情况分类开展，已由市场承担的培训如计算机或由社团、企业承担的培训如种植、养殖等实用技术培训应继续交市场或社团、企业承担，相关部门的任务应是做好服务而不应自己再直接组织培训。

其他各部门负责的对农民工培训重点应集中在第二产业和第三产业，根据地方经济发展需求和本地农民工主要外出务工需求展开。在培训内容上也应分为两类，一类是实用技能培训，应采取制定规划、集中财力、分步推进的方式进行，每次参加培训的人员不在多，但应以取得相关技术等级为要求，时间可以相对较长，补贴也应相对较高，争取通过几年或十年时间，让农民工绝大部分都拥有一门或几门技术等级证书，使农民工整体素质有一个质的飞跃；一类是进城务工常识培训，让农民掌握基本权益保护、法律法规、城市生活、求职就业等社会知识，这类培训时间可以相对较短，但应做到适龄劳动力人人参加。

2. 分层次培训

针对年龄在30岁以下的“两后”毕业生，不但要以技能培训为主导，而且要鼓励他们参与到高职教育中来，如电大教育、成人在职教育等，为我国未来高层次的劳动力需求做好人才储备。

对已经具有一定的初、中级职称，在企业工作了若干年的30—40岁的在岗人员，应以企业为主体，将表现好的初、中级工，选送至职业技术院校进行技能提升培训，这样既保证了中职、高职、普教职教纵向衔接、横向贯通，也有利于保护企业的利益。对接受过职业教育的上岗者，或者承担了职业教育责任和义务的企业，政府应根据培训人次、培训效果以及企业的出资数额给予一定的财政补贴，以此来激发企业培训农民工的积极性。

对40岁以上年龄偏大又无技能的就业困难人员，主要进行岗前培训，培训课程以短平快容易掌握为主，使他们从培训中能够取得相应的初级职业资格，以使其能够在城镇顺利就业或自谋职业。

3. 分需求培训

目前的经济发展缺少的是产业升级后所需的具有一定技术技能的劳动力。根据地区的不同特点，培训的重点也要有相应的改变。如经济欠发达地区，应将技能培训与农民工创收、就业结合起来。这就需要培训项目紧密联系就业市场需求，多开办一些订单式的技能培训。经济发达地区的培训重点应该放在劳动力素质的提高上，对那些生活基本稳定、有技能需求的农民工或初中毕业生、高中毕业生这些年轻劳动力，开展诸如汽车驾驶、数控技术等费用较高、周期较长的培训，农民也愿意为参加这些培训付出一定资金。

（三）缩小城乡就业创业扶持政策差距，建立城乡统筹的资金和制度

我国农村劳动力供大于求的基本格局将长期存在。一方面，大量的农村富余劳动力需要通过培训实现转移；另一方面，已转移的农村劳动力需要通过培训提高技能、稳定就业、增加收入。随着《就业促进法》的颁布实施，从法律上确立了城乡统筹就业、平等就业的基本原则，但是在覆盖人群和财政投入上仍然存在较大差距。全面落实城乡统筹就业、平等就业的基本原则，加大对农民工培训资金的投入，使就业扶持政策能全面覆盖到农村有转移愿望和能力的适龄富余劳动力，加强建立健全城乡一体的公共就业服务体系。

总之，农民工培训是个系统工程，并不仅仅局限于政府组织培训，农民工能实现就业、企业得到有技能的工人这样一个层面。应当从提高农民工的生产技能和自身综合素质，提高农村人口整体素质的战略高度来看待它，积极调动各种社会力量参与进来，形成全社会的合力来进行农民工培训。

2010年

关于加强青少年中国传统哲学思想教育和培养的建议

中华民族存在的终极意义是民族文化的复兴，而民族文化的精髓是其独特的思维方式和哲学思想。数千年来中华民族在独自形成和不断融合外来文化中形成了自我的文化体系，创造了辉煌的历史文化和古代文明。20世纪初开始，随着近现代西方文化的“入侵”，中国传统文化受到前所未有的冲击。百年来，我们的自然科学得到了前所未有的发展和提高，而属于社会科学的传统文化严重不足，在青少年中甚至有“断层”的危险。随着新时期社会主义文化大发展大繁荣的良好态势的推动，加强和重视传统文化的教育，特别是在广大青少年中开展诵读古代诗文、恢复书法学习，以及在传统节日举行相关礼仪活动的普及等措施，对了解和传承中国传统文化具有很好的作用，也起到了一定的效果。

然而，我们应该深刻地认识到中国传统文化，特别是以“儒释道”为核心的传统哲学思想体系，是支撑中华文化的精髓，也是创造了几千年辉煌中华文化的重要基础，绝不是靠诵读几首诗词、几篇古文、举行一些活动能掌握的，必须对其思想进行系统的介绍和了解。今天，大量的“西方文化”进入并逐步占领了多层面的社会领域，如果我们不采取有效的措施，我们的青少年将失去曾经灿烂辉煌了几千年的优秀文化，尤其是中华文化中独特的哲学思想体系。百年来的实践证明，“现代文明”隐藏着巨大的无法克服的潜在危机，而中华文化的诸多哲学思想如整体至上、向内追求、无为、和谐、创变等智慧，不仅是华夏民族的思想优势，也是全人类的共同精神财富。我们只有融合现代文化，继承优秀的传统文化并将其作为民族文化独立的思想支撑，才能实现中华文化的真正复兴。因此，在淡化了传统文化背景的当下，必须对这些优秀的哲学思想和理念在青少年中普及、承传，只有如此才能保持我们的文化优势，为民族和人类做出独特的贡献。

鉴此，建议如下：

一、在国家的层面上，通过多种媒体、多种形式大力宣传以“儒释道”思想为核心的中国传统哲学，对中华文化的形成、辉煌文明成就的取得所起到的主导作用，尤其是对新时期核心价值形成的现实意义。让全社会特别是青少年充分认识到，中国几千年所形成的文化思想体系，不仅是中国文化宝库中的奇葩，也是世界文化的重要遗产，对解决当下出现的诸多问题和矛盾将起到积极的作用。

二、由国家教委组织专家编写统一的适合不同年龄层次的青少年普及教材，并将其纳入现在的教育之中，对中国传统哲学思想进行系统的、高度概括的介绍。

三、培养不同层次、不同年龄结构、能够胜任教授青少年中国传统哲学思想的教师，只有师资力量的保证才能将这一计划落到实处。

2011年

关于创新职业教育发展的建议

人才培养关键在教育，产业人才、专业技术人才培养关键在职业教育。然而我国职业教育的发展现状与“十二五”规划要求相距甚远：

一、人才匮乏呼唤职业教育转型升级。

当前我国面临着高技能人才总量不足、结构不合理的发展瓶颈。以苏州为例，高技能人才满足率仅为30%，某些行业只能满足企业需求的10%。目前全国不到8000万的技术工人中，高级技工仅占3.5%，技师、高级技师更是凤毛麟角，以至于有关部门对企业高级技师的情况了解也不多。高级技师少已成为制约我国经济调优调高调强的重要瓶颈。

二、认识不清造成职业教育全面掉队。

职业教育最大问题是定位不准。长期以来，存在的一个误区是办职业教育仅仅是为了解决就业问题，忽略了其承担的培养高技能人才的主要职责，由此造成社会上普遍对职业教育存在偏见，将职业教育视为考不上大学的“收容队”。由此带来职业教育的一系列问题，主要有：办学保障不足，无制度保障，无经费保障，一些学校靠负债办学，职业学校教师待遇普遍低于同级普通高中；自身实力不强，大多数学校仍停留在满足低水平“就业”上，教学少规范，实训基地规模小，设施落后，“双师型”教师培养与引进困难；缺乏行业支持，企业以多种原因拒绝职校学生和老师见习、实习。

三、管理失范制约职业教育健康发展。

多年来职业教育政出多门，多头管理，职能交叉，导致招生就业政策、经费标准、教育水平、教师工资待遇、毕业生职业职级证书等级、工作身份和待遇等差异显著，有欠公平。联合国经合组织在对我国的企业技术环境研究后认为："中国企业技术能力落后的第一原因是在产品再生产和研究发展中没有充足的、高水平的从事设备操作、维护、改进和更新的生产技术人员，以及科技人员的结构不合理。"这段话一针见血地指出了我们在人才方面存在的问题，只重视动脑型人才，不太重视动手型人才。职业教育是技能型人才的"蓄水池"，是经济发展的"助推器"，建议围绕经济转型升级，创新我国职业教育发展，为实现"十二五"规划奠定坚实基础。

一、围绕培养高技能人才创新职业教育。

各地教育部门应明确要求当地职业教育学校必须根据经济转型升级需要，承担培养高素质劳动者和技能型人才的重任，并以此做好职业教育发展规划，提出各类职业院校的办学要求和标准，以推动职业院校积极探索新的办学模式，在人才培养上上新台阶。可按照获得高级工及以上技术工种资格证书的毕业生数对学校进行奖励，对学校教师和学生在技术攻关或国家技能比赛中取得成果的应重奖，以引导学校重视培养动手能力强的高技能人才。同时应对拥有技师、高级技师达到一定人数的企业作为省级高新技术企业的认定标准之一，以引导企业重视高技能人才的培养。

二、围绕做强整合职业教育。

应以市为单位，根据当地经济发展需求，打破部门所有制界限，将原先分散在各部门手中的、规模小、专业重复且薄弱、办学效益不高的职业学校，由教育部门按合并同类项方式，通过土地置换、债务化解等形式整合在一起，并要求整合后的每个学校专业互不重复，而且在当地都是最强的，形成"一校一特色"。还应推动各地各类职校合作建设通用型实训基地。

三、重视"双师型"教师培养。

应改革多年来用普通中学教师职称评审标准来评价职业学校教师的做法。在人才引进上，要创建有利于从社会各种渠道，特别是从产业部门吸引教师到职校任教的柔性用人机制，可设立一定指标的"特岗教师"机动编制。可借鉴许多地方对现代管理人才的培训模式，将职校的技能型教师分类分批送到西方等发达国家的职校、企业进行轮训，或到国内相关企业挂职锻炼。通过提升教师执教水平，更新教师的知识储备，促进其对新兴产业的了解，提高职业学校的办学质量，为社会培养岗位需要的人。

四、重视技能大师工作室建设。

一些地方的技师学院或职教院校的技能大师（名师）工作室在推动企业，特别是中小企业转型升级，解决企业生产中遇到的技术难题方面发挥了至关重要的作用。如无锡技师学院以朱建明技能大师命名的朱建明工作室就曾为多家企业攻克技术难关，使这些企业获得专利并申报成为无锡的“530”企业。这些技能大师工作室在科技创新中所发挥的作用不亚于院士工作站。因此应给予技能大师工作室与院士工作站同等待遇，应像资助企业重大研发机构一样，对技能大师工作室进行资助，各地科技成果转化专项资金应划出一块专门用于技能大师工作室研发资助，使职业学校中的技能大师工作室成为我国“十二五”时期新兴产业和传统产业升级换代的技术难题攻关主力，中小企业技术后盾。

五、为职业教育的优质发展营造良好的社会氛围。

温总理在全国职业教育工作会议上讲话时强调：要大张旗鼓地宣传优秀技能人才和高素质劳动者的劳动价值和社会贡献。应大力宣传高技能人才在经济建设和社会发展中的突出贡献，让全社会都知道“一个平庸的博士不一定比有精湛技术的木工对社会贡献大”，让广大学子不再角逐于高考一条“独木桥”，从对学历的盲目追逐，走向对岗位的理性选择，让需要岗位的人成为岗位需要的人。

2011年

关于进一步做好大学生村官工作的建议

自2008年中央作出了选聘高校毕业生到乡村任职的重大战略决策以来，大学生“村官”工作受到大学生热忱响应和社会的高度关注。本该用5年时间选聘10万名高校毕业生到乡村任职，但现在仅用近三年的时间，各地选聘的人数就达到了15.9万名，加上2008年以前部分省区市自行选聘的，目前共有20万名大学生“村官”在新农村建设一线干事创业。随着大学生“村官”工作的全面展开，一方面推进了社会主义新农村的建设，另一方面也催生了“村官”工作问题的显性化、复杂化：在职大学生“村官”如何培养、管理、使用？届满的又如何合理流动？在后大学生“村官”时代，全国如果实现了“一村一名”大学生“村官”（有些经济发达地区已经达到“一村二名”大学生“村官”），那么这项工程究竟应如何良性发展。

大学生“村官”工作存在的问题有：

一、选拔标准欠妥。一是考察内容上重德轻才。即选拔大学生“村官”时往往偏重于对大学生政治素质的考查，主要是了解学生的家庭状况、政治面貌、学习状况、担任学生干部情况等，缺乏专业方面的考虑，使有些大学生感到“学非所用”，很难适应农村工作。二是选派标准的非本土化，即不限定申报者所学的专业，是否熟悉农村，有无组织管理才能的潜质等。由于选拔录用标准的宽泛化，致使一些并不熟悉农村、不适应农村管理工作或专业不对口的大学生“村官”“英雄无用武之地”。

二、自身角色认定偏离。主要有以下几种不良情形：有的大学生“村官”在工作中存在“过客”思想。以“局外人”的身份观望，充当“观察员”，看别人忙活，不主动承担工作。有的大学生“村官”存在“镀金”倾向，把“村官”

当作是自己就业和考研的台阶，认为自己只要做“村官”期间不出事，服务期满就会得到相关的利益，只干对自己有利的事。有的大学生“村官”存在“怕事”心理。认为“村官”身份尴尬，自己是“客人”而不是“主人”，办事瞻前顾后，不敢主动介入。有的“村官”存在“自傲”心态，不尊重当地领导，瞧不起基层干部，做事眼高手低，不愿办繁杂的事务性工作。有的“村官”存在“熬时间”心理，认为熬过时间就走人，放松对自己的严格要求。这些错误心态不仅影响了“村官”的形象，而且制约着大学生“村官”的健康成长。

三、工作定位不清。选择了“村官”之路的大学毕业生大多数是想在基层有一番作为的，但大学生“村官”身份尴尬，非官非民，一般在村里担任的都是助理这样的虚职。是中共正式党员的，一般安排担任村党组织书记助理职务；是中共预备党员的或非中共党员的，一般安排担任村委会主任助理职务；是共青团员的，可安排兼任村团组织书记、副书记职务，他们不是公务员，也并非真正意义上的“村官”，只是“村级组织特设岗位人员”。并没有多少实权，真正的决定权还是掌握在支书或者村主任手里，任有豪情壮志、美好的设想，要是得不到其他村干部的支持也无法展开工作。再加上一些地方的村干部也根本不想让大学生“村官”插手本村的事务，所以，也就安排其做打字、写报告、做记录、送材料、收发报刊等琐碎之事。或被乡镇政府以各种各样的名义从村里“借用”出去，根本谈不上为村里发展有作为了。同时他们的社会阅历和实践经验不足，对村里的工作环境、行为习惯、民风民情、人际关系等一无所知，难以融入农村“两委”工作，使得大学生“村官”在基层的工作有心无力，美好的理想只能止步于现实，导致失去信心。

四、政策保障不力。既有政出多门，相互冲突；也有同一政策不同地区不同实施办法。如2009年江苏对自愿到苏北县级政府驻地以下地区基层单位工作，服务期达到3年及以上的全日制普通高校应届本科毕业生，其在校学习期间的学费将由省级财政返还80%，其余20%由接收地县级财政返还。但在实施过程中有些地方满一年返还一次，有些地方是满三年全额返还。还有是返还人员界定不明朗，虽规定返还对象为不含在县级政府驻地基层单位工作的人员，但在城乡结合部社区工作是否在返还的范围呢？同时中央虽为大学生“村官”谋划了几条出路，宜农则农、宜工则工、宜商则商、宜学则学，但缺少配合落实的机制和政策，实际操作性不强，缺少制度化的刚性规定。优惠政策力度也不够。大学生村官收入待遇多为补贴性质且数量有限，与当前大学生收入期望值差距很大；“公推公选”名额太少、公考太难、国考太玄（国家干部考试对“村官”基本没有优惠）。而优惠政策短期化，也不利于大学生“村官”队伍的稳定，易助长急功近利的投机心理。

五、出口流动不畅。许多大学生“村官”尤其是届满大学生“村官”，希望任职期满后国家能够给予一个固定且稳定的工作环境，认为政策引导他们来农村，就应该解决他们的就业问题。最好能把他们直接转成公务员或行政事业编制，或组织专门面对大学生“村官”的公务员考试，解决其未来出路，但实际的就业环境根本达不到。目前，大学生“村官”届满后面临的问题是：继续留用，要面临身份界定和福利待遇提升问题；进企业，要面临基层工作经历如何算的问题；进事业单位，又要面临如何适应那些专业性强的岗位问题。这一系列问题如果不解决好，很难使大学生“村官”工作可持续发展。

六、精神生活匮乏。在调研中有41.9%的人认为信息闭塞，6.5%感觉到孤独，25.8%觉得生活单调。这也直接影响到他们的工作状态，乃至整个政策的实施效果。

为促进大学生“村官”工作的可持续发展，推进社会主义新农村建设，实现中央提出的“一村一名”大学生“村官”的目标，我们建议：

一、把好入口关。应根据农村需要设立对大学生“村官”的专业要求。应对报名的大学生进行实地考察，通过多种渠道把报名学生的想法摸透，性格搞清，看是否适合农村工作。对于拟选派“村官”进驻的村子也应摸清所需村干部数量和专业需求等情况，以便科学安排。

二、健全保障机制。应采取多种渠道对大学生“村官”进行跟踪培养。在思想上，应倾听想法；在生活上，应创造良好的生活条件；在待遇上，大学生“村官”的工作生活补贴应比照本地乡镇新录用公务员试用期满后工资水平确定；在工作上，应明确每一名“村官”由专人联系培养，帮助他们开展各项工作，提高处理复杂问题的能力。

三、建立科学稳定的制度，完善工作体制机制。要研究建立科学稳定的“大学生村官”制度，完善选拔机制、后续保障机制、激励引导机制等方面工作体制机制。政策应适当向贫困地区倾斜，鼓励留任。制订统一的《大学生村官岗位目标责任制考核办法》和《大学生村官日常管理细则》对他们考核。

应将切实解决好大学生“村官”的后续安置问题作为此项工程的重要环节认真抓好。

公务员招考可拿出一定名额专招届满大学生“村官”。为避免有的人下去只顾复习对工作却不上心，而埋头工作的人却由于顾不上复习考试吃亏的现象，应将工作实绩和群众评价换算成一定分数，加到总分里。

对自主创业的，在税费减免、项目用地、小额贷款等环节应有优惠。

四、关注心理问题，丰富精神生活。建立大学生村官工作联席会议制度，从政治上、思想上、工作上、生活上多进行关心和帮助，力所能及地帮助解决一些实际困难，尊重他们的意见，丰富文娱生活，拓宽村官们的信息渠道，多措并举让他们尽快度过“心理调适期”，以坚定的信念和饱满的热情投身服务于基层。

2011年

强化执法力度　优化执法机制　推进版权保护

版权与商标、专利一起构成了知识产权的三大支柱。世界经济发展进入知识经济时代后，版权产业在国民经济中的比重越来越大，目前在各国GDP中占3%—6%，加强版权保护制度对于促进技术进步、文化繁荣和经济发展都具有重要意义和作用。我国实施知识产权战略决策后，在版权保护工作上取得了很大进步，但是，社会公众普遍对版权的重要性认识仍不足，还未引起社会广泛的重视，自2002年以来，版权侵权案件已跃居所有知识产权案件的第一位。我国当前版权总体现状是：国家战略目标明确，但民众认识不足；版权法律体系完整，但执法力度不够；政府不断推进正版化，但盗版现象猖獗。

一、我国在版权保护方面存在的主要问题

1. 执法力度不够。一是判赔标准过低，对于侵权盗版的处罚力度不到位，常出现“赢了官司赔了钱”的现象；二是版权案件审理过程漫长，当事人浪费精力和时间过多，因维权成本太高而退却现象时有发生；三是机制设置不合理，部门职能交叉，易造成执法多头和执法真空。

2. 宣传力度不够。缺少系统长远的宣传普及计划与措施，公众对版权的认识水平不高，造成基础市场失控，版权环境较差，从而制约了我国版权保护水平的整体提升。

3. 扶持力度不够。政府往往侧重对现代版权企业的产品研发扶持，而不重视扶持产品市场开发。针对本土现代版权企业起步相对较晚，在竞争国内外市场中处于劣势的情况，政府缺少“扶上马，送一程”的理念，许多好的版权产品往往在未形成市场造血功能前举步维艰，后劲不足。

二、解决问题的意见与建议

1. 强化执法力度，优化执法机制，推进行业自律。进一步发挥司法维权的主体地位，加强法律法规在执行中的可操作性和威慑力；针对高科技发展，壮大版权执法队伍力量；有计划扶持社会群体和社会中介组织，明确并尊重其法律地位，支持其以维权主体地位开展自我维权行为。

2. 加大版权公益宣传普及，推进版权纳入全民“五五”普法教育。在大、中、小学校进行著作权法宣传教育，在各级党校、行政管理学院开设著作权法课程。通过多种宣传方式，提高全民著作权法律水平，使广大群众自觉养成使用正版，抵制盗版的良好习俗。同时定期对侵权盗版行为进行公开曝光，加强舆论监督。

3. 抓住机遇，调整产业结构，推进知识型经济的发展。当前世界经济危机，对于我国版权产业既是挑战，更是难得的发展机遇。一是抓住时机，后来居上，加大研发投资，推进产品更新换代；二是发挥产品价优物美优势，政府扶持开拓市场，迅速提升市场竞争能力。

2009年

加强我国著作权立法和鉴定机构建设

今年是我国著作权法实施20周年，在这短短20年里，中国的著作权保护事业突飞猛进，版权制度不断完善，版权对经济、文化和科学事业发展的作用不断显现。当前，著作权制度的建设，已经进入到一个新的阶段，在这一时期，既要继续修订完善原有法律法规，又要加紧配套法规政策措施的出台。为此，提出如下建议：

一、完善著作权刑事保护立法，对著作权刑法保护条款进行修订。一是通过多年努力，当前我国的著作权保护环境已经得到了极大改善，群众的著作权意识有了较大提高，但侵权盗版现象仍在某些领域十分突出，尤其在美术、书法作品领域，假冒和伪劣赝品泛滥，严重影响中国拍卖的公信力，侵害了著作权人和广大文化消费者的合法权益。因此，有必要加强著作权刑事保护力度，更多地利用刑事手段打击严重的侵权盗版行为。二是目前刑法典中著作权刑法保护条款的可操作性不够，使得很多案件的证据获取十分困难，如违法所得额的确定与计算等。

二、加紧出台民间文学艺术作品著作权保护条例。自1990年开始，我国著作权法第六条一直是“民间文学艺术作品的著作权保护办法由国务院另行规定”。所谓有保护才有发展，但十多年来，民间文艺作品的著作权保护问题在立法上一直没有得到解决，使我国丰富的民间文学艺术资源得不到有效保护和开发利用。民间文学艺术作品既不同于一般著作权作品，也不同于未形成作品的民间文学艺术，而是一种特殊形态的作品。因此，版权保护尤其复杂和困难，因此要尽早抓紧立法调研，加强各方协调，尽快出台民间文学艺术作品著作权保护条例。目前，建立统一的集各种特殊权利内容为一体的民间文艺保护制度有一定的困难，应当采取渐进式的制定、修改和不断完善的方式。

三、加快依法建立版权鉴定机构。从多年来的司法与执法实践来看，著作权民事、行政、刑事案件正在呈现明显的上升趋势，而在案件中对于需要专业鉴定的情况也越来越多，相对于需要来讲，我们的版权鉴定机制建设明显滞后，由司法机关和司法行政机关确认的版权鉴定机构太少，远远不能满足实际需要，很多地方不得已只能指定著作权行政机关出具鉴定结论，因此，需要从国家层面推动各地创造条件，依法在中介组织或专业团体中成立有资质的著作权鉴定机构。

当前，随着我国经济社会的迅猛发展，现有的相关著作权法律、法规已经不能适应快速发展的需要，应该与时俱进作出相应的修改和完善。特别是“民间文艺版权保护条例”的缺失，严重影响了我国传统文化的继承、保护和发扬，应该尽快制定出台。同时，可以发挥各行业性人民团体专业人才集中优势和行业代表性特点，通过政府或司法部门认证委托的形式，有步骤、有计划地在有关行业（门类）建立权威的版权鉴定中介机构，为更好地维护版权提供相应的组织保障。

2010年

关于加强出版书号管理的建议

经过20多年持续不断地打击非法出版物活动，我国出版物市场显示出良好的繁荣局面。然而，由于我国出版体制正处于从传统计划经济向现代市场经济的转型期间，一些出版单位未能严格执行国家有关法律法规，在出版过程中疏于管理，致使书号等一些国家赋予的出版资源外流给不法书商。不法书商以盈利为唯一目的，要么骗取出版单位信任，与管理松懈的出版社联手合作；要么肆意盗窃已有的出版物刊号，非法出版一些图书特别是艺术类图书，侵犯作者版权，给广大作者造成伤害。

比如，一些不法书商冒充出版单位工作人员与书画名家联系，表示要为书画家出版作品集，在获取书画家信任并获得作品后进行“出版”。书画作者在收到出版物后发现出版物并非合法出版物。有的系假冒出版单位，有的系盗窃已有的出版物CIP号或胡乱编撰国际图书统一书号，有的所选取作者的书画作品并非真品，行侵权复制、非法牟利之实。近几年来，上当受骗被侵权的书画家数量之多、受害之严重，已达到普遍的现象。

造成这些情况的原因有多方面，但主要有三个：一是出版单位内部管理不严，部分编辑部外包给社内外个人，以经济效益为唯一指标，致使出版单位三审制落空，或徒具形式，书号被个人或外包单位所控制；二是社会上少数不法人员假冒出版单位工作人员行骗，骗取书画作者的信任，左右挪腾，非法获利；三是书画家不了解出版内情，不熟悉出版单位和出版流程与要素，没有习惯通过网络去查实出版物刊印的ISBN与CIP数据的真实性，故往往上当受骗。

对此特提出如下建议：

一、加强对出版单位的内部管理。各级新闻出版管理部门要从严执行有关现行国家新闻出版的法律法规和规章，加大对违反出版管理制度的责任人的处罚力度。对于书号、选题、合同管理不严的出版单位，国家新闻出版行政管理部门要严肃查处，限制其选题和书号的发放。必要时建议进行专项治理行动，从源头上进行治理。

二、严惩不法书商的非法出版行为，一旦发现盗用某出版单位的书号（ISBN或CIP），该出版单位则有责任联手有关部门进行查处，严厉打击这种犯罪行为。

三、建立出版信息公开制度。对于我国所有出版单位的信息，包括编辑情况、已出版图书情况、联系方式、国际标准书号的使用情况、CIP（中国版本图书馆数据）等情况进行信息披露，使得作者便于核对，防止因不明情况而被骗。中国文联和各团体会员以及所属维权机构，要加大对文艺作品作者的权利的自我保护力度，定时沟通信息，实时交流情况，形成遍及全国、分工合作的维权网络。必要时以权利人组织的名义出面进行维权，解决艺术家、书画家维权难、维权贵、维权烦的实际问题。

2011年

关于严厉打击通过网络销售侵权盗版制品的建议

随着电子商务的迅猛发展，通过网络销售货物和提供服务的模式越来越受到广大消费者的欢迎。但是，这种全新商业模式给消费者带来便利的同时，也产生了一系列因监管不到位而引发的问题，通过网络销售侵权盗版制品便是其中一个较为突出的问题。

目前网上销售图书、软件、书画、音像、电影、音乐和其他艺术品的网站比比皆是，但鱼龙混杂，盗版制品充斥其中，既损害了消费者的利益，也侵犯了权利人的合法权益。这些网站，有的销售盗版图书，有的销售赝品假画，有的销售盗版软件。近两年发生了一些引起轰动的案例，各级执法部门也经常会接到消费者或权利人的投诉。2010年，江苏省版权局也接到大量关于在网络上甚至是在全国知名的电子商务网站上（如淘宝网）销售侵权制品的投诉，但很难处理。主要原因在于，这些网店不同于传统的门市店，往往由业主在自己的住所进行经营，仓库不大且在隐秘处，侵权物品通过邮寄发送，并通过网络进行支付。这些通过网络销售盗版和其他侵权制品的现象已经引起了广大权利人特别是文艺工作者的担忧，他们希望采取有效措施，严厉打击通过网络销售侵权盗版制品的行为。

目前，在网络版权治理方面，主要存在两大难题：一是法律滞后。虽然近年来最高人民法院和最高人民检察院连续出台关于运用刑事手段打击侵权盗版现象的司法解释，今年年初，公安部、司法部、最高院、最高检又出台了《关于办理侵犯知识产权刑事案件适用法律若干问题的意见》，但由于网络交易信用系统和交易公示系统缺失，仍然难以从源头上解决如此大量的侵权盗版问题。二是基层执法力量不足。目前已基本完成的文化行政执法体制改革大多确定了文化行政执法部门的版权行政执法权，但真正负责版权行政执法的力量仍显不足，版权执法能力和水平有待进一步提高，执法体制的上下协调有待进一步磨合。

为更好解决网络销售侵权盗版制品的严重问题，有关部门应当从源头入手，抓好对通过网络商务平台销售相关制品行为的前期监管，因此，特提出如下建议：

一、由电子商务行政管理部门、新闻出版行政管理部门、艺术品销售管理部门以及版权行政管理部门联合展开调研，共同出台相关部门规章，为加强对网络销售行为的日常监管提供切实可行的法律依据，为行政执法和刑事制裁扫除障碍，促使网络商户切实增强合法经营意识，从源头上和根本上大量减少或杜绝通过网络销售侵权盗版制品的现象。

二、重视基层版权行政执法队伍的执法能力建设，相关部门要从效果出发，开办形式多样的学习班、研讨班，加大执法培训力度，加强经验交流，让执法人员全面了解当前形势、法律知识、网络技术、市场特点等，着力增强执法人员的执法意识、法律素养和执法能力，进一步全面提高基层执法水平，加大对侵权盗版现象的打击力度。

三、文学艺术界要建立自己的组织，负责会员权利的统一保护，进行集体维权，造成声势，形成自我维权、协会帮助、企业诚信、政府治理、司法保护，共同打击网络销售侵权制品的良好局面。

2011年

关于进一步提高外向型出版物质量的建议

党的十七届六中全会强调实施文化走出去工程，创新文化走出去模式，为文化繁荣发展提供强大动力。外向型出版物是推动文化走出去的重要载体和前沿阵地，对于实施文化走出去工程具有重要意义。虽然各地在这方面做了一些卓有成效的工作，但是总体看，外向型出版物的状况并不均衡，整体水准也不是非常理想，主要的问题有：

一、质量不高。基本上是以政府宣传册或旅游手册的形式为主，没有基于国际交流的需要，全方位地提供本地区基本的、实用的信息，也没有根据本地区社会经济发展的特点，以及文化上的特色，以国际的视野来定位，真正为文化产品和服务走向世界提供良好的服务。同时，由于大多数这类出版物是委托一些不具有专业资质的社会机构制作，无论是外文水准还是呈现形式都不甚理想。

二、形式单一。主要的外向型出版物就是印刷的小册子，缺少创意、缺少创新。在数字时代，信息应该实现随时随地的全方位获取，比如机场、车站、旅游景点等公共场合的信息查询系统，酒店客房的电脑信息系统，甚至移动通信终端、移动阅读终端，都可以作为外向型出版物的有效载体，而从目前的情况来看，数字化载体的外向型出版物严重不足。

为了进一步提高外向型出版物质量，让更多的国家知晓中国，知晓中国的发展情况，建议：

一、实施精品战略。各地党政部门编印的外向型出版物，应在中央外宣办指导下，由各省外宣办和各市外宣办统一扎口管理，实行统一规划、指导，提高策划、编辑、制作水准。外向型出版物不宜先求多，而应先求精。各地党政部门及省级机关要编印的外向型出版物应先由各地外宣办统一上报各省外宣办，由各省外宣办组织专家队伍进行论证，确定由省或市重点打造的外向型出版物。

对未列入重点打造的、各级党政部门编印的外向型出版物，应规定各级财政不予支持，以免造成浪费。

二、对需重点打造的外向型出版物，应在对现有的外向型文化资源进行全面调研和充分分析的基础上，组织专业力量进行策划和编写。可分层次、分步骤操作。有些外向型出版物可在全国的层面上来组织编写，有些可以分由各个地方来组织编写。

同时要让专业的国际合作、外文翻译及出版机构在前期充分介入，以确保定位的准确及内容的易接受性。

三、创新外向型出版物的形态。应充分利用数字化技术带来的新形式和新机遇，打造对外交流数字出版平台。可以建立非官方或半官方性质的“中国与世界”门户网站，把全国的外向型文化资源整合到这一平台上，以形成整体的影响力。在提供全方位文化信息的同时，还可以吸纳国内外向型文化企业加入这一平台，整合电子商务业务，从而使外向型数字出版平台真正服务于文化产品与文化服务走出去。

四、外向型出版物要摆脱宣传册这样一种传统定位，和文化产品紧密结合起来。第一，就外向型出版物作为图书产品来说，要广泛开拓现有的各种开放型网络渠道，比如Amazon的中国书店，苹果App Store，使这些出版物直接以文化产品的形式走出去。第二，外向型出版物要与各种文化走出去活动，比如书展、演出等紧密结合，成为文化产品和服务的一部分。第三，充分利用我国文化遗产资源，与外向型出版物相结合，推出有特色的特许文化产品和服务。

2012年

关于乡镇文化站应成为新农村文化主阵地的提案

作为向广大农民提供公共文化产品、在农村传播先进文化的主阵地，乡镇文化站建设一直受到中央和各级政府的高度重视。但是文化站建好以后，如何真正发挥它的作用，使得农村文化建设从外延式发展向内涵化方向迈进，是目前亟待各方重视的重要问题。

一、没有以农民为本，文化内涵缺失，一些乡镇文化站空壳化现象严重。许多乡镇文化站房子建得像模像样，但里面空空如也，仅一两台电视、电脑，一两个球台，两三张棋牌桌和几百本早已过时的书籍而已，成为供上级主管部门考察的摆设。有的按照办公楼设计的，建成之日即成为挪作他用之时，广大农民看书难、看戏难、看电影难，业余生活枯燥单调的问题依然存在。民间流传："文化站不如寺庙堂，敲锣鼓不如打麻将，讲道德不如讲金钱，信马列不如信鬼神。"

二、文化体制不顺，经费不保，农村文化干部队伍人才稀缺，难务正业。目前乡镇文化站的名称五花八门，一些地区文化站事业单位法人代表资格被取消，难以独立开展工作。文化站人员编制被占用或在职不在岗，专职不专业的现象突出。对基层文艺骨干的培养力度在不断下降，致使许多宝贵的民间民俗文化、民俗口头文艺人才匮乏、人才流失、后继无人。

党的十七大报告提出，要兴起社会主义文化建设的新高潮，激发全民族文化创造力，提高国家文化软实力，推动社会主义文化大发展大繁荣，这对农村文化建设具有十分重要的指导意义，乡镇文化站建设应从体制改革入手，走内涵发展之路。为此建议：

一、两馆牵头、多方合作。乡镇文化站应是集书报刊阅读、广播影视、宣传教育、文艺演出、技术推广、科普教育、体育和青少年校外活动等为一体的综合文化站。应明确由县文化馆和县图书馆牵头，将乡镇文化站作为县文化馆在基层的业务支点，将乡镇文化站图书室和村图书室作为县图书馆的分支借阅点，形成县馆、乡站、村室大文化概念的公共文化服务网络体系，使广大农民享受到县域范围内的所有公共文化资源，使有限的财力得到集中使用，发挥更大效益。

而其他部门送文化到农村或与农村宣传教育、科普、科技等有关的活动、基础设施建设都应通过这样一个网络体系下去。为此可以在县（市）设立农村文化工作领导小组或协调小组，统一协调农村文化建设，使大家围绕共同的目标，打破部门利益，每个部门负责一个方面，多个部门共同建设，提升乡镇文化站实力。

二、项目拉动、逐步推进。这几年农村学校面貌变化很大，这得益于教育部门每年实施的教育工程，使农村学校一年一小变，几年大变样。乡镇文化站建设也应借鉴这样的办法，在解决用房后，根据农村文化建设需要，每年围绕内涵建设提出一个目标，由省、市、县共同出资解决一个方面问题。如果每年能前进一小步，几年下来，自然会面貌大变。

三、完善监管，科学规划。在县、乡镇政府领导班子考核体系中较大幅度增加农村文化建设分值，切实做到文化站有阵地、有经费、有活动、有实绩。应将农民参与文化活动的面作为对乡镇文化站考核的主要指标之一，对任意将乡镇文化站改作他用，农村文化工作严重倒退的地区，应向主要领导问责。

在文化站地点的选择上应与乡镇七站八所布点尽量统一起来，并围绕商业中心，乡镇卫生中心来合理布点，使农民方便去、愿意去，成为最能集聚人气的地方；同样，村图书室建设也应设在农民经常愿意去的地方，以集聚人气。

四、围绕需求，打造特色。根据目前乡镇人口结构变迁，年轻人大都外出打工，老人、妇女和少儿成为农村主体情况，应针对他们的需求开展活动，把农民致富的心愿、繁荣生活的目标、科技培训和民间艺术资源挖掘结合起来，让先进文化在农村生根发芽，满足他们多样化的文化需求，并做出特色。

乡镇文化站阅览室和村里农家书屋应以订阅报刊为主，起到传播最新信息的作用，并作为图书的有效补充，使广大农民共享先进文化的发展成果。

五、提高门槛，加强培训。建立乡镇文化站干部准入制度，实行持证上岗。省、市、县文化主管部门应有计划地对农村文化干部进行培训，不断提高乡镇文化站队伍整体素质。

六、保障经费，多元融资。将乡镇文化站经费纳入财政支出预算，逐年有序增加，并加大使用情况检查，确保不挪用。同时应鼓励有条件的地区通过多种渠道融资，逐步做大农村文化市场。

2008年

关于在新农村建设中加强农村传统文化保护的建议

广大农村传统文化资源极为丰富，民间工艺、民间音乐、民间美术、民间舞蹈、地方戏曲、神话传说、史诗民谣、传统建筑等数不胜数，它们经过历史的沉淀，已经扎根于农村的广阔土地，成为新农村建设的精神血脉和延续基因。

但是，随着新农村建设进程的加快，传统文化受到了极大的冲击。当前，部分地区过于注重新农村建设中的城市化，忽略了文化内涵建设，部分农村地区优秀传统文化面临消亡的窘境，主要问题如下：

一、在传统文化保护过程中重形式和载体，轻解读内涵和精神。

形式和载体是传统文化传承与发展的媒介，内涵和精神才是传统文化的灵魂所在。祖先给我们留下的诸如天下为公、刚健有为，自强不息、有容乃大，勤劳勇敢、崇德重义，修身为本、道法自然等构成了中国传统文化鲜明的民族特色和民族风格，这些思想在今天仍具有重要的现实意义，需要我们来传承和发展。仅仅满足于教会相当一部分人包括孩子唱多少首民歌、民谣是不够的；传统庙会虽然得到恢复但已变味成展销会；《跳娘娘》的一招一式都模仿的惟妙惟肖，但却不理解舞者为何要虔诚地奉“娘娘”为神，这样传承下来的只是一些没有活态的传统文化躯壳，是空洞无用的东西。

二、新农村的建筑丢弃了农村传统文化特点，使农村传统文化根基不保。

传统文化区别于现代文化而存在的精神内核就是其不可替代的传统性，也就是我们常说的“原汁原味”。农村其实就是环境古朴、民风淳厚、怡然恬静的代名词，然而许多地方古朴民居已全部变成统一划齐的西式小洋楼，蜿蜒的乡村小道也已改成笔直的水泥大路。且不说即使是城市化，建筑形式也要体现地方特色，就农村而言，如果所有农村建筑和布局都变成整齐划一棋盘式欧式别墅格局，农村传统文化还能有生存的空间基础吗？

正因如此，有的村庄尽管农民住的是一排排整齐的欧式别墅，但他们开展农家乐的地方还是保留了典型的农村传统民居，因为他们知道，这才是中国的农村，在这样的环境中，农村传统文化才能够传承下去。

三、缺乏对传统文化的深入挖掘、精心整理和细致研究。

针对传统文化的资料整理和专题理论研究工作进展缓慢。从数量上看，已列入保护范围的仅是农村传统文化的一小部分。另外，即便是已经保护起来的项目，针对性的深入研究也很不足，其中还有很多宝贵资料尚未抢救。

理论研究不足直接影响着相关工作人员对农村传统文化理解的广度、深度甚至正确度。某地花费不菲抢修出来的传统道教建筑内陈列着佛教塑像，而一墙之外又建设了完全现代化的群众广场，完全不伦不类。

四、缺乏人才支撑和经费的支持。

农村传统文化除建筑外主要是活态文化，传承人是决定它们能否传承下去的关键因素，而传承后继无人成为各地普遍面临的问题。这些扎根于农村的传统文化仍保留着相当多的以口授和行为传承为主的传承方式，往往人在艺在，艺随人走，人去艺绝，而目前的传承人多数年事已高，保护情况不容乐观。

农村传统文化的保护需要足够的经费支持，但是时至今日，许多地方既没有针对传统文化保护的相应的专项经费，也没有相关的政策支持，全靠基层找米下锅，艰难度日，极大地影响了传统文化保护的热情和信心。

胡总书记在十七大报告中指出：“当今时代，文化越来越成为民族凝聚力和创造力的源泉，越来越成为综合国力竞争的重要因素。”纵观历史，世界几大文明的消失无一不是以文化消失为标志，而中华文明之所以绵延至今，就在于拥有鲜活的民族精神和优秀的传统文化。中国传统文化发源于农耕文化，从某种意义上说中国传统文化的根就在农村。

为在社会主义新农村建设中更好地保护农村传统文化，我们建议：

一、确定重点保护乡镇、村落。

各地应在摸清情况的基础上，将农村非物质文化遗产比较集中或具有较大代表性，如市级以上及尚未受到大的破坏，具有典型农村特点的乡镇或村，列为农村传统文化保护重点，不仅其规划应符合传统文化保护要求，还应明确其新建建筑外观、布局等应符合当地传统文化要求，严禁在保护区域新建外观与当地文化特点不相符的住宅、办公等房屋，亡羊补牢，尽可能地保留一批具有地方特色的农村传统文化元素。

二、应充分发挥乡镇文化站在传承农村非物质文化遗产中的作用。

应将“非遗”项目保护纳入农村传统文化保护之中，并作为乡镇文化站的主要工作职责之一，要求他们在摸清家底的情况下制定完善的保护和传承计划，并提供必要的专项经费保障和业务指导，确保“香火不断”。

同时各地文化部门应加强本地农村传统文化的资料整理和专题理论研究工作，并加强对乡镇文化站工作人员培训，提高农村传统文化保护水平。

三、争取广泛支持。

应运用多种手段和形式，大力宣传农村传统文化保护工作的意义、目标和任务，吸引广大群众参与保护工作，营造全社会重视、关心农村传统文化保护的浓厚氛围，对在农村传统文化保护工作中做出突出贡献的单位和个人给予精神和物质上的奖励。对现有的农村传统文化传承人，文化部门每年应给他们一定补贴。

还应拓宽渠道吸纳民间资本，采取公益性项目财政补助等措施，使社会资本对农村传统文化保护的投入能取得合理回报。

2009年

加快农村电视数字化进程使电视成为农民家中的文化站

为了应对金融危机，扩大内需、拉动消费，我国在全国范围内实施了家电下乡活动，这必将促进广大农村地区电视机的普及，然而要使电视能充分发挥作用，就必须加快广大农村地区有线和无线电视数字化进程，通过传输手段的现代化，使广大农民都能看到丰富多彩的清晰的电视节目，决不能让农民只看到几个模糊不清的台，这不仅是家电下乡的需要，更是繁荣农村社会主义文化的需要。

从当年的乡村“大喇叭”“小喇叭”开始，广播电视一直是农村地区最直接、最有效、最实惠的宣传文化传播方式，特别是对于偏远地区的群众来说，广播电视节目更是他们为数不多的信息主要来源。从实际情况看，一台电视就是农民家中的文化书屋，足不出户尽知天下事，尤其是数字电视提供的信息量更大，画面更清晰。说实话，如果农村家庭每天晚上有几个小时守在电视机前，他们，尤其是农村留守人群的精神生活就不再空虚，不仅丰富了他们的业余生活，也可有效抵御赌博、迷信和其他不良文化的侵袭。因此大力发展农村广播电视事业，加快推进农村电视数字化进程，是深入贯彻落实科学发展观的内在要求，是推进社会主义新农村建设的重要举措，在巩固农村基层政权、保障广大农民的基本文化权益，传播科技知识等方面都发挥着重要作用。

近年来，我国农村有线电视事业取得了一定的成绩，但与农民需求相比，还有距离。位居全国第一的江苏全省城乡有线电视用户总数超过1500万户，其中数字电视510万户，均已占全国十分之一，其中农村有线电视用户1160万户，入户率为62%，而少数经济欠发达农村地区有线电视入户率仅有30%左右。由此放大到全国，可以看到农村有线电视普及任重道远，农村电视数字化才处在起步阶段，特别是无线电视数字化在许多地方甚至还是一片空白。

影响农村电视数字化发展的原因是多方面的：

一、经费制约。如目前江苏有线电视初装费为400—500元，农村每月收视费为15元，这对于很多贫困地区的农村家庭来说就是一笔比较大的开支；而且农村人口居住分散，有线电视光缆投入成本远高于城市；同时模拟信号改数字信号，每户改装成本1000元，再加上配套费用，每个县前期投入在2亿元左右，大大超过广电站负荷能力。

二、机制原因。由于各地都在大力普及有线电视方面做了许多工作，有的还成立了专门的网络公司，对更适合农村需要的无线电视数字化推进工作则由于利益问题而积极性不高。

三、体制问题。由于多方原因，一些地方乡镇广电站和文化站是合并办公的，而且广电站主要负责技术维护服务，特别是还肩负安全播出的职责，和文化站功能相差太大，合署办公后，哪方面工作都未做好。

为了加快农村电视数字化步伐，为广大农民构建一个家庭多功能文化站，建议：

一、中共十七大、十七届三中全会提出了进一步繁荣发展农村文化，推进广播电视村村通等重点文化惠民工程，建立稳定的农村文化投入保障机制。各级各部门要提高对农村广电事业发展，尤其是数字化电视发展重要性的认识。相比乡镇文化站和农家书屋来说，看电视听广播的传播效率更高、更容易被农民群众所接受。特别是对于当前大多数农村留守农民都是老人、妇女和小孩而言，拥有许多频道、画面清晰的数字化电视对传达党的声音、解决文化生活单一、抵制封建迷信活动、移风易俗等作用很大，而且大量农村栏目的电视节目也为农民的日常生产生活提供了信息便利和创业渠道。可以说，这是建设新农村的需要，是构建和谐社会的需要。因此，当前要把加快农村电视数字化进程纳入各级政府经济社会发展和社会主义新农村建设的总体规划，纳入各级政府公共财政支出预算，纳入省、市领导干部考核的重要内容。

二、在农村居住集中、生活比较富裕的村镇，重点发展有线数字电视。这样可以降低户户通成本，让农民看得起数字电视。

三、对农村其他地区，应重点发展无线数字电视。许多农村地域广阔，农民居住分散，如果都是通过光纤到户，铺设维护的高昂费用将使得许多农民对有线电视望而却步，而且广电部门也没有动力做。据统计，我国目前没有接入有线网络的3亿台电视大多位于城郊结合部和农村地区，属于有线电视没有能力覆盖的区域，也是发展无线数字电视重点。据测算，农村新用户一次性交纳1000元左右就可以永久性地收看到无线数字联盟提供的电视节目，以后随着规模化的发展，交纳费用还会逐步降低。而全省搞一个8套节目无线数字电视总投资估计要4个亿，而有线网络要几十个亿。

四、从实际效果看，广播电视站和文化站职能特点差异太大，合并办公效果很差，而且广播电视站还肩负安全播出的职责，建议乡镇广电站实行垂直管理。保证乡镇广电站将收到的有线电视初装费和收视费专款专用于农村电视事业的发展。

五、要切实保证对农村数字电视发展的经费投入。跟电信等完全盈利性行业相比，发展数字电视是各级政府履行公共服务职能、建设公共文化服务体系的重要工作，是由政府主导投入的基本公共服务，不宜完全走市场化道路。各级财政应从农村文化发展经费中拿出一部分用于农村数字电视事业发展，特别是中央财政应拨专项资金用于欠发达地区数字信号改造，使中央的声音和主流文化能到达农村每个角落，从而促进社会的和谐与稳定。

六、对农村困难人群收看数字电视给予补贴。农村困难人群往往最需要通过清晰的电视来丰富生活、提高信心、战胜困难。应给他们免费送去电视机和机顶盒，并对其初装费、收视费全部减免。

2009年

关于发展社区体育，构建和谐社区的建议

随着2008年北京奥运会的成功举办，奥林匹克运动精神深入人心，许多社区也出现了全民健身热潮。社区体育不仅对于提高社区居民的健康素质和生活质量有着非常重要的作用，还有利于促进邻里关系和谐，成为人与人之间交往和联系的最好纽带，被社区居民形象地称为“社区润滑剂”，充分发挥了促进社会稳定和谐的作用。

社区体育作为社区人活动的中介，是社区成员经常联系的活动方式和重要纽带。社区体育氛围比较轻松，人际关系比较平等，情感比较融洽，对改善亲子关系、邻里关系、同事同学关系、同志关系都有重要作用。特别是社区体育除了有健身、娱乐等功能外，还有一个非常重要的功能就是可以有效促进社会和谐，减少打架斗殴等群体事件的发生。如苏南有的年轻农民工集聚的地方，原来打架闹事现象较多，后来，在他们中间组建了若干球队，变打架为打球，不仅使过剩的精力有了一个很好的发泄地方，还锻炼了身体，增进了友谊，促进了和谐。还有的地方一些以失地农民为主组成的小区，一度因为拆迁问题，经常出现群体性上访事件，特别在全区有大型活动或有领导下来调研的时候，闹得更凶。后来当地政府发现他们在全区运动会上都很安静，于是在这些小区组建了各类适合他们兴趣的体育锻炼队伍，不仅使他们在健身中心情得到愉悦，也有效地改善了党群关系，社区变得和谐。

虽然社区体育在构建和谐社会中起着不可或缺的作用，但还有许多问题亟待解决：

一、经费紧张。社区体育经费没有固定的来源渠道，主要依靠区、街道两级拨款，在扣除硬件投入后，活动经费很少。如某4000人的小区每月搞一次

活动，包括小礼品、小纪念品等费用一年至少7000—8000元。

二、社区体育场地设施匮乏，资源利用效率不高。大部分社区的体育活动场所都在室外，室内体育场所与设施缺乏。部分社区的露天体育设施偏离社区群众集中居住区，很多已建成或者在建社区由于当初规划不配套、规划不落实等方面的原因没有地方建体育场地甚至连建个小型篮球场的地皮都没有。学校体育场地设施虽然十分完好，但多数学校出于安全等因素考虑不准校外人员进入活动。

三、社区体育管理者、指导者队伍薄弱，缺乏必要的激励机制。现阶段社区体育指导员大都兼职，年龄偏大，而且基本没有工资收入，工作积极性不高。大部分社区体育指导员全凭借兴趣爱好在为社区义务服务，工作中有时还会受到小区居民的冷嘲热讽。

四、居民健身人群比例不高，社区体育项目开发有待加强。目前社区全民健身项目推广活动还只是调动了社区一小部分人的锻炼积极性，大部分人仍然无法长期坚持。参加者多以中老年女性为主，对于适合各类人群参与的中老年体育项目和男性活动项目开发不够。

五、缺乏社区体育宣传意识，群众健身意识淡薄。调查结果表明，居民目前对全民健身的认识水平偏低，大部分居民对健身方法还局限在“打打球”“跑跑步”简单的框架上。特别是处于中年这个年龄段的人对于体育健身活动缺乏一定的认识，孰不知自己就处在亚健康状态。

一个国家在体育上的真正强盛，并不仅仅以在奥运会上获得奖牌数量来决定，体育也不应仅仅局限于竞技体育的范畴。当前应借2008年北京奥运会成功举办的契机，大力发展社区体育，树立全民健身的理念，提高城市居民对社区体育的参与意识，以此为抓手，推动和谐社会建设。

一、提高各级政府对社区体育的重视程度，将社区体育设施规划建设纳入城市总体发展规划。同时要充分认识和大力宣传社区体育的重要性，充分利用各种媒体，如电视、广播、报刊和街道宣传栏，大力宣传全民健身的重要性和意义。

二、在大力发展现有体育项目的基础上推陈出新，提升社区群体活动的规模和档次。文化、体育、卫生等部门要联合起来注重和大力推广地方特色的健身项目，在此基础上进一步弘扬具有地方特色的群众活动项目。针对老年体育活动缺乏现状，有关部门应加大开发老年社区体育活动项目的力度。进一步开发适合更多男性和中年人的社区体育项目，提高其参与社区体育活动的兴趣和热情。

三、加大社区体育场地设施的规划建设和投入力度，在住宅建设规划中预留社区体育场地。通过立法规定凡新建住宅小区必须配有体育场地。将社区已规划但被开发商挪作他用的体育设施用地，或已规划但至今仍闲置的体育设施用地予以恢复或补建，使其恢复原来的功能。对未规划体育设施用地的社区，采用集中与分散相结合的办法，利用政府储备用地或绿化预留地，结合绿化建设健身中心或健身站，弥补社区体育设施用地的不足。

四、合理开发与利用学校与企事业单位的体育资源，提高社区体育资源利用率。建议尽快制定出台地方法规，规定凡是拥有体育设施的机关、企事业单位和学校，要充分发挥现有体育场馆的作用，为社区体育提供方便。全面推行社区体育指导员等级制度，加强对其培训力度。同时，可以让体育院系学生到居民小区、体育俱乐部进行体育辅导实习，充实社区体育辅导员队伍。

五、加大对社区体育活动专项经费的投入，形成政府支持，企事业协助、个体、社团共同实施的运作模式。相关政府部门要加大对社区体育活动专项经费的投入，特别是对于经济适用房小区的社区体育发展，政府部门要加大倾斜力度。逐步探索社区体育产业化的可行性。鼓励个人、企业、商业和行业部门以及其他社会团体投资社区体育，并在土地使用、资金贷款等方面给予优惠政策。

2009年

关于公共图书馆资源延伸到社区建议

党的十七届六中全会提出："满足人民基本文化需求是社会主义文化建设的基本任务。必须坚持政府主导，加强文化基础设施建设，完善公共文化服务网络，让群众广泛享有免费或优惠的基本公共文化服务。"公共图书馆作为公共文化服务体系中的骨干力量，应在社区文化建设中发挥更大的作用。

目前，一些地方的公共图书馆已行动起来，将图书馆资源向社区延伸。苏州图书馆从2005年起与区政府、街道合作建设图书馆，至今已建成36个分馆，各分馆之间实现资源共享，通借通还，让居民方便快捷地享受到图书馆的服务。基层政府投入很少的建设和运行成本，便实现了从无到有的社区文化服务，满足了群众基本看书需求。《姑苏晚报》曾介绍说，把居民身边的图书馆办好，是公共文化服务体系示范区公益性、均等性、基本性、便利性的充分体现。

过去我们在加强基层文化建设时，习惯于由社区自建图书室，由于社区财力有限，不可能每年购买许多图书，许多已建成的社区图书室图书主要来源于驻区单位和居民的捐赠，册数少、品种少，难以满足社区群众需求，他们很想能共享公共图书馆的资源。

到公共图书馆借书，对多数群众而言，一是距离远，不方便；二是对上班族而言，除了休息日，时间上也不方便。对公共图书馆而言，如果大家都涌到图书馆来借书或看书，现有的借阅和藏书能力也无法满足，一些地方的公共图书馆学生阅览室在寒暑假时人满为患的情况，足以说明让大家都到公共图书馆看书是不太现实的。

公共图书馆在社区开设分馆，各分馆藏书可以各具特色，同时做到互相联网、资源共享、通借通还，不仅为社区居民节省了到图书馆借阅图书的时间、精力，在家门口就可以看到省、市、县（区）公共图书馆更多、更新的藏书，丰富他们的日常文化生活，而且可以将普及型读者分流到社区去，减轻省、市、县（区）公共图书馆的日常借阅压力和藏书压力，使省、市、县（区）公共图书馆能更好地承担当地资源保障中心、研究中心的职责。

截止到2009年，全国共有公共图书馆2850个，其中，国家图书馆1个，省级公共图书馆37个，地市级公共图书馆321个，县级公共图书馆2491个。按照全国行政区划，公共图书馆已基本实现全覆盖，其中，地市级公共图书馆覆盖率为79.3%，县级公共图书馆覆盖率为85.1%。

从国际标准来看，国际图书馆协会联合会20世纪70年代颁布的《公共图书馆标准》规定，每5万人拥有一座图书馆，一座图书馆服务辐射半径通常标准为4公里。2009年，我国平均每46.8万人口、每3368平方公里面积（服务辐射半径大致为32.8公里）才拥有一座公共图书馆，与国际标准有明显差距。同时，2009年，全国公共图书馆总流通人次达到3亿多人次，如按人口的50%—60%为读者群计算，全国应有读者6亿多人，由此可见全国公共图书馆还有很大的服务空间尚待开发。

公共文化服务体系的特点是公益性、基本性、均等性和便利性，将公共图书馆服务延伸到社区可以说正是这些特点的具体体现。为了充分发挥公共图书馆在公共文化服务体系建设，特别是社区文化建设中的作用，让基层群众在家门口就能享受到公共图书馆的服务，读到更多、更好的书，建议：

一、将省、市、县（区）公共图书馆在社区设立分馆作为文化惠民工程的一项重要内容，与文化信息资源共享工程同步推进。使社区公共图书馆分馆既有纸质图书，也有电子图书。

同时应通过省、市、县（区）公共图书馆社区分馆建设，进一步扩大公共图书馆规模，满足群众的阅读需求。

二、同一城市社区公共图书馆分馆之间一定要做到互相联网、资源共享、通借通还。

三、设立专项资金，用于分馆建设和适应各分馆之间互相联网、资源共享、通借通还需求而建立的图书物流队伍及有关设备建设。

四、应从文化大发展大繁荣高度出发，要求各级财政部门进一步加大对公共图书馆的投入，并将增加的投入主要用于社区分馆建设。

五、对在同一城市的省、市、区公共图书馆，应为它们各自划分一定的社区让其建设分馆。

2012年

关于充分发挥公益性社会组织在社区服务中作用的建议

创新社会管理是近年来党和政府提出的一项重要的战略决策。“十二五”规划纲要明确指出，要“发挥群众组织和社会组织作用，提高城乡社区自治和服务功能”，“培育扶持和依法管理社会组织，支持、引导其参与社会管理和服务”。可以说，社会组织参与社会服务是推进政府职能转变、满足社区居民的多元需求，化解社会矛盾，保持社会稳定、促进社会和谐的必然举措。

一、公益性社会组织参与社区服务的状况

公益性社会组织是指从社会整体利益出发，向公众免费或优惠提供服务的组织。近年来，各地政府在社区建设的实践中，积极推进公益性社会组织参与社区服务，使公益性社会组织成为现代公共服务的新型载体。尤其是在经济发达地区，公益性社会组织不断成长，承接了政府的某些职能，在参与社区服务中发挥了重要的作用。

（一）苏州的经验

苏州市在培育和扶持公益性社会组织参与社区服务方面取得了重要的成就。近年来，苏州市不断改革和创新公益性社会组织的登记和管理方式，搭建培育平台，在全国率先将“民间组织管理处”更名为“社会组织管理处”，并提出了建设社会组织“孵化园”和“苏州公益园”的目标。在扶持社会组织方面，苏州市从福彩公益金中拿出1000万元，启动公益创投活动，发动社会组织创意设计公益项目，经第三方组织评估、专家论证等形式，确定具体公益项目，明确目标、内容、要求等，交由社会组织在社区中实施。在社区服务方

面，苏州市不断推进社区服务设施建设，落实社区服务开展的硬件条件，形成了一批组织网络化、管理规范化、服务系列化、项目特色化、经营产业化的社区服务品牌，满足了城乡居民多元化服务需求。

（二）上海的经验

上海是目前国内公益性社会组织发展较为迅速的城市。近年来，上海围绕社区居民基本生活服务需求，以公益性为宗旨，以非营利为目的，通过政府购买服务、建立公益孵化园等措施发展公益性社会组织，为社区居民提供质优价廉、无偿或低价的民生服务。其主要做法：一是领导高度重视，建立相应的管理机构。如上海市成立了社会团体管理局，浦东新区成立了社会组织发展处，专门负责社会组织的发展工作。二是大力扶持公益性社会组织。2009年12月成立全国首家民办非企业单位性质的公益孵化器——浦东公益园，目前入驻公益性社会组织20多家，水、电、房租均由政府提供。三是建立政府购买服务的机制。通过公益创投和公益招投标活动，扶持一批有能力的公益性社会组织。

二、公益性社会组织参与社区服务中存在的问题

第一，政府行业部门职能转变空间尚未拓宽，政府购买服务的力度尚有欠缺。政府相关部门总是担心社会组织缺乏相应的服务能力，不敢下放一些与民生有关的职能，致使一些公益性社会组织难以承接政府的职能，无法发挥其在社区服务中的作用。另外，政府购买服务支出占GDP的比重跟发达国家相比还比较低，像上海这样公益组织发展较为迅速的城市约为1.5%，而22个发达国家的平均值为4.6%。

第二，政府对社会组织的政策扶持力度不够。一方面，我国关于社会组织的法律法规还不健全，社会组织发展缺乏良好的外部环境。社会组织的设立、性质、地位、作用及功能等没有完全明确、规范，造成一些社会组织在登记“门槛”过高的情况下难以获得自身合法的地位。另一方面，由于税务部门对社会组织的认定认识不同，民办非企业单位类别的社会组织在营业税方面基本上享受不到减免的优惠。目前有的地方对社会组织征收营业税高达5.56%，类似于企业组织的税率，造成社会组织负担较重，在一定程度上影响了社会组织发展的积极性。

第三，缺乏高质量的优秀公益人才，服务需求的增长与服务人员的数量、质量之间存在矛盾。一些公益性社会组织的服务人员大部分是“4050”下岗失业群体，平均年龄偏高，专业能力不强，并且可能随时“跳槽”，稳定性较差。尽管高校社会工作专业培养了大量的专业人才，但由于工资待遇水平较低，社会认可度和社会地位不高，专业人才很少从事专门的社工服务，很多毕业生离开了本行，转行从事工商企业活动。

第四，公益性社会组织自身能力不足，服务内容较为单一，规范化程度不高。很多公益性社会组织偏向于某一方面或某种类型的服务，如养老、禁毒戒毒、纠纷调解等，功能单一，没有形成多元化的服务格局，在人员、经费方面造成一定程度的浪费。

三、推进社会组织参与社会服务的对策建议

公益性社会组织是我国社区建设的重要载体和依托。各级党委和政府应采取积极有效的措施，促进公益性社会组织健康快速发展。为此，建议：

第一，更新观念，加快政府职能转变。创新社会管理和公共服务机制，形成党委总揽全局、政府负责实施、社会各方协同、公众广泛参与的社会管理格局。可以说，社会组织参与社会管理和社会服务，是现代社会的重要特征。为此，必须更新观念，解放思想，全面推进政府职能转变。

第二，完善机制，加大政府购买服务的力度。在政府职能转变的过程中，要认真研究和梳理政府现有工作事务的范围、领域，鼓励公益性社会组织来承担某些可转移、委托的职能，完善“政府承担、定向委托、合同管理、评估兑现”的新型政府公共服务提供方式，强化政府购买服务的力度。具体来说，可以通过公益创投、公益项目招投标等形式，引入竞争机制，确定符合相应标准和要求、具备相应资质和服务能力的公益性社会组织作为政府购买服务的项目实施机构。

第三，构建孵化平台，加快培育和发展公益性社会组织。鉴于目前公益性社会组织自身发育能力较弱，可以构建孵化平台，建立公益园区，加快培育和发展各类公益性社会组织。在这方面，可以借鉴上海市的做法和经验。浦东新区成立了全国首家民办非企业单位性质的公益孵化器——浦东公益园，每年

孵化30多家公益性社会组织；静安区建立了社会组织孵化基地，培育了近百个公益性社会组织。

第四，加大对公益性社会组织的政策扶持力度。应该出台一些有利于公益性社会组织发展的政策和法规，明确公益性社会组织的地位和性质；出台一些有利于公益性社会组织发展的财政政策，加大对公益性社会组织的财政支持，减免征收公益性社会组织的税费，减轻公益性社会组织的负担。

第五，重视专业人才培养，提高社会工作者的待遇水平，形成一支高层次的专业人才队伍。《国家中长期人才发展规划纲要（2010—2020年）》将社会工作专业人才纳入“六大人才队伍”之中，2011年11月中组部和民政部等18部委联合下发了《关于加强社会工作专业人才队伍建设的意见》，提出加大社会工作专业人才的培养。因此，必须根据我国社会经济发展的需要，确定社会工作人才队伍的总量，通过高等教育与职业教育相结合、脱产教育与在职教育相结合的方式，培养社会工作专业人才。同时，在加大培养专业人才队伍的同时，必须提高社会工作者的待遇和地位。

第六，加强公益性社会组织自身能力建设。公益性社会组织应增进与不同领域、不同背景的社会组织的交流合作，汇聚各类专业、示范性组织的优势，拓宽自己的业务范围，放大职能，朝多元化方向发展。同时，公益性社会组织也应积极与高校交流合作，探讨社会组织工作的开展和专业工作人员培养，实现高校人才的高效利用。

2012年

关于农民专业合作社的建议

《中共中央国务院关于加快推进农业科技创新、持续增强农产品供给保障能力的若干意见》明确提出要“依靠科技创新驱动，引领支撑现代农业建设”，并提出要“提升农业技术推广能力，大力发展农业社会化服务”，这抓住了现代农业发展的关键处。

发展现代农业，一要靠科技创新；二要靠科技推广和应用；三要靠直接从事农业的人员科技素质不断提升。而做好后两方面工作最好的途径应是不断提升各类农民专业合作社科技和管理水平，进一步完善农业社会化服务，逐步做到农业生产主要由在高科技指导下的高水平农民专业合作社来承担。

近年来，各地党委、政府高度重视农民专业合作组织建设，认真贯彻《中华人民共和国农民专业合作社法》等法律法规，把发展农民专业合作组织作为深化农村改革、统筹城乡发展、构建农民增收长效机制的重要抓手，突出提质增效、做大做强、规范动作的工作要求，加快推进合作组织的发展。

许多地方的农民专业合作社在快速发展过程中呈现出四个主要特点：

一、发展总数逐步扩大。如淮安市有5208个农民专业合作社。无锡市平均每个镇（街道）有32家农民专业合作社，每个村（农村社区）近3家农民专业合作社。

二、合作形态不断创新。有种植、畜牧、渔业、农机及农技服务类，还有土地股份合作、资产股份合作、社区股份合作、物业合作、劳务合作、旅游农业股份等多种形态的农村富民合作社。

三、服务功能持续提高。由原先单一的技术、信息服务逐渐向产前、产中、产后系列化服务转变，由单纯为成员提供服务向带动非成员延伸扩大。如淮安市农民专业合作社产加销一体型的占25%，产销合作型的占44%、农村专业服务型的占21%，初步形成了“利益共享、风险共担”的利益联结机制。合作社服务几乎涵盖了农村经济各个领域，实现了农村资金、土地、技术、劳动力、设施等生产要素的合理配置。

四、品牌经营日益强化。农民专业合作社的兴起与发展，加快了农业科技成果的转化应用和新品种、新技术、新标准的推广，逐步培育了一批各具特色的知名品牌。如淮安市到2010年全市农民专业合作社申报注册自主产品商标近200个，有62个合作社产品通过“三品”（无公害农产品、绿色食品、有机食品）认证，逐步形成了“建一个品牌、兴一项产业、带一地经济、富一方群众”的局面。

农民专业合作组织的发展，对新农村建设产生了极大的影响：

一、提高了农产品的市场竞争力。农民专业合作社以技术为依托，通过统一供应、统一销售、统一标准、统一服务等有效措施，推行标准生产，实施品牌战略。同时，提高了农民的科技意识、营销能力和合作精神及适应市场经济、接受新事物的能力，增强了农民的民主意识、法律意识。

二、提高了农民组织化程度。农民专业合作社作为发展现代农业的重要主体，能够将一家一户的小生产经营联合起来，提高农民进入市场的组织化程度，应对千变万化的大市场。

三、提升了农民的科技水平。农民专业合作社往往与农业龙头企业、农技部门、有关农业高校、科研院所有着千丝万缕的联系，在实行品牌战略，标准化生产中，非常重视成员的技能培训，要求成员必须按照技术规范操作，一定程度上将传统农民转变为现代农民，有效地解决了今后谁来种地的问题。

四、促进了农业增效，农民增收和农村稳定。市场经济条件下，农民联合起来组成农民专业合作社形成“利益共享、风险共担”的共同体，强化了市场主体地位和“话语权”，提高了产品市场竞争能力，农民从种养业生产中获益，还可以分享加工、流通环节的利润，把农业“后续车间”的利润返还到“第一车间”，实现利益最大化，提高了农民收入。

由此可见，广大农民专业合作社已开始逐步成为我国农业生产的主体，它们的生产、管理水平也决定了我国农业的生产、管理水平。为了更好地提升农民专业合作社科技、管理水平，进一步提升农业社会化服务水平，从而让我国的农业生产再上一个新台阶，建议：

一、重点扶持，畅通推广渠道。农业不仅要科技创新，更要将研发出来的成果推广应用。应以农民专业合作社为主体建立并完善农业科技推广体系，通过农民专业合作社来推广农业科技成果、通过提升农民专业合作社的科技水平来带动农业社会化服务水平的提高，实现整个农业的科技水平提升目标。

二、相互结对，减少推广层级。应要求各级农业科研单位与相关农民专业合作社直接挂钩，通过网络、现场指导等多种形式提供技术支持，让农民专业合作社能在第一时间接触到最先进的农业生产技术和现代农业管理知识，缩短我国农业与发达国家农业的差距。

三、强化培训，加快队伍建设。对农民培训的重点应是农民专业合作社的管理者和技术骨干。相关部门应加大培训农民专业合作社骨干力量力度。应参照招聘“大学生村官”等方式选派涉农专业的优秀大学毕业生到部分省、市级示范社任管理人员或聘为辅导员，构建合作社发展后备力量。应选派省、市级示范社的经营管理人员、技术人员到农林方面的高校研修深造。应在相关高等院校开设“农民专业合作社管理”专业，培养这方面的专业人才。

2012年

关于应在荒漠地区推广种植适宜生存并有价值的有毒灌木　促进荒漠化地区绿化和经济发展的提案

我国政府提出，力争到2050年，使森林覆盖率达到并稳定在26%以上，基本实现山川秀美，生态状况步入良性循环。国家主席胡锦涛在2007年9月6日出席亚太经合组织商业峰会开幕式时发表的演讲中，明确提出了到2010年中国森林覆盖率由18.2%提高到20%的目标，以应对全球气候变化。要达到在2050年，使我国森林覆盖率达到并稳定在26%以上的这一目标，森林覆盖率必须在现有水平上提高7.79个百分点，有林地面积必须达到2.5亿公顷，林地利用率必须达到85%以上。这就意味着有林地面积必须增加0.75亿公顷。贾治邦局长说：完成这一任务，必须不断增加森林资源数量，提高森林资源质量，优化森林资源结构，建立和培育稳定高效的森林生态系统。

目前，我国林地面积位居世界第五位，但只占世界的4.52%，人均有林地面积0.132公顷，不到世界平均水平的四分之一，居世界第134位。而我国荒漠化土地占国土总面积的27.3%，大约为2.62亿公顷。因此提高我国森林覆盖率目前最有潜力的地区，就是我国大面积的荒漠和半荒漠化地区。同时在这些地区提高森林覆盖率对于应对全球气候变化的意义更为重大。

过去在荒漠和半荒漠地区进行森林植被的恢复与重建过程中，由于偏重乔木或外来优良树种的应用，往往因为树种选择不当，当地降雨量不足，一些树种因干旱或病虫危害而死亡或者形成小老树，没能形成真正具有生态功能的森林。另外，在乡土植物种特别是有毒灌木的应用上，又因为开发利用技术不成熟、效益低下而被忽视。事实上，对乡土灌草植物（如苦豆子等）的高效利用，才是解决荒漠化地区森林植被快速恢复行之有效的途径。

目前在国家科技部、国家发改委、国家自然科学基金等项目以及IUCN、APN等国际机构的资助下，南京林业大学在乡土植物种特别是有毒灌木的应用上，重点研究了乡土有毒灌草生物活性物质的提取与加工利用技术，其有毒成分不仅可以开发加工成为医药、兽药、无公害农药及其他化工及石油工业用产品等，而且提取毒性成分后的植物废渣又是牲畜的高蛋白优质饲料。有毒灌草的提取加工产业在乡镇的建立和发展又促进农民从荒漠化土地上退出，降低了人口对沙化土地的压力。

同时研究结果显示，在荒漠化土地采取传统的植被恢复方法或简单的封育措施很难奏效，主要原因是该地区风速太大，如不采取固沙措施，恢复植被是相当困难的。南京林业大学在利用“木质素固沙新材料”结合乡土灌草，特别是有毒灌草进行荒漠和半荒漠化地区的森林植被恢复与重建方面，已经形成了成熟的实用技术。他们通过对草浆造纸企业生产过程中排放的废液成分、木质素含量、特性、改性、合成原理等的研究，通过对木质素分子结构的改造或重组，合成了可降解的“木质素固沙新材料”，形成了具有自主知识产权的专利产品，可以有效解决荒漠和半荒漠地区，因风大、水分蒸发强烈，造林成活率和保存率低等的技术难题，能在荒漠和半荒漠化地区快速形成新的森林面积，而且通过加工利用这些荒漠有毒灌草还将促进地方经济的迅速发展，为解决该类地区的三农问题闯出一条新路。

根据南京林业大学前期项目的研究结果，我国现有草浆造纸废液年产木质素总量大约为20万吨，若将此类制浆废液进一步加工制作成“固沙木质素新材料”充分应用于流动或半流动沙丘和荒漠、半荒漠地区的造林，按木质素固沙新材料每亩施用量约20千克计算，每年可以在流沙地区造林约660万公顷，加上非流沙的荒漠地区可以不用或少用这种新材料造林，每年可增加我国森林覆盖率1%以上。这不仅对提高沙化地区的森林覆盖率具有重大意义，而且对有效控制土地荒漠化以及解决部分造纸废液造成的环境污染等问题，将做出实质性的贡献，对于顺利完成胡锦涛总书记提出的到2010年中国森林覆盖率由18.2%提高到20%的目标任务，有着重大的促进意义。

因此对我国来说，积极利用上述技术，大力推广对乡土灌草（如苦豆子等）固沙先锋植物的规模化种植及高效利用，才是解决荒漠化地区森林植被快速恢复，同时又促进当地经济发展的行之有效的途径。希望有关部门能重视这一利国利民利子孙利科学发展的重要技术推广应用工作，将其列入国家发展的重大目标之中，并积极推进落实。

2008年

关于推广党员义工活动扩大共产党员先进性影响的提案

我们在开展社区文化调研时发现，一些地方宗教活动比较盛行，据所到的一处教堂工作人员介绍，本教堂经常做礼拜的人达到1300多人，每周有6次活动，每次来参加的人都很多，其基本人群是退休的老人、当地农民等，具有老年人多、妇女多、身体不好者多等特点。由于当地文化生活比较少，加上宗教提倡的不贪财做善事、不打麻将不赌博为人们所认同，所以在一定程度上弥补了人们精神生活的空虚，并在维护社会稳定、解决居民矛盾、帮助居民解决具体困难等方面做出了一定的贡献。我们逐一询问了几个教徒信教的原因，有的是因为家庭矛盾，多数是因为生病、家庭困难等，总之是因为个人遭遇各种困难的时候，于是就有教徒给他们送来福音，跟他们谈心，帮助他们做事并解决一些具体困难，于是他们就信教了。有个教徒还对我们说，她对门的邻居，还没信教，现在她经常帮助她家做事，一定要让她感动，让她信教。同这些情况相对照的是我们的许多先进文化活动往往浮在面上，很难深入并影响到广大基层，因此，信教的人群越来越多也就不奇怪了。

虽然中共中央、国务院在《关于进一步做好宗教工作若干问题的通知》中指出："爱国宗教团体是党和政府团结、教育宗教界人士的桥梁。"通过宗教团体和宗教组织的桥梁和纽带作用，可以团结、教育和鼓励广大信教群众和宗教教职人员积极投身有中国特色的社会主义现代化建设事业。但信教人群的增多对执政党、对先进文化的传播显然是个挑战。我们在调研中感到，要应对这一挑战，开展党员义工活动是比较有效的一个举措。

所谓党员义工活动，是指共产党员自愿利用业余时间，根据自身特长和专业特点，在社区无偿为居民和社区慈善事业、公益事业提供帮助或服务的行为。我们在江苏省扬中市看到，2006年由市委、市政府牵头，在市政府所在地三茅镇推出了“社区党员义工”活动，以自愿参与与组织引导相结合、坚持力所能及的长期活动为原则，采用持卡上岗、认证登记的手段，要求驻社区单位的每名党员每年利用业余时间，为社区居民开展不少于20小时的义务服务。每次服务，社区都有专门的打卡机记录服务的时间、内容，使服务不易走过场。党员义工的服务领域广泛，涉及社区健康、扶贫、教育、助学、社区治安、法律援助等多个层面，可以为居民举行各类讲座，参加治安巡逻，也可以打扫卫生等，以实际行动展示共产党员先进形象，效果很好。其他一些地方也开展了党员义工服务社区活动，得到大家称赞。

新中国成立前，中国共产党之所以得到广大人民的拥护，一个重要因素是党员同志们经常帮助群众干活，由此赢得民心。开展党员义工活动，是认真贯彻中共中央《关于做好党员联系和服务群众工作的意见》、巩固扩大先进性教育活动成果、建立健全长效机制的重大举措，对于弘扬中华民族传统美德，展示党员时代精神风貌，促进和谐社会建设，维护和实现最广大人民群众的根本利益；对于进一步增强基层党组织的创造力、凝聚力和战斗力，密切党同人民群众的联系，巩固党在基层的执政基础都具有十分重要的意义。

为此建议：应积极推广党员义工模式。

一、各地市县党委组织部门应规定60岁以下身体健康的每位党员每年必须在所属的社区义务服务不少于20小时，并为每位党员建立档案，把其在一年内为社区义务所做的工作登记入档，并建立相关的考评机制，把参加义工情况作为党员评优选先的重要依据。

二、党员义工活动可以采取城市社区—乡镇—农村的顺序逐步推开。

三、要充分运用会议、网络、广播、板报、宣传栏等，大力宣传开展党员义工服务社区的意义，宣传服务的内容和做法，营造“有时间做义工、有困难找义工、是党员当义工”，“天天有雷锋”的氛围。

要坚持把集中活动与经常服务结合起来，把流动性服务和阵地式服务结合起来，采取结对帮扶、专场服务和上门服务等方式，随时为群众提供服务。有条件的地方可创办党员义工服务专题网站，开发互动式的管理系统，引导党员在网上自愿加入服务组织、自主选择服务项目、自行与服务对象协商确定服务形式。

四、各基层党组织应以党支部为单位，认真做好党员义工登记、指导、考核、激励等管理工作。要确定专人负责，组织填写《党员义工登记表》和《党员义工社区服务登记表》，并结合所在辖区实际情况，认真制定活动计划，探索具有特色的党员义工服务项目、服务形式，不断拓展服务领域，创新服务载体，深化服务内涵。党员义工要认真填写《党员义工社区服务手册》，对参加服务内容、服务时间等及时进行记载，这既作为党员义工的身份证明、业绩证明、荣誉证明，也作为对其考核、评价的重要依据。

2008年

关于创新医疗纠纷调解机制的建议

自1990年以来，医疗纠纷案件持续快速增长，愈演愈烈。据卫生部2008年的统计，全国每年发生的医疗纠纷达上百万起，平均每年每家医疗机构发生医疗纠纷的数量竟达40起左右。近两年来，医疗纠纷案件仍呈上升趋势。致医生死亡的恶性事件也有发生，严重冲击了正常医疗秩序，对医务工作者造成很大精神压力。

2002年9月1日起实行的《医疗事故处理条例》明确了三种处理方式：医患协商、卫生行政部门调解和诉讼，即私了、官了、官司了。但从上述医疗纠纷产生的原因来看，这三种方式都存在很大的局限性。私了，双方直接面对，缺乏缓冲的余地，加之患者大多情绪不稳，对医院极度不满，容易引发冲突，而且协商往往是在事实不清、责任不明的情况下进行的，也容易导致患方非理性维权行为的发生。至于卫生行政部门调解，也就是官了，患者必然怀疑卫生行政部门与医院存在亲缘关系，有“老子鉴定儿子”之嫌，而往往不认同其公正性。而官司了成本太大。据了解，对医疗纠纷，有些医院能躲就躲，躲不了就赔钱了事，结果形成“大闹得大钱、小闹得小钱、不闹不得钱”怪现象。于是“闹”成了一些患者的主要选择，有理闹，无理也闹，使得医疗纠纷居高不下。

事实证明只有建立一个能整合各方力量的第三方机构才能有效应对医患纠纷。在这方面，江苏省南通市的经验值得重视。该市于2008年成立了医患纠纷调处中心，是一家独立于第三方专门负责化解医患纠纷的工作机构，隶属市综治委，成员以来自公、检、法、司法、卫生部门中的懂医学、懂法律、会调解的同志，以及法医、保险公司等方面人员组成，并建立由副高以上医生74名和公检法各一名法医组成的医患纠纷专家咨询委员会，专家咨询实行回避制度和随机抽取制度，以提高医患纠纷调处的科学性和公信力，还建立了保险理赔机制，可以有效地实现部门联动、上下联动、市区联动，秉承“三免服务”（免费咨询、免费受理、免费调解）原则，负责受理市区11家二级医院以上的医患纠纷。调处中心还采取“分级调处，统一支付”的办法，赔付主体由调处中心承担，医院不再承担赔偿责任。有效避免纠纷的反复和再冲突。使得市区11家医院总体呈现“三个上升、三个下降”的良好态势：就诊数量与同期相比上升，医患纠纷下降；纠纷调处成功率上升，调解周期明显下降；人民群众满意率上升，群体性事件下降。

为此，新华社称：南通医患纠纷调处新机制的建立为新形势下化解医患纠纷打开了第四扇门。医患纠纷调处工作新机制已得到社会各方的积极认可。

为了更好地通过加强和创新社会管理，有效化解医疗纠纷，建议：

一、积极推广南通成功经验，在各地社会管理综合治理委员会领导下，建立相对独立于医院和卫生部门，同时又能有效整合各方力量的第三方的医疗纠纷调解机构，承担起医疗纠纷中私了、官了两种处理方式，使患者能很好维权，也使医闹没有市场。

二、大力推广医疗事故责任险。因为医疗事业是一个高风险的行业，完全杜绝医疗事故既不可能，也不现实。为了让广大医务工作者能放下心理包袱，解决后顾之忧，全身心地投入医疗工作之中，有必要设定医疗事故责任险，可根据医务人员所从事医疗工作风险的大小，工作年限的长短，既往的业绩（包括事故的记录）购买不同额度的保险金额，对于出了事故的医生应提高下一年度的保费金额；对未出事故的医生在购买责任险时给予一定优惠。医院院方也对责任险给予一定的资助。一旦发生医疗事故，由保险公司根据案情理赔，避免院方与患者的直接争执和讨价还价。

三、开设医疗意外险。医疗事业不仅是一个高风险的行业，而且是一个存在很多未知因素尚待探索的行业，有时会遇到不明原因的医疗事故发生，如有些患者对某些药物高度过敏，但事先并不知道，结果在青霉素、麻醉药等皮试中就发生严重过敏反应，甚至造成死亡。这属于意外事故，医务人员并无责任，但患者及家属心中不平，不能理解，也难以接受，引起纠纷。对于此类情况，只需在挂号费或住院费中附加小额度（一两角钱）的医疗意外险，患者负担不大，但一旦发生意外事故，即可由此险赔付，以避免医患双方的冲突。

四、尽快为医疗事故处理立法。鉴于2002年颁布实行的《医疗事故处理条例》不能满足医疗纠纷处理的需要，因此应根据形势的发展和各地近年来医疗事故处理中摸索出的成功经验和失败教训，尽快制定完善的《医疗事故处理法》，使医疗事故处理有章可循、有法可依，为构建和谐医患关系，维护正常医疗秩序，促进医疗事业的健康发展保驾护航。

2012年

关于规划和建设项目环评的建议

当环评在我们的规划和建设项目中已成为重要一环时，或许我们还失却了一个不该失却的重要一环，即社会影响评价。所谓“社会影响评价”就是通过识别、监测、评价规划和建设项目带来的各种有意或无意、积极或消极的社会影响及社会变化过程，优化行动实施方案，减少可能出现的社会矛盾与冲突，提高项目的成功率和可持续能力，推动项目实现促进社会协调发展的目标。

过去，我们的一些规划和建设项目在可行性研究和方案设计时，只重视“可通过性”，不重视“可持续性”，片面强调经济收益，但对社会影响缺乏有效的评估和解决方案。而规划和建设项目往往与大规模的征地、人口搬迁、资源分配、社区重建、污染物排放给附近居民生活带来巨大负面影响等相联系，极易引发社会冲突和群体性事件。此类事件既可以直接导致工程项目进展不利，造成巨大的经济损失，也会因为社区认同度降低、社会冲突加剧，带来社会的不稳定和一系列政治问题的产生。此起彼伏的因环境事件而引发的社会冲突事件，不断考验着人们的环境忍受力，也考验着政府的执政能力。对规划和建设项目的环境问题预期，已经成为十分敏感的社会问题。

一、开展规划和建设项目社会影响评价的必要

我们在做消防工作的时候，既要重“消”更要重“防”。社会影响评价所做的就是“消”前的“防”。鉴于目前的社会冲突加剧，有的地区出台了“社会维稳风险评估制度”，把资金使用、征地拆迁、安置补偿、生态环境等规划和建设项目带来的问题，都作为重大事项，要求“谁决策、谁评估、谁负责”。有的地方的政府部门成了“消防队”，哪里出问题就到哪里去“灭

火”，把在突发事件中如何应对媒体的舆论当作干部基本素质来培训。而所有这些都是治标不治本的“维稳”的思路，强调的是“不出事”，而不是在事前研究和预防如何才能不出事。因此，无论从经济发展还是社会稳定的角度，都需要对规划和建设项目的社会影响给予高度关注。

在规划和建设项目环评中加强社会影响评价，对所有利益相关者来说都是有益的也是非常必要的。对于当地居民来说，社会影响评价注重利益相关者的参与，尊重并承认受影响群体对他们亲身所受影响进行评价的权威性，通过行动干预，改善项目社会影响的性质和程度。对于项目投资来说，可以纠正项目失误，减少项目的社会风险，减少因此而付出的无效费用，保证项目的顺利进行和可持续发展，使投资活动获得最大程度的经济和社会效益。对于决策者来说，可以对项目影响有着更加公正、理性、系统的了解，揭示不同群体的损益情况，对项目的社会风险形成预警性分析，及早采取应对措施，提高决策的质量，减少社会风险和政治风险，促进社会的和谐稳定。同时，通过促进利益相关者的有效参与，提高决策民主化程度，落实“以人为本”的发展理念。

社会影响评价中关键的步骤是识别利益相关者，也就是让利益相关者有发表意愿及主张的权力，以保证不同群体的利益能够得到兼顾，项目收益在不同群体之间实现共享。一般来说，农民多属于弱势群体，往往因为征地拆迁等规划和建设需要而遭遇利益损失，也经常承受着工业排污带来的不利影响。还有非自愿移民，就是因征用土地、房屋拆迁和迁移而受到影响的人，也是重大工程项目中易受伤害的主要利益相关者，不适当的移民或者项目环境问题造成的移民，可能会导致原有的富裕家庭陷入贫困。还要关注贫困人群，把扶贫作为项目的重要问题、把贫困人口作为项目受益人口来考虑，有针对性地优化项目实施方案，为贫困者创造更多脱贫致富的机会。

因此，社会影响评价至少需要注重两个方面：一是根据社会协调发展的目标，判断项目所产生的社会影响的性质及程度。二是分析这些变化对项目本身的影响，判断其对项目成功和持续发展的意义。社会影响评价重视人的因素，分析项目对所在地和周边地区可能产生的重要影响，评价社区对规划和建设项目的可接受程度，评估项目可能存在的社会风险和危害，提供消除不良影响、规避社会风险的对策。加强社会影响评价一方面有利于协调规划和建设项目与所在地区社会发展的关系，促进经济社会协调发展，保障社会公平公正。另一方面对确保规划和建设项目的成功率和可持续性，具有非常重要的作用，应在环境评价中占有重要地位。

二、规划和建设项目社会影响评价的实践

20世纪90年代以来，一些重要的国际发展机构，如世界银行要求在重大投资项目中实施社会影响评价，而亚洲开发银行已将之列为发放贷款的一个必要条件。世界银行的一项研究表明，如果项目中应用了社会影响评价，项目的社会满意度将从51%增加到74%，如果项目有社会发展专家参与管理、全程进行社会影响评价，则这一比例会增加到93%。即使从经济收益方面来看，在做过社会影响评价的项目中，基本接近或超过预设经济收益率的比例大约是85%。可见，社会影响评价在投资项目评价体系和决策中扮演着越来越重要的角色。现在发达国家几乎没有开发者或政府机构不了解社会影响的重要性，大型的、具有争议性的项目，比如大坝、公路、铁路、核电站和垃圾处理等项目，尤为重视。

国内的一些国家级重大工程项目，也进行了社会影响评价。如西气东输工程，这个项目是我国开展社会影响评价的第一例。输气管线穿越9个省，从西北的新疆到东海岸的上海市，对管道沿线的利益相关者进行了详细调查访问，为工程成功实施奠定了坚实的基础。

三、对做好社会影响评价的建议

1. 必须在规划和项目环评中进一步对社会影响评价提出明确要求和具体规定，改变过去把社会影响评价作为经济评价和环境评价附属的状况，将社会影响评价作为环评报告书中的一个独立篇章，使之成为环评中一个必不可少的重要环节。同时应明确要求重大决策和大型开发项目前期都要开展专门的社会影响评价。

2. 由相关部门或机构，组织专家力量，制定社会影响评价实用标准，编写评价指南，规范社会影响评价的内容和步骤。

3. 加强社会影响评价的实例研究，选择一些已经建成或准备建设的规划

和建设项目，开展参与式的社会影响评价，探索社会影响评价的规范和标准，为今后的社会影响评价建立示范。

4. 发挥专家优势，动员学术界的社会学等相关学者，参加社会影响评价工作，或者邀请他们提供技术方面的服务。同时，有计划地进行专门人才培养，促进社会影响评价在我国的健康发展。

5. 重视对各级领导干部和决策参与者的培训，在各级党校开设相关课程。社会影响评价是一项政策性很强的项目评价工作，只有各级领导干部和决策参与者具备了社会影响评价的意识和要求，才有可能开展专业化的社会影响评价。

2010年

政协第十二届全国委员会

【提案】

关于剧团改制的有关建议

近两年，随着文化体制改革的深入，国家明确提出了剧团改制的目标，各地划出了时间表和路线图。但因多种原因进展缓慢。原因在于经过几十年发展的多数剧团，已经形成了顽固的积习。主要表现在：

一、享受社会保障的离退休人员和从事艺术生产的创作人员的比例失调，导致剧团改革不堪重负。20世纪50年代以来在所有国家所属的企事业单位建立的社会保障机制，为每个国营剧团中的演艺人员提供终身保障，这是应该的，但是当一个国营剧团存在了足够长的时间之后，离退休人员占比越来越大，发展改革就比较艰难。

二、多年来对体制的依靠，竞争意识淡薄，文化创意缺失。正是因为在剧团的创作与演出中的“政府主导”有力，多年来形成了一种路径依赖和生存惯性。一旦政府下决心改制，重走市场路径的时候，剧团已经缺乏在市场环境下生存的能力和勇气，剧团的生存越困难，就越依赖于政府所提供的单一目标的需求，它就越不可能保持作为一个文化企业的独立性。

剧团改制势在必行，改制过程中的阵痛也是在所难免，但是，为了改制能够更为科学、合理、以人为本，在具体实施剧团体制改革之前，建议政府给剧团一个适时的过渡期，将现在由政府拨款并由剧团直接承担的福利保险功能，转移到剧团之外，改由政府以及社会保险机构承担，为剧团功能及所有制的转换创造一个良好的外部环境。在此基础上，逐渐把现在对剧团的直接管理，转变为监督与服务并重的宏观调控。

剧团的体制改革同时也意味着政府职能的改革，为保证文化演出市场健康发展而进行的宏观调控，建议政府在转变文化管理职能的时候把好以下几个关口，确保剧团转制顺利过渡。

一、剧团可以改制，但是在传统戏剧文化资源大量流失的情况下，政府作为保护民族文化遗产的主体地位不能放弃。一个充分市场化的文化演出市场并不是在任何时代、任何场合都能自然而然地保证民族文化传统得到很好的继承与保护，因此，政府有意识的提倡与引导，包括必要的行政拨款（有完善的监督、检查配套手段）仍然不可或缺。当前在传统戏剧文化资源大量流失的情况下，保护传统文化遗产很难通过文化市场的自然发展过程实现，政府在保护传统文化遗产中应该扮演不可或缺的角色，这个责任不可推卸。

二、变直接干预为间接引导，充分发挥市场的调节功能，让剧团自行负责剧目的创作与演出。当然，即使是在一个完全由市场导向的艺术创作环境中，政府文化部门仍然有责任帮助与指导剧团不断提高创作水平，为人民提供尽可能丰富、尽可能精美的精神食粮。但这种帮助与指导应该与过去直接干预不同。政府可举办各种各样的调演、会演，通过具有权威性的评奖，鼓励剧团创作优秀作品，引导剧团不断探索提高艺术水平的途径。

三、重新启用50年代曾经成功运行过的剧团与个体演艺人员的注册登记制度。政府对文化演出市场的宏观管理与调节，主要表现在市场准入、制定规范、调解纠纷、提供信息等方面。文化部门需要在经过必要修改的前提下，重新启用剧团与个体演艺人员的注册登记制度，肯定民营剧团与个体演艺人员存在的合法性。

四、文化市场运作，有其自身的发展成熟的规律，政府的文化工作需要等待并且尊重。90年代以来，各地的民营剧团都已经逐渐在剧团的投资以及收益分配制度，在演员的招聘流动，在剧团、演出经纪人以及请剧团演出的村镇三方关系等诸多文化演出市场的要素上，形成了一系列正日趋成熟的、相对比较完整并且非常具有可操作性的初步规范。这样一些成文的或不成文的规范，是随着民营剧团的自我成长过程一起出现的，意味着文化市场在它自然生成的过程中，会有一个逐步自律的过程，政府部门所能够做的工作，正是在市场条件成熟时，促使剧团与个体演艺人员自觉遵守这些规范，并且用行政手段解决这些规范运行过程中出现的问题和争端。当然，文化部门还有责任在剧团为民众提供的精神产品呈现出不良倾向、擅自演出违反国家法律法规的剧目时，在不同程度上给予严肃查处。

2013年

积极引导和鼓励社会力量参与公共文化服务

中共十八大报告指出："让人民享有健康丰富的精神文化生活，是全面建成小康社会的重要内容"，而承担这一重任的一个重要方面就是要提供更多更好的公共文化服务，为此中共十七届六中全会提出要"引导和鼓励社会力量通过兴办实体、资助项目、赞助活动、提供设施等形式参与公共文化服务"，这是加强公共文化服务体系建设的重要举措，对发展公益性文化事业、满足人民群众日益增长的文化需求具有重要意义。

一、社会力量参与公共文化服务的现状

近年来，许多地方以提高城市文化软实力和创新力为核心，以形成当地人民高度文化自觉为方向，着力构建"党委领导、政府负责、社会联动、全民参与"的工作格局，社会各界力量参与文化建设热情高涨，全社会文化氛围日渐浓厚。一些地方在社会力量参与公共文化服务方面，主要呈现出以下特点：

（一）民间文艺团体活跃基层

在许多地方的定期广场演出、群众文化周周演、"剧（节）目走进社区、村镇"等特色活动取得了很好的传播效果。这些演出都充分调动了民间文艺团体以及民间文化人士积极参与，营造了基层文化的活跃氛围。

（二）特色文化场馆建设初显成果

一些地方积极立足本土文化资源，借助社会力量，鼓励和扶持集体或个人兴办各种图书馆、博物馆。如江苏常州市现有民营博物馆10多家，图书馆4家，美术馆近10家。该市还充分调动民间力量保护非物质文化遗产，2010年5月29日常州市非物质文化遗产展示馆正式开馆，汇集了常州市12个国家级、38

个省级和40个市级，共计90个非物质文化遗产项目。同时常州还在民资进入公共图书馆建设方面开创了“社区图书馆”进入企业的模式。

（三）公共文化队伍培育甘为后盾

在政府的引导和鼓励下，部分有影响力的企业，不惜重金投入到公共文化人才的培育以及文化队伍的建设上，这些民间企业已经成为有的地方公共文化艺术团体坚强的经济后盾，并有力地弥补了公共文化队伍培育经费的不足。如2009年，由常州百兴集团出资采取集团冠名、区文广新局领导、区文化馆管理的运作方式，成立了非营利性演出团体——百兴艺术团，艺术团实施“流动舞台”先进文化进百村、进社区活动，每年演出场次都超过200场，实时地把精神文化食粮免费送到群众的家门口，丰富了人民群众的文化生活。

二、社会力量参与公共文化服务存在的问题

（一）观念尚待转变

在文化体制改革的当下，一些政府部门尚未实现由“办文化”为主到“管文化”为主的角色转变；政府过多地直接办文化，占用了大量的公共资源，其结果是政府财政投入的增加远远满足不了人民群众对公共文化的多样化需求，与此同时也不利于建立市场运作的机制，成为社会力量参与公共文化建设的体制瓶颈。

（二）政策法规缺失

许多地方鼓励和引导社会力量参与文化建设方面的配套政策不完善，造成社会力量投入文化建设的动力不足。

（三）机制还需健全

近年来，社会力量通过冠名赞助、捐赠、建立专项基金等方式开始广泛参与到公共文化服务，但大多以零打碎敲为主，尚未形成稳定的多元参与机制。社会捐赠激励机制、捐赠税收优惠政策、公共服务基金体系尚未形成。

（四）渠道不够畅通

由于文化项目交易活动的“非常态”、空间不连续、时间有限度，不利于文化服务通过充分竞争的市场方式找到合理的买主；政府购买服务很少涉及公共文化设施的运营、文化项目的运作、公益性文化服务。而大量的社会资金和力量苦于信息不对称，欲进无门，或者与现行的运作体制和机制无法对接，徘徊于文化建设的大门外，文化服务走向市场、服务群众的渠道不够畅通。

因此我们建议：

（一）加快观念转变

各地文化部门应加快实现由“办文化”为主向“管文化”为主转变，留出社会力量进入公共文化领域的空间。文化管理部门要从烦琐的具体操办文化事务中解脱出来，着力建立文化管理体制，利用社会力量的市场化运作理顺供求关系，引入公平竞争机制，实现公共文化服务提供主体、提供方式、文化产品多样化，形成政府主导、社会参与、多元投入、协力发展的新格局，提高公共文化服务供给能力和水平，以满足群众日益增长的公共文化需求。

（二）制定扶持政策

应尽快制定政策，引导社会参与公共文化建设。对于社会力量新建博物馆、图书馆、体育馆、文化艺术场馆的，根据建设投资额或建筑面积，应给予资金补助或免税奖励。同时为社会力量兴办的文化项目提供相应的运行保障，根据服务数量和质量情况给予运行补助。通过采取资金补助、精神奖励等举措，引导和鼓励社会力量参与公共文化服务。

（三）探索服务购买机制

在坚持政府主导的前提下，不断探索社会力量参与公共文化服务的运作机制。对政府主办的公益性文化活动，如大型文化节庆、电影下乡、社区文化活动等，可以通过招标采购、项目外包、授权、补贴等方式，委托社会机构承办。各地每年可把拟委托承办的文化活动项目公布，公开征集承办单位申报，通过资格认定和公平、公开、公正的竞争机制，选定承办机构，并规范跟踪管理，逐步加大委托社会承办的范围，推进公共文化服务的社会化和市场化。加强对民间非营利文化机构、文化协会及文化中介等组织的培育和扶持。

（四）拓宽社会参与渠道

不断拓宽社会力量参与公共文化服务的渠道，形成政府投入与社会投入相结合的多渠道、多元化的文化投入格局。

完善社会捐赠激励机制。通过减免税费、表彰冠名、业务培训、项目帮扶等优惠政策吸引投资方和赞助方，引导各种社会力量以不同形式捐赠或赞助公共文化服务事业。加强对捐赠税收优惠政策的宣传解释，简化操作手续，如适当放宽公共文化慈善组织的登记条件，降低注册门槛；对企业捐赠公益文化事业时，除国家税收优惠外，还可酌情从土地转让、建设规费、水电使用等方面给予一定优惠。此外，一些公益性文化部门，可以通过设定、授予个人“名誉馆长”“名誉顾问”等荣誉职衔以资鼓励。

设立公共文化服务基金。可设立和完善多样化及多层次（个人、企业、机构等）的公共文化服务基金，广泛吸纳来自公共财政、文化产业经营收益和各种社会力量捐赠的资金。凝聚社会力量，缓解公共文化服务体系建设中人力资源短缺的矛盾，大力推行文化义工服务，组建志愿者队伍。

充分发挥民间文化机构的作用。政府要制定对文化中介等组织的鼓励和扶持政策，加强对他们的培训和使用，提高他们的生存、创新和组织能力。通过政府的引导，整合民间力量资源，提高民间文化机构承办重大活动的能力，与文化活动的评估、咨询等工作。

（五）加强媒体宣传示范

对积极投身于公共文化服务的社会力量、企事业单位和热心人士要多作宣传，激励热情参与者，对社会来说也有一个放大效应，从而促使更多单位、个人参与到公共文化服务上来。

2013年

对国家文化遗产应更加强调公益性属性

伴随着旅游热的不断升温，各地旅游景区涨价风不断。据了解，岳麓书院、中国书院博物馆、石家庄隆兴寺、秦皇岛老龙头景区，以及天下第一关等旅游景区都于2012年7月1日开始提价。而且自2012年第二季度以来，扬州瘦西湖、山东台儿庄古城、江西井冈山景区等就已经纷纷宣告涨价，让不少家长和学生望而生叹。其实像长城、井冈山、张家界、瘦西湖等世界遗产和国家级风景名胜区，不是哪个地方的私有财产，而是具有公益性质的公共资源。它们除了用来参观旅游，更主要的功能是可用来开展科学、文化活动，陶冶广大人民群众情操，培养公众的爱国主义精神，弘扬中华民族文化。所以风景区，特别是公益型景区不能片面追求经济效益，一味涨门票价格，而应积极承担起公益服务职责，讲究社会效益。党的十八大报告提出："发挥文化引领风尚、教育人民、服务社会、推动发展的作用"，我国的世界遗产和国家级风景名胜区，特别是爱国主义教育基地承担着让人民思想道德素质和科学文化素质全面提高、中华文化国际影响力不断增强的重任，应更多地关注这些景区在建设社会主义文化强国方面的作用，而不能将注意力放在如何赚更多的钱上，决不能忘记自身承担的社会责任。

为此建议：

一、政府部门应尽快使景区特别是世界遗产、国家级风景名胜区回归公益属性，根据我国居民收入情况，按照实际运营成本制订合理的门票价格，限制涨价的幅度，特别是在暑假，应对广大学生（中小学生可由2名家长陪同）实行免票或者低票价。

二、借鉴国外经验，推行旅游景区价格公益化。目前，世界多国对重要的风景名胜区实行免费或低收费政策，如日本的富士山免费，英国伦敦大英博物馆、海德公园、摄政王公园以及英国的国家公园、自然保护区等一律向游客免费开放，被称为“免费的城市”。韩国庆州佛国寺门票约合人民币21元，印度泰姬陵对内门票约合2.4元人民币，法国的罗浮宫门票折合人民币约85元，俄罗斯的克里姆林宫门票约合人民币45元，等等。许多国家还对世界遗产实行免费定量参观的政策。而国内，目前绝大多数4A级以上景区门票都突破了100元，有的已经超过200元。据报道，美国旅游景点平均门票价格仅占国民月均收入的0.6%，俄罗斯占1.4%，韩国占0.2%，而我国高达5%以上，明显偏高。

三、建议对旅游景区的公益化性质进行统一定位，并由上级宣传、文化部门参与定价。据了解，我国是按照发改委对景区价格管理的规定，同一景点门票价格上调频率原则上不低于3年，票价在100—200元的，一次提价幅度不得超过原票价的25%。而在一些旅游大国，国家级公园和公共博物馆的门票价格政策，一般是由文化部及其下属的公共机构统一制定，并有立法保证，不可随意调高票价。

四、建议每年暑假举行一次“文化旅游周”，在一周内有关名胜古迹免费向游客开放，同时为限制客流量，可采取预约、限售门票、限时参观等办法。如巴黎卢浮宫每月第一个星期天全天免费开放。意大利每年春天举办一次“文化周”，全国所有名胜古迹免费向游客开放，吸引了方方面面的游客。

2013年

关于深入开展全民阅读加快书香中国建设的建议

国民阅读力和阅读水平在很大程度上决定一个民族的基本素质、创造能力和发展潜力。中华民族素有崇尚读书、书香传家的优良传统，中华文明之所以5000年连绵不断、一脉相承，读书学习是一个重要原因。近年来，中央和各地越来越重视全民阅读工作，党的十八大把“开展全民阅读活动”写入报告。习近平总书记多次对领导干部读书学习提出要求。国务院把公共阅读服务纳入《国家基本公共服务体系“十二五”规划》。《新闻出版业“十二五”时期发展规划》将“全民阅读工程”列入新闻出版公共服务建设工程。我们也看到，目前全民阅读工程建设中还存在着制度缺位、经费不足、人力有限、活动吸引力不强、地区差别等问题。为此，建议把全民阅读真正上升为国家战略，从国家层面加强顶层设计，建设书香中国，为提高国民综合阅读率提供有力保障。

1. 成立国家全民阅读指导委员会。国家全民阅读指导委员会作为书香中国建设的领导机构，建议由国家主席担任国家全民阅读指导委员会名誉主任，国家相关领导同志担任全民阅读指导委员会主任，中宣部、中央文明办、新闻出版广电总局、财政部、教育部、民政部、文化部、国务院法制办、全国总工会、共青团中央、全国妇联等有关部门作为成员单位。全民阅读指导委员会办公室设在新闻出版广电总局，具体承担指导委员会的日常工作。

2. 加强顶层设计并组织实施。一是拟定全民阅读中长期规划，统筹开展阅读文化培育、阅读场所建设、阅读活动策划、优秀图书推荐、分类阅读指导、阅读宣传推广、全民阅读调查发布等工作。二是设立国家阅读节，建议将我国的阅读节定为4月23日（世界读书日）或9月28日（孔子诞辰日）。三是精心组织开展书香之市、书香之县（市、区）、书香之乡（镇）、书香之村、书香街道、书香社区、书香机关、书香校园、书香企业、书香家庭、书香社团、书香军营等书香系列建设评比，把众多的“小书香”汇集成“大书香”。四是各级领导干部应该亲自倡导和推动全民阅读，国家领导人和各省、市、县等各级主要领导每年都要以适当方式参与全民阅读活动，身体力行推动全民阅读。五是建立全民阅读工程建设的绩效考核指标体系，加强对地方全民阅读工作的指导、督查和考核，使全民阅读工程建设由“软任务”变为“硬指标”。

3. 加强全民阅读立法。阅读立法，可以通过法制的约束力，规范各级政府全民阅读公共服务责任，为开展全民阅读所需的人、财、物提供制度保障。目前很多国家都有阅读立法，如美国的《卓越阅读法》（1998年）、《不让一个孩子落后法案》（2002年），日本的《关于推进儿童读书活动的法律》（2001年），韩国的《读书振兴法》（1994年）、《读书文化振兴法》（2009年），俄罗斯的《民族阅读大纲》（2012年）等。应根据建设文化强国的要求，尽快制定国家《全民阅读促进条例》，在全民阅读目标、原则、保障措施等方面作出具体规定，以法律法规的形式将推动全民阅读工作纳入法制化轨道。

4. 建立国家全民阅读专项基金。世界许多国家都通过设立国家阅读基金，由公共财政提供资金推进国民阅读的持续深入开展。如：英国1992年成立图书信托基金会，每年由国家财政投入资金并吸纳社会慈善资金，开展以“阅读起跑线”为核心的全民阅读；德国在1988年成立德国促进阅读基金会，其历任名誉主席都由德国总统担任；俄罗斯也在1994年建立俄罗斯读书基金会。此外，美国、保加利亚、日本、韩国和泰国等不少国家也都设立了各类阅读基金会或国民阅读扶持工程。建议我国应尽快设立国家阅读基金，由国家财政全额拨款，纳入国家财政预算，具体事宜由国家全民阅读指导委员会管理。基金规模增长速度应高于国家经济发展速度和财政收入增长速度。

5. 加强基层阅读阵地建设。目前农家书屋、社区书屋、职工书屋等阅读场所遍布城乡，但由于管理使用不够到位，作用发挥得不够理想，还有城乡阅报栏（屏）、报刊亭建设状况也不尽如人意，离群众阅读需求的要求还有不小差距。党的十八届三中全会《决定》强调，要构建现代公共文化服务体系。建立公共文化服务体系建设协调机制，统筹服务设施网络建设，促进基本公共文化服务标准化、均等化。建立群众评价和反馈机制，推动文化惠民项目与群众文化需求有效对接。整合基层宣传文化、党员教育、科学普及、体育健身等设施，建设综合性文化服务中心。为此建议，一是整合设施资源，把农家书屋、社区书屋、职工书屋纳入县级图书馆总分馆体系，实现图书资源定期更新流转、通借通还和数字资源共建共享。二是统筹队伍建设。以农家书屋管理员为例，目前大部分都是兼职义务从事管理工作，人员不稳定，管理不上心，一定程度影响了书屋效用的发挥。为此建议把基层书屋管理员作为基层文化队伍的一支重要力量，加强教育培训，明确相关待遇，由政府财政给予适当补贴，以稳定人员队伍。同时充分发挥“五老”人员和教育系统大批社区教育工作者、开放大学教师，以及全民阅读志愿者的作用，在协助管理、与校外辅导站共建和开展阅读活动、提供阅读指导等方面下功夫。三是科学设置城乡阅报栏（屏）、报刊亭。国外城市，特别是欧洲一些历史文化名城，十分注重报刊亭设置，成为一张亮丽的文化名片。在香港，虽街道狭窄，书报亭无处可建，但可设成书报摊，街道边不准许别的摊位营业，唯独书报摊一个挨着一个，成了香港的一种标识。从目前我国实际情况来看，纸媒仍占有主导性的阅读地位。作为阅读纸媒的载体城乡阅报栏（屏）和纸媒零售终端主体的报刊亭，在壮大主流舆论阵地、传播先进文化、推动全民阅读、扩大文化消费、解决就业难题等方面发挥有效作用。为此建议由政府相关部门出台意见，将城乡阅报栏（屏）、报刊亭作为公共文化设施，列入建设规划，多渠道推进建设，财政给予适当补贴。加强对已建阅报栏、报刊亭的保护，凡因城市改造、道路出新等需要拆除的，必须在适当地点予以复建。规范阅报栏、报刊亭管理，维护良好文化市场环境。根据群众需求，推动阅报栏、报刊亭由从单纯型转型为复合型的便民服务栏、亭。减少设置障碍，加快自动售报机的推广和普及。

6. 加快数字内容建设。注意阅读方式的多样性（多媒体）、阅读对象的层次性（不同读者群）、阅读内容的艺术性（吸引读者眼球），从而激发读者阅读的愿望与激情。据统计，2012年中国移动阅读市场活跃用户数达3.58亿，加上电子书阅读器等终端用户，我国数字阅读用户已超过4亿。从数字阅读发展过程来看，内容建设一直被视为发展的关键。因此，应以满足迅速增长的数字阅读需求为牵引，以基层群众为对象，以青少年群体为重点，进一步加大数字内容建设力度，提高数字内容建设的系统性、科学性、针对性，并促进公共数字阅读服务品牌化、专业化，提升惠民服务水平。

2014年

关于国家级文物在实施保护过程中应谨防“次生灾害”的建议

2013年6月初，有学者在考察苏北一处国家级重点保护文物——汉代石刻时，发现了一些在保护过程中无意识损害文物的行为。该处画像表现的是一些宗教内容，比敦煌莫高窟还要早200年，是我国迄今发现最早的一处佛教摩崖造像，1988年被国务院公布为全国第三批文物保护单位。考察期间，恰巧有几个农民工模样的人正手忙脚乱地在搭脚手架，准备实施一些后续的保护措施。在攀谈中得知，每年夏季来临之前，为了防止酸雨（当地有火力发电厂）对岩画的破坏，都要为画像涂一层“保护霜”（一种防止酸雨渗透的材料）。在施工中，不仅搭建脚手架用的竹子、铁丝等容易“刺伤”岩画，就是工人没有穿鞋套的鞋、清理岩画上脏物的毛刷等都容易对岩画造成二次伤害，稍不在意，轻则岩画脱落，留下斑点，重则缺胳膊少腿，令人心疼。

可是，当地文物部门又不能不这么处理，一来国家有专项保护资金，不用白不用，二来用了既有工作成绩，还可以略有盈余，一举多得，至于保护的效果，以及无意间带来的“次生灾害”，却无人考量和规避。

据了解，这种现象非常普遍。国家为了保护文物，不惜投入巨资，可是，效果并不看好，若干年后，很可能，钱花了，文物却面目全非，甚至了无痕迹。为此，建议国家文物保护部门高度关注这一现象并采取必要的措施：

一是加强对文物保护资金的监管。钱要用在刀刃上。保护文物的资金要专款专用（地方挪用现象也时有发生），不能一投了之。要建立专门的账户，并不定期地跟踪监督资金的使用情况，建立资金使用追究制度，严防挪用、层层克扣资金等。

二是要重视文物保护措施的监管。不仅要注意钱是怎样花的，更多的应该监管保护措施的落实，建议通过影像资料来鉴别对比，细致、科学地分析保护效果，发现问题，及时纠正、查处等。要特别重视对文物保护措施的落实，包括对从业人员的业务辅导培训、原料质量的监管等，严防保护过程中带来的“次生灾害”。

三是建立一批文物保护专家队伍。由于从事文物保护的人员水平参差不齐，有的为了节省资金，在当地找几个农民工就万事大吉，根本没有一点保护文物的经验或技术，往往保护的过程就是伤害的过程。因此，国家有关部门急需在广泛调研、摸底的基础上，对文物保护分门别类，逐步培养一批跨地区的文物保护专家队伍，包括业务管理与指导、队伍的资质界定、技术力量的测定等，使文物保护成为真正的系统的专家工程，有一支让社会放心的文物保护技术队伍。

四是建立国家级文物健康档案。建议全面梳理国家级文物，对野外的岩画类文物根据价值、珍稀程度，文物的健康状况，周边环境的影响等，建立国家级文物健康档案。对“病危”文物要制定及时的抢救措施，如一些珍贵的岩画，不能因为资金的问题，通过年年涂抹“保护霜”来完成，而要下决心采取一劳永逸的措施，如：用全封闭建筑来保护，这样虽然投入大，但是属于一次性的，效果会更好。

2014年

关于加强对文化艺术金融创新实践培育与引导的建议

当前，在现代经济形态下，文化艺术金融的战略意义有目共睹，无须赘言。面对文化艺术金融极其重要的战略地位与作用，以及目前全国文化艺术金融发展的实际态势，为有效地推进当前文化艺术金融产业的发展速度，建议如下：

第一，注重与加强文化艺术金融创新实践的培育。重点建立建设国家文化艺术金融实验示范体系。这有利于集中优势，优化资源配置，寻找战略突破口，以点带面，以小的社会成本，探索国家战略实施的路径，从而从战略层面促成国家文化艺术产业的跨越式发展。建立建设国家文化艺术金融实验示范体系。

（一）以智库为重点内容的研究体系。应该依托有关国家研究机构或高校的研究力量，利用一定的方式，将它们整合成不同层面与研究方向的研究基地或是智库，进行文化艺术金融的战略与规划、布局研究，在顶层设计层面，为国家文化艺术金融实验示范体系的建立与建设提供理论与智力支持。

（二）实验示范体系。就是要根据区位优势与资源状况，在战略布局层面建立国际、全国及区域创新实验示范区，并根据资源与区位的差异化特点，形成文化金融产业聚集方式及方向多元化的创新实验示范体系，从而在实际运作层面迅速推动我国文化艺术金融产业的迅速发展。也只有逐步地建立起一个多元、多层次的实验示范体系，才能更好地推动创新实验。一旦有了成功的创新实验，其示范作用就会很快发挥倍增效应，形成我国文化艺术金融产业快速发展的战略格局。

（三）监管与业务实验示范体系。目前，金融体系对文化艺术产业的支持面很窄，再加上民间资本与外资大多观望，实际投入很少。而无论国家还是地方，文化艺术产业又面临重要机遇，急需金融突破。这都需要在监管和业务创新实验方面取得重大突破，重点是顶层设计的构建。包括：其一，要正视文化艺术资源的特性与要求，特别关注金融政策中文化金融政策的地位与独立性；特别关注文化金融风控体系的构建；特别关注文化金融风险结构化问题。其二，金融体系要根据文化艺术资源的特性与要求，发挥金融体系骨干在配置资源的强势作用，建立独立的风控体系，推出更为多元化、常态化的文化艺术金融产品。其三，针对文化艺术金融这一新型业态，进一步优化文化艺术产业发展过程中的投融资环境，强化投入策略与政策支持力度，完善配套措施，提高融资效率，降低融资成本，整合金融市场，为文化艺术金融产业提供更多更好的综合服务。

第二，重视加强对现在既有的、勇于先试先行的机构或单位的关注与引导。有效树立典型性发展范例。进一步促进相关机构或单位的更好拓展。

2015年

关于我国非遗传承项目中亟待解决问题的建议

非物质文化遗产，是人类通过口传心授，世代相传的、无形的、活态流变的文化遗产。2002年中国民间文艺家协会启动了中国民间文化遗产抢救工程，2003年文化部启动了中国民族民间文化保护工程，由此在全国全面开启了非物质文化遗产保护工作。目前，我国实施的是分级非遗保护制度（国家、省、市、区等不同级别的非遗项目），增强了全社会保护非物质文化遗产的意识，扩大了非遗项目的知名度和影响力，一批非遗传承人获得了一定的财政补贴，其荣誉感、使命感也得到增强。但通过调查发现，目前在非遗项目的申报、非遗传承人的认定、一些非遗活动的开展和传承，还存在不少问题，需要加以完善和解决。目前非遗保护中存在的问题：

一、非遗文化缺乏具体可操作的保护措施。

非物质文化遗产保护工作要贯彻保护为主、抢救第一、合理利用、传承发展，坚持政府主导、社会参与、长远规划、分步实施的原则。但在操作层面，除申报名录、入名录者有所补贴外，几乎没有其他的保护措施落实，非遗文化的传承危机没有得到根本性的解决。

二、传承人的认定体系存在缺陷。

非物质文化遗产传承人是传承着某一种技术或技艺的有突出能力的代表者，这种技术和技艺蕴含着世代相承的传统文化。因此保护非物质文化传承人是保护非物质文化遗产的关键。如今，非遗传承人的认定，仅仅是由专家组根据上报的各类评审材料进行，这样就容易造成材料做得好而实际作品较差的得到认定，导致本该受到保护的进入不了传承保护体系。

三、部分非遗传承乏人，大师无徒可教。

几乎所有的非物质文化传承都不是一朝一夕之功，需要几年甚至更长的时间来耐心学习和实践，然而一些非遗项目由于待遇不好，不能满足基本的养家糊口需求，使得年轻人或学徒半途而废，或干脆避而远之，老艺人找不到传承弟子，非遗传承后继乏人。

四、非遗项目申报与保护单位不在统一的区域，造成非遗项目申报困难。

有些非遗传承人他们的实际传承地与申报地不在同一区域，例如：在南京市非遗展示馆开展传承活动的传承人不能在展示馆进行申报，必须到传承人户籍所在地的文化部门进行申报，这样就造成申报部门不了解具体情况，而知道具体情况的传承单位又不具备申报资格，造成该申报的申报不上，有些不太符合申报要求的却可以顺利申报，甚至通过评审，严重影响了非遗传承人的积极性。

为此建议：

一、建立健全保护扶持体系。认真执行《中华人民共和国非物质文化遗产法》，建立合理有效的保护扶持政策体系，建立长效保护与扶持机制，确保非遗保护措施落实到位，确保非遗传承得到实现。

二、鼓励社会力量参与非遗保护。从市场入手，给予税收、信贷方面的政策倾斜，鼓励企业参与传统舞蹈、传统戏曲、曲艺等门类非遗的扶持；鼓励社会成立专门的公司，形成非遗传承基地，经营传统美术手工艺品，让传承人专心于创作；鼓励社会组织赞助、支持、参与民俗活动。

三、实施分类扶持。在非遗保护名录中，一些项目市场兴旺，并且加入名录后，名气更响；一些项目市场萎缩举步维艰。因此在政策、资金扶持上，要雪中送炭，多向后者倾斜。适当提高市级非遗项目财政补贴标准，要求区级非遗项目要有财政补贴。对濒危项目要实施抢救性保护。对学徒者有条件的给予生活补贴。

四、重视非遗人才培养和储备，增强非遗发展后劲。制定试行传承人高校研修培养计划，实现传统师带徒、家族传承与现代职业化教育相结合，拓展传承途径和方式。研究制定专门的非遗人才培养规划，解决好大师级的保护与传承、传统技艺后备人员的遴选与培养等问题，采取多种有效措施吸引优秀的年轻人加入到非遗传承保护中来。

五、改进和完善传承人申报及评审制度。公布传承人申报的各项条件，给予传承人在一定范围内自主选择申报地的权力，可以是户口所在地也可以在具体传承地进行自主申报。传承人评审要更加合理、公平、公正，不仅要看申报文字材料，还应该有现场制作展示、竞争等环节，确保评审过程透明化、公开化。

2015年

关于以试点推动艺术金融增量创新及其监管体系建构的建议

随着中国艺术金融的快速发展，越来越多的人们认识到，艺术金融已经成为中国艺术品市场发展速度、规模、结构及其关注度的提升的重要推动力。据《中国艺术金融发展年度研究报告（2015）》显示，2015年中国艺术金融的发展表现出以下几个鲜明的特征：一是艺术金融的市场规模进一步扩大，达到创造历史纪录的553.1亿元，比2014年增长了329.4%，表现出强劲的发展动力与创新发展能力；二是艺术金融的创新业态发展迅速，艺术金融的证券业态、基金业态平台创新业态及互联网艺术金融等发展迅速，成长性强；三是中国艺术品市场规模的萎缩及传统金融业态银行业、信托业、保险业等介入的滞后，并没有成为中国艺术金融迅速发展的不可逾越的障碍，显示出了中国艺术金融迅速发展的巨大创新发展动力；四是以艺术品“资产化、金融化、证券化（大众化）”为主线，以“互联网+文化+金融”为机制的中国艺术金融生态，在创新发展中不断发育形成，并逐步成为全球艺术金融及其产业发展的引领者。但我们应该看到的是，中国艺术金融快速发展到今天遇到了重要的瓶颈：薄弱的产业基础、发育中的业态与体系及不完善的支撑体系，严重阻滞了中国艺术金融创新发展的水平与能力。而这一瓶颈的破除，又不可能在已有的发展创新、成果与过程中，找到解决问题的路径与办法。为此建议，有关部门切实选择不同环节与业态，通过试点来推动艺术金融增量创新及其监管体系建构。

一、艺术金融增量创新的基本路径

艺术金融增量创新的核心是建立市场主导的资源配置机制，就是要重视艺术品及其资源要素市场与资本市场的培育与建设，艺术品及其资源价值发现平台的构建，培育艺术金融价值链，以及艺术金融产业生态链条的培育与建构。艺术金融增量创新的基本路径可简要概括为：

（一）以艺术品及其资源资产化平台建设为基础，进行价值发现与价值链的整合建构，推进艺术品及其资源资产化进程。

（二）以资本市场与要素市场的发育为基础，重点大力发展艺术品证券化资本市场、股权投资基金市场、产业基金市场。

（三）以现实需求为导向，围绕资产估值、定价等这样一些重点环节，创新艺术金融产品、业务及业态发展，不断建构艺术金融及其产业链。

（四）以新技术支撑发展新型交易平台及信用管理为基础，发展互联网艺术金融及其产业。围绕三个前沿的维度：中国艺术金融的前沿发展、互联网金融的前沿发展、新常态下金融业的前沿发展趋势；三个技术支撑维度：大数据技术、云服务技术、移动通信技术；三个业务支持维度：信用技术发展、支付技术进步、监管技术创新，推进互联网艺术金融及其产业发展进程。

（五）以大数据与云服务技术的发展为基础，建构以鉴定评估、数据服务与信用服务为中心的支撑体系。通过平台建构，整合资源与需求，通过标准化、流程化、精准化提高服务效能，推进发展业务体验的场景化趋势。

（六）以综合服务平台为基础，推动艺术资产管理创新与发展。一方面推进财富管理的资产配置；另一方面在信托与保险的架构下，推进家族财富从业务体系到产品体系的创新发展。

（七）以“互联网+”为契机，大力发展互联网基础设施。围绕资产估值、定价等关键环节的突破，创新推动基础性工作，如信息化基础建设、专业数据库建设等。

二、艺术金融增量创新的监管取向

（一）做好顶层设计，明确监管原则创新。监管部门应该根据艺术金融行业及资源的特点、特性和发展趋势，创造性地进行监管创新、适度监管、分类监管和协同监管，既要防止出现监管空白，又不要过度监管，窒息艺术金融创新的积极性。

（二）搞好监管规划，完善监管体系建设。这个体系可以分为四个层次：监管制度—体系（分类监管）—行业协会—自律（主体），即通过创新监管体系来落实与提高监管效能。

（三）按照分层分类，因时制宜，因事制宜搞好监管。监管要着眼于具体业态的发展状况，要体现出灵活性和针对性，要能够自我调整和自我完善。分类梳理艺术金融增量创新各相关业态存在的问题和风险，增强监管政策和措施的针对性。

（四）重视新技术对监管创新的支撑作用。以需求为导向，在新技术融合，特别是大数据、云服务及终端技术不断发展的情态下，创新监管手段与方法。互联网“开放、平等、协作、分享”的机制，较好地解决了经济活动中信息不对称的问题，云服务可能形成天然的、新的“金融中介”平台，信用风险识别上要更加准确，使金融识别风险的能力更具时效性、准确性，进一步完善了金融识别风险的能力。

（五）监管能力要与发现识别能力的认知与提升相适应。从监管部门的角度来看，对艺术金融增量创新进行评价，可以说目前尚缺乏足够的经验与数据支持，因此，需要有一个观察期。在现阶段，从监管原则上讲，我们要鼓励创新，包容失误，为艺术金融增量创新预留一定空间。同时，强调风险教育，提升投资者的风险识别能力也很重要，两者必须适配推进。

（六）以法制为基础，信用管理为主线，进一步提升监管能力与水平。以艺术金融增量创新立法为突破口，推动中国艺术金融发展的综合治理过程，明确监管体制，提高监管水平与能力；围绕强化信用体系建设，建立统一的艺术金融信用评价标准，规范艺术金融增量创新秩序，统筹共享金融征信的资源。

为此，我们需要统筹规划，进一步增强机遇意识与紧迫感，认真调查研究，选取行业内不同业态不同环节的典型研究者、实践者，分别在证券业、银行业、保险业、信托业、基金业、互联网艺术金融业等业态中优选试点单位，在艺术品资产化综合平台、艺术品资本市场、要素市场及电子化交易等环节优选试点单位，在有研究力量与基础的重点研究机构与高校优选试点单位，真正形成不同业态、不同环节与不同研究方向共同协力的、推动艺术金融增量创新及其监管体系建构的大试点、大协作、大推动的发展格局，推动中国艺术金融及其产业的快速发展，为中国文化走出去，为文化大发展大繁荣鼓实劲出真力！

2016年

关于进一步加强我国历史文化名村保护的建议

农耕文化是中国传统文化的根和灵魂，而历史文化名村则是传统农耕文化的载体。国家住建部等部门先后多次开展历史文化名村评选活动，为促进传统村落的保护和发展做出了积极贡献，可是由于当前各地城镇化快速发展，由村民外迁引起的村庄空心化、村民老龄化，以及外地民众涌入和文化入侵导致的土著文化衰退和异质化问题日趋严重，导致历史文化名村保护出现了一些严重的问题：

一、建设性破坏。当前一些地区的历史文化名村中的许多古民居由于建筑年代久远，居住环境普遍比较落后，排水、供电、卫生等基础设施无法满足居民现代生活的需求，亟需修缮。但修缮旧居的成本通常高于拆旧建新。不少村民选择弃旧建新，或直接拆旧建新，古村落传统风貌遭到严重破坏。

二、原真性流失。随着城镇化进程加速，导致“空心村”和土地撂荒等问题，村落丧失了生机和活力，历史文化传统延续出现断档。同时，伴着近年历史文化名村旅游价值日益凸显，外地民众大量涌入、非本土商品的进驻和异地文化的入侵，导致土著文化衰退和异质化趋势，破坏了村落原有的肌理和历史文脉，严重侵蚀了历史文化名村的原真性和文化魅力。

三、开发成果分配不均。历史文化名村的开发经营需要各级政府或企业的政策和资金支持，而政府与企业主导的开发往往容易把经济效益放在第一位，忽视村民的利益诉求，从而导致村民失去参与热情。甚至因为利益分配不均的问题出现一些群体性事件。

为此，建议如下：

一、重视制度建设，加强规范管理。历史文化名村保护是一项系统工程，需要方方面面的共同努力。中央、省及地方政府应高度重视，组建由农业、宣传、文化、城建等相关部门参加的协调小组，统一领导和协调历史文化名村的保护工作。制定历史文化名村保护条例实施细则和发展规划，建立历史文化名村保护信息系统，对历史文化资源的保存状况和保护规划实施进行动态监测。严格贯彻执行国家《文物保护法》《历史文化名城名镇名村保护条例》，做到执法必严、违法必究。

二、关注系统和灵魂，注重原真性保护。历史文化名村是不可再生、无法替代的文化资源。与博物馆陈列文物不同，历史文化名村的价值和特点在于它的活态性和系统性。因此，历史文化名村保护不能只注重点（古建筑、古桥、古井等实物），也应关注线和面（农业生产和乡村生活的方方面面），注意其原真性和完整性。应根据村落的自然禀赋、历史传统、文化特色、民风民俗的特点，在保护有形物质文化遗产的同时，保护好无形的非物质文化遗产及其传承人（村民）的保护，避免让历史文化名村成为失掉灵魂的空壳。

三、建立名村保护预警和退出机制。制定国家历史文化名村评定指标体系，按照评定标准，对各地历史文化名村进行摸底调查，逐步建立国家、省和市县三级历史文化名村保护体系，积极探索分级分类保护制度。此外，应当建立历史文化名村保护预警和退出机制。对工作不力，尤其是名村文化遗产遭受严重破坏时，主管部门应向历史文化名村所在县、区人民政府提出濒危警示通报。破坏情况严重并经主管部门认定不再符合历史文化名村者，可将其从历史文化名村名录中除名。

四、建立激励机制，提升村民自觉参与的积极性。文化遗产保护的成败最终取决于这一生态系统中文化生活群体的意愿、认知和共同努力。村民对村庄建筑与文化有着深厚的感情，对村庄发展需求也最为迫切和明晰，应充分鼓励村民参与，要将历史文化名村保护要求纳入村规民约，加强宣传教育，发动村民主动参与和监督保护工作，形成历史文化名村保护可持续发展的常态机制。

五、加强理论研究和基础数据库建设。历史文化名村保护是一个全新的课题，保护什么，如何保护，都需要理论探讨和学术支撑。政府应鼓励和支持相关高校和科研院所组建各地历史文化名村保护研究中心，设立研究专项，召开有关历史文化名村保护专题论坛，探讨各地历史文化名村保护中存在的理论问题和实践问题。随着各地城镇化建设的快速推进，历史文化名村中大量有形物质遗产、非物质文化技艺、民间艺术、地方节庆、民风民俗等迅速消失。对此，政府应在政策和资金上鼓励和支持相关学术机构与历史文化名村合作，抢救宝贵的农业文化资源。对全国历史文化名村进行深入全面摸底调查，通过数字化技术完整记录和保存这些宝贵的传统文化资源，建立各地“历史文化名村数据库”和“历史文化名村网”，实现资源的永久保存和共享，为我国历史文化名村保护工作可持续发展奠定坚实的理论基础。

2016年

关于加强我国农业文化遗产利用与保护的建议

“全球重要农业文化遗产”利用与保护项目是由联合国粮农组织在2002年正式启动，旨在建立全球重要农业文化遗产及其有关的景观、生物多样性、知识和文化保护体系。我国自2004年起开始参与该项目，并有10多个项目入选。至此，我国逐步加大力度在全国范围内开展农业文化遗产的利用与保护工作。虽然取得了一些成效，但仍存在许多问题：

一、公众对农业文化遗产认识不足。尽管重要农业文化遗产的发掘工作也已经在全国范围内展开，但相较于世界文化遗产与自然遗产以及非物质文化遗产而言，农业文化遗产对于农村居民来说仍然是一个比较陌生的概念。通过调研发现，农村居民对农业文化遗产的认识程度普遍偏低，而且对农业文化遗产涵盖内容的了解也明显不足，多数农村居民不知道与农业相关的遗址、聚落、工程、技术、文献、民俗等也属于农业文化遗产范畴。

二、破坏现象依然存在。以江苏的镇江宋元粮仓遗址为例。宋元粮仓遗址是镇江作为古代运河漕运枢纽的实证，也是长达1794公里的大运河上唯一一处宋元时期的粮仓仓基遗址，对大运河申遗和大运河文化遗产保护具有重要意义，国家和省文物局也给予了高度重视。但就在一道道保护令之下，在考古工作进行抢救性发掘的同时，该遗址仍然遭到人为破坏。虽然2013年5月，该遗址被国务院核定公布为第七批全国重点文物保护单位，但千年粮仓遭受的严重损毁已无法逆转。

三、过度开发对遗产造成建设性破坏。以聚落类为例。优越的地理环境和文化积淀、社会经济优势等使江苏、安徽、浙江、江西、四川等省形成了一大批各具风貌的古村落。然而，在应对人口变化、环境变迁、经济结构转型、旅游需求激增等问题时，传统村落几乎都将发挥经济功能作为保护的主要途径。拆古建新、拆真建假、破坏空间格局、改变山形水势、大搞旅游开发，忽视古村落的历史文化、艺术、科学和社会等其他多方面功能的错误倾向，正在威胁着古村落历史文化价值的保护与传承。而且，随着经济发展和人民生活水平的提高，大量农村青壮劳动力离开原居住地进城务工或定居，村落内仅有老人、儿童或者外来人口，导致古村落“空心化”现象严重，由此引发古村落内由乡规民约和民间信仰组成的传统社会连接纽带渐趋瓦解，村落认同感随之丧失等一系列问题。

建议：

一、建立多元参与保护机制。建立完善的农业文化遗产保护体系，形成以政府为主导、全社会共同参与的农业文化遗产保护机制。第一，各级政府应明确自身在农业文化遗产保护中的职责，加强对农业文化遗产保护工作的组织领导，协调各级政府和相关职能部门对农业文化遗产资源进行摸底普查、价值评估、认真管理，尽快建立统一的农业文化遗产保护管理体制。第二，鼓励从事农业文化遗产相关研究文化事业单位、科研院所及民间组织充分发挥积极作用。鼓励文化单位和科研院所成立专门的农业文化遗产保护研究机构，鼓励开展多学科交叉的农业文化遗产研究，并组织编辑出版相关科研成果和年度调查报告，从理论上引导、推动农业文化遗产保护和利用的健康发展。同时鼓励环保组织、艺术团体等民间组织开展各种形式的农业文化遗产宣传和保护等活动，逐步扩大农业文化遗产的普及程度，形成覆盖全国的农业文化遗产保护网络。第三，提高遗产地居民和公众对农业文化遗产的保护意识和参与程度。建议从宣传教育入手，不断总结推广好经验、好做法，营造良好的舆论环境，同时，各级政府和相关机构则应对参与农业文化遗产保护有贡献的遗产地居民和公众给予适当的表彰和奖励，以此调动民众保护农业文化遗产的积极性。此外，还应建立完善的法律法规，确保农业遗产保护政策措施的顺利进行。2013年9月，《中国全球重要农业文化遗产管理办法（征求意见稿）》已由农业部组织起草并公开向社会征求意见。各地应参考该《办法》的相关规定，尽快出台针对性管理办法。

二、遵循动态保护原则。农业文化遗产通常都是以鲜活的状态存在于民间社会的，破坏性的过度消费或者一味强调封闭性保护都不利于遗产的健康发展，应遵循动态保护原则，将发展文化旅游、生态农业，建立生态博物馆等形式与保护农业文化遗产结合进行，从而实现遗产资源开发与保护的平衡发展。在国家引导和政策支持下，各地更应充分发挥农业文化遗产优势，发展农村文化旅游、农业遗产旅游，将文化与经济相结合，实现遗产地潜在的农业文化价值。并以保护农业生物多样性为基本原则，建立农业文化遗产地的自我维持机制。还应建立生态补偿机制，寻找保护与发展的平衡点，探索农业文化遗产保护的可持续发展道路。

三、实施针对性保护策略。由于全国农业文化遗产类型丰富，数量众多，价值特点和现存状态各不相同，因此，除了遵循统一的保护原则、加速符合条件的遗产项目积极申报“中国重要农业文化遗产”和“全球重要农业文化遗产”保护试点以外，还应根据各类遗产资源的自身情况，采取有针对性的保护措施。如：对聚落类农业文化遗产进行保护时，必须坚持整体保护的原则，不能割裂各类文化遗产资源之间的内在联系，既要保护历史建筑和村镇空间等物质文化遗产，更要坚持以人为本，维护聚落居民的利益，保护他们所创造的精神文化遗产，注重聚落的原真性保护，延续聚落文脉。对具有一定景观规模和观赏价值的景观类农业文化遗产的保护与利用，需要科学制定保护规划，以系统完整性和生态修复能力为前提，处理好生态修复与旅游开发的关系，进一步加大挖掘、保护、传承力度，让景观类农业文化遗产在获得有效保护的同时，为推荐当地农业现代化，促进农业增效和农民增收发挥更大作用。

2016年

关于推动慈善文化建设的建议

近年来，党和政府高度重视慈善事业发展，慈善工作取得显著成绩，社会各界爱心力量也在日益壮大，慈善事业在保障和改善民生、促进社会和谐方面发挥着越来越重要的作用。推动慈善事业进一步发展符合人民群众愿望，符合经济社会发展需求。同时也应看到，慈善事业在发展过程中遇到了一定的问题困难，需要破解瓶颈，引导规范。

2014年，国务院出台了《关于促进慈善事业健康发展的指导意见》。2015年，《慈善法》草案向社会公开征求意见。这些已经出台或即将出台的法律、政策为慈善事业发展提供了强有力的制度保障。要促进慈善事业健康发展，需要强化政策保障，以加强慈善文化建设为着力点，提倡“平民慈善”，广泛调动社会爱心力量共同参与，使扶贫济困的中华民族传统美德和人人慈善的现代慈善理念得到弘扬，推动现代慈善事业发展。

一、以《慈善法》为核心，完善慈善事业政策法规体系。

我国现行慈善相关法规体系为慈善事业提供了基本的规范依据，但仍需要健全完善。《慈善法》即将出台，将为促进、规范慈善事业发展提供基本法保障。《慈善法》出台后，亟需在税收减免、宣传传播、队伍建设等方面完善更具操作性的实施细则办法，把《慈善法》鼓励引导慈善事业健康发展的精神真正可操作性地落到实处。

（一）在税收优惠政策方面，我国现行税法针对捐赠方的税收优惠力度不够，甚至政策缺乏，且流程烦琐，不利于慈善事业的展开。

建议：一是进一步加大公益性捐赠税收优惠政策力度，增加公益性捐赠税前扣除比例、对慈善资金的保值增值部分免征所得税等，并可考虑通过设立遗产税等方式推动慈善捐赠；二是要简化捐赠减免税流程，加大对公益性捐赠税收优惠政策的宣传力度；三是对实物捐赠以及股权捐赠、知识产权捐赠等无形资产捐赠进一步明确捐赠减免税政策，并制订价值评估实施细则，为实物捐赠及无形资产捐赠估价提供规范。

（二）在慈善表彰方面，《慈善法》草案提出要“对在慈善事业发展中做出突出贡献的自然人、法人和其他组织，由县级以上人民政府或有关部门予以表彰”，此应从政策上推动各级政府予以落实，同时，可以参照劳动模范等奖项的实施办法，对获得慈善表彰的单位、个人在政策待遇上予以优待，以激励社会各界参与慈善的热情。《慈善法》的基本法地位决定了要围绕《慈善法》进一步完善慈善事业政策法规体系，为促进慈善事业健康发展提供政策保障。

二、加强慈善文化建设，增强社会慈善意识。

要把慈善文化建设作为新时期公共文化建设的重要组成部分，努力营造有利于慈善事业发展的舆论环境，使慈善文化成为引领社会道德风尚的一面旗帜。

建议：

一、要推动对话，通过慈善论坛、慈善访谈等形式打造慈善与社会的对话机制，使慈善进一步走进公众视野，普及观念，增进了解，消除偏见。

二、要营造“平民慈善”氛围，广泛开展慈善文化宣传，创新宣传方式及宣传手段，积极开展各类慈善文化活动。通过慈善演出、慈善博物馆、慈善文化中心、慈善功德碑等群众欢迎的有效形式弘扬时代慈善精神，宣传慈善先进典型，发挥榜样带动力量。推动慈善进机关、进企业、进社区、讲学校、进乡村，使慈善文化更为深入大众。培育公众“人人参与、长期参与”的现代慈善理念，把人们自发的善心义举转化为自觉的道德要求，引导全社会确立平等互助、依法行善等现代慈善理念，使慈善真正成为人们的人生信仰、生活方式和价值追求。

三、要加强各级慈善组织与新闻媒体的合作，充分利用广播、电视、报刊、网络等媒介，运用互联网时代的新型全媒体加大对慈善宣传力度，为慈善文化提供更广阔的宣传阵地，提倡新闻媒体通过为慈善提供免费版面、免费栏目等方式进行慈善宣传和信息发布。

2016年

关于深化实施“全民阅读书香中国”工程的建议

今年1月，中办、国办印发了《关于实施中华优秀传统文化传承发展工程的意见》。鉴此，深化实施“全民阅读、书香中国”工程在今天的社会文化大背景下已刻不容缓。挖掘中国文化的东方美，重塑中国人的精神之美，进而增强文化自觉和文化自信，这就需要以“书房满中国”的理念，引领全民生活方式和社会主义价值观，构建时代文化生态新模式。同时，也提供了深化社会公共文化服务体系建设的新举措。

一、中国书房是中国文化的重要载体

中国书房，又称书斋，是传统住宅配置中重要的组成部分，是专门作为读书绘画、会友小憩的文化空间，体现出精致典雅的格调，充满着浓浓的书卷气息。中国书房，也承载着中国人特有的文化情怀和生命体验。在中国的历史长河中，一间间书房诞生了无数足以传世的思想、文学和艺术经典。例如：刘禹锡的“陋室”、诸葛亮的“茅庐”、陆游的“老学庵”、蒲松龄的“聊斋”、梁启超的“饮冰室”、鲁迅的“绿林书屋”、柳亚子的“羿楼”……可以说，中国书房是华夏文明的重要载体，也是活化的中国文化“基因”。

二、现阶段中国书房建设存在的问题

一方面政府尚未真正重视中国书房在文化传承方面的作用，没有通过强有力的措施和引导，营造良好的文化氛围；另一方面政府在公共文化服务体系建设上投入大量人力和物力的图书馆、图书室等公共阅读空间，运营不力，少尽人意，大量优质资源冷落；而对社会大众来说，虽然家庭空间里设置了书房，但是书房承载的内容，从器物到图书等缺乏引导。另外，受智能设备发展的影响，越来越多的年轻人沉迷于玩手机，老年人沉迷于打麻将，书房的利用率不高。中国书房所承载的优秀的中国文化难以传承、发展和弘扬。如何让富裕起来的中国人生活慢下来、情调高雅起来、书香气息浓郁起来、素养提升起来，让中国书房走进家庭、走向社会，已经成为我们要认真思考的课题。

三、启动“寻找东方美、书房满中国”工程的必要性

全民阅读是中国人应有的生活方式，书香社会是构建国家软实力的最重要的措施和手段，而“寻找东方美、书房满中国”是推进全民阅读，构建书香社会最理想的为民工程。

该项目是深化社会主义核心价值观的有力举措。“书房满中国”项目是构建社会主义核心价值观行之有效的文化形式，通过该项目的实施，营造良好的审美氛围，促进人的内心和谐、社会和民族不断进步的强大正能量。

该项目的实施是对“全民阅读”政府工程的深化。近两年来，我国政府工作报告中连续提到了“全民阅读”，建设“书香社会”，但推进全民阅读需要强有力的抓手，而“书房满中国”工程正是从具体实施层面入手，易操作，可复制，易在社会层面形成广泛影响。

该项目是对传统文化复兴的时代活化。中共中央办公厅和国务院办公厅对传统文化的复兴和再造连续出台了若干政策，“书房满中国”项目，深度挖掘中华优秀书房文化价值内涵，通过多种手段激发书房文化的生机与活力，是对传统文化的时代活化。

该项目是对公共文化服务体系建设的深化。在全面实现小康社会的新时期，我国公共文化服务体系的建设需要“书房满中国”这样的创意项目来支撑。通过政府（机关）书房、社区（园区）书房、村站书房、企业书房和家庭书房五位一体的书房建设，可以深化、丰富我国公共文化服务体系，满足多样化的需求。

该项目是满足社会大众需求的有效手段。随着社会的发展，社会大众对文化的需求更加多样化、个性化，不仅仅是阅读空间、图书品种，大众还需要教育启迪、培训、文创产品等不同的文化服务，这需要“书房满中国”这样优

质的项目，满足社会需求。

鉴此，“寻找东方美、书房满中国”工程的实施，着力探索中国优秀传统文化核心价值和现代文化普及与提升的新形式、新举措，具有一定的创意性和前瞻性。

建议：

1. 加强政府主导。该项目的实施，需要政府部门的科学规划和有序引导。一方面，政府要出台切实可行的扶持政策，结合各地实际情况，整合资源，优化配置，分类指导。另一方面，政府要设立专项资金，扶持优质团队、优质创意、优质活动，为“书房满中国”注入发展动力。

2. 打造示范样板。典型引路，整体推进是此工程的必然途径。可先选取试点城市打造中国书房的样板。按照“五位一体”的书房建设新格局打造不同类型，不同风格的中国书房。引入优质“新中式”家具、优质好书，优质文创产品，优质文化活动，优质书院，同时提供书房空间定制、传统文化艺术培训、精品阅读等个性化服务。逐步提倡并形成当代大众（尤其是青少年）新中式时代生活方式。通过中国书房的样板建设传播，让中国书房不断进入人们的日常生活中。

3. 引入社会力量。社会力量的广泛参与是保证“书房满中国”项目活力的必要措施。政府在做好公益服务的同时，要通过社会资本力量的介入，共同建设中国书房。引入各方优质的资源，通过政府购买服务或社会组织自主介入，围绕项目开展丰富有质量的活动，形成良性发展局面。

4. 创新运作模式。“书房满中国”工程要融入“互联网+”平台，建立线上线下相结合的运作模式，吸引80后、90后的年轻人深度体验和学习，同时鼓励和支持各类中国书房的数字化阅读新技术的开发和应用；因地制宜，可采取与当地高校与市区图书馆数字化阅读联通的新举措，强化中国书房内质的提升。采用灵活的市场化运营模式，盘活各方资源，将中国书房搭建成有活力和创造力的平台。

5. 加大宣传力度。充分利用传统媒体、网络媒体和微博、微信、客户端等新媒体进行有效传播，利用丰富传播的手段，如动漫、游戏、活动、互动等，在全社会范围内快速深入地推进中国书房的理念，营造良好的文化氛围。

6. 增强国际交流。将“寻找东方美、书房满中国”工程打造成对外文化交流合作平台。要与海外中国文化中心，孔子学院，文化节展、书展、电影节等活动互动，共同助推中华优秀传统文化的国际传播，让中国书房走出国门，展示出中华民族博大的精神追求，提升中华文化的国际影响力。

2017年

关于引导文化创意产业园科学建设的建议

近年来，全国性文化创意产业园在各省纷纷建立，蓬勃推进。创意园是政府引导，推进区域文化产业新经济、新业态发展，提升文化产业核心竞争力的重要载体。但在目前的建设发展中存在不少问题：

一、发展不均衡。各省市文化产业园分布不均衡，文化产业园创意类型不够精准并符合实际。

二、普遍缺乏统一的网络平台。可以统一公示各省文创园的名称、地址、园区入住企业、经营活动情况，以及各省内文创引导政策、引导资金申请，园区共享资源、交流互动等信息。导致信息交流不畅，存在“盲目”建设状况。

三、较多文创园“两少”现象普遍。即园内领军企业少和领军人物少，目前，有一定规模的文创园，仍然存在入住率不高，候鸟型企业存在（这些企业一旦拿到了引导资金或失去了引导资金，他们就可能撤离园区），园区内业态分布不合理，生态互补性欠缺。文创园品牌建设不够，效应不够明显。

四、管理存在短板。文创引导资金多头管理，形成不了合力，资金在分配上也存在不透明、不公正，尤其是对于民营企业，不能平等对待；园区内企业创意产品的版权保护措施不力，没有体现园区的平台优势；名称上，缺乏规范，没有城市个性符号，不利于地区文化差异性竞争；园孵化成果缺乏定量评估，各地文化产业园相关统计数据不透明，严重阻碍评估。

为此，建议：

一、全国一盘棋。统筹规划，分类指导。注重科学设计，力避同构、重复性竞争；注重文创特色与产品的个性化彰显；注重优秀中华文化与地方传统文化的时代化创意。以品牌建设为推点，以创新管理为机制，通过差异化竞争，新技术应用（VR/AR3D），新媒体营销，提升各地文创园的品牌文化力。

二、各地政府以引导资金为抓手，形成合力，重点扶持体现园区创意重点与特色。适度平衡项目资金投入模式。以参与为维度，重视引导建设都市型、博物馆型文创园，让文创园建设中，市民同步有更多的获得感。

三、以平台建设为基础，建立统一的“全国文化创意产业园信息平台”，充分彰显信息的开放、交流、共享作用，让国内及外部数据活起来，切实保障文创园建设中的信息平衡、信息支撑作用。以专题库为单元工程，加强各地文创企业的进一步摸底调查，建立文创企业名录库，文创企业人才库，分级分类进行引导，通过跟踪评估，精准做好文创企业的孵化和支持工作，切实实现政府转型，走向服务企业，助力企业发展新模式。

四、以知识产权保护为竞争力核心，保护企业和个人的合法利益，建议建立全国范围内园区文创产品创意数据库，实行备案登记、样本登记，与专利、工商等数据库跨库对接，有效保护创意产品的知识产权，且探索IP衍生品的开发与利用的新路径。

2017年

关于各级政府重大民生工程应实行公示制度的建议

每年的年终岁末以及人大、政府的两会期间，各级政府都要推出一系列重大民生工程（有的称为“十件实事”）。无疑，这样的举措有助于改善民生，推进和谐社会建设，也深受百姓欢迎和期待。可是，在实施这些重大民生工程中，总是会产生这样或那样的问题，影响了政府形象甚至党群关系，值得关注。

一是有的搞成了形象工程。如：某市要改建一条城市主干道，把水泥路面改成沥青路面，这样可以减少车辆行驶引起的尘埃污染。有的群众对此很不理解，认为水泥路面建筑不久，仍然可以继续使用，没有必要改建，完全是“新官上任三把火”，想借这项民生工程为自己脸上贴金。

二是有的成了半拉子工程。如：列为“十件实事”的某市一座景观大桥，政府的相关材料中把竣工时间写得明明白白，可是与实际完工的时间相差甚远，由于资金等原因，一拖再拖，不知要在哪一天完工。有的民生工程，一年下来竟然会不了了之：谁有胆量去责问领导政府报告中的那件实事为什么没有完工呢！

三是有的民生工程当初就有违民意。在政府选定的民生工程中，有的缺乏调查研究，群众参与率、知晓率极低，不能得到百姓认同和欢迎，并不是当地百姓关注的迫在眉睫的民生，有的甚至离百姓生活还很遥远，把它作为民生工程，反而会引起逆反心理。

因此建议各级政府在实施重大民生工程中，应从民生工程的立项、实施和完工等流程中向群众公示，并成为一种制度性的硬约束。

一是公示工程的立项。各级政府所选定的当年重大民生工程，要在相关媒体上公示，并在当地群众聚集区、施工现场等使用公示牌，广泛征求意见，听取民声，使政府选取的民生工程真正代表民意，成为受百姓欢迎和期待的工程。

二是公示工程建设情况。这主要包括资金、工程期限、施工单位、主管部门、项目责任人、举报电话等。通过公示，使这些与百姓生活息息相关的工程受到百姓的监督，发表意见和建议，督促有关部门认真履行职责。

三是高度重视公示制度。各级政府要重视民生工程公示制度的建立，把它作为政府与群众联系的平台，提高执行力和工程建设透明度的一项得力举措，防止腐败，或者半拉子工程的产生，使民生工程真正赢得民心、让群众放心、百姓舒心，并列入软环境的考核体系中。

2013年

关于加快建立单位个人缴纳养老保险金快速查询系统的建议

2011年7月1日，被誉为“民生大法”的《社会保险法》正式实施，其中对于老百姓关注的养老保险个人账户能否继承问题，该法规定“参加职工基本养老保险的个人死亡的，个人账户中的余额可以全部继承”。

长期以来，由于我国很多省市地区单位个人缴纳养老保险金的情况不对外公开，在网上查询不到，直接导致有许多单位（特别是民营企业、个体户）违反劳动法，替职工个人少缴甚至不缴养老金。反正缴纳养老金的情况，职工在网上也无法查找。

究竟单位为职工个人缴了多少养老金，成了一笔糊涂账。只有等到多年后职工退休或死亡才能查到，一旦有了纠纷，甚至缴纳单位和人社局之间互相扯皮。有的退休职工一生几十年轮换了多个单位，由于当时有些单位违反劳动法不替职工缴纳甚至少缴纳养老金，到了职工退休时，前面的单位早已不复存在（或换了法人、或破产置换、或用劳务派遣金蝉脱壳、规避责任等等），成了无头案。如果当时能通过网上即时查询核对，发现有差错，还能即时维权。可是过了多年后去找谁？因为信息不透明，给多少家庭多少个体劳动者带来的麻烦和困难，已经无法统计，损失不可弥补。这件事牵涉到千千万万个家庭和个人，也是关系到老百姓切身利益的大事，涉及和谐社会建设和民生工程。

现在已经是信息社会，从中央到地方，一直都在强调政府信息要公开，但是现在连最起码的单位个人养老金账户都无法查询，是说不过去的，客观上也剥夺了公民个人养老金的知情权。

由于养老金是最根本、最关键的社会保障网，老百姓到了晚年退休时，几乎把养老金视为救命钱。因此，政府应高度重视，加快建立单位个人缴纳养老保险金快速查询系统。

为此建议：

一、加快建立单位个人缴纳养老保险金快速查询系统，要像在网上查个人住房公积金那样方便快捷，能随时通过网上查到个人养老金账户上缴费的情况。

二、建立手机快速查询系统，发个短信到人社部门，就能知道单位有没有给当事人缴纳养老保险金、缴了多少、有没有少缴甚至不缴，应该是一目了然。

三、要像银行那样，设立免费服务电话快速查询系统，通过个人自报身份证号码直接查询。

四、要像税务局税单、住房公积金对账单那样，每个月发一次对账单给个人，让个人即时核对，以免发生差错。

五、政府如果确有困难，一时难以办到，可先在社区建立查询系统服务点，要像重视在社区设立征缴养老金服务点那样，重视设立社区单位个人养老金账户快速查询系统，然后再逐步完善。让社区为老百姓提供更加便捷的查询服务。

2013年

关于加大对森林公园和森林旅游财政及政策扶持的建议

森林旅游是以森林所形成的景观和环境为依托，开展的观光、休闲、娱乐、科普和文化教育等活动。1982年国家林业局建立我国第一处森林公园——湖南张家界国家森林公园。截至2011年底，全国共建立各级森林公园2747处，规划总面积1700万公顷，其中国家级森林公园746处，国家级森林旅游区1处，规划面积1176万公顷，范围遍布全国除台港澳外的31个省（区、市）。已初步形成以森林公园为龙头，湿地公园、自然保护区和野生动物园等森林旅游景区协同发展的森林旅游开发体系。伴随城市化进程的不断加大和居民物质生活水平的持续提高，公众回归自然的需求日益强烈，森林旅游逐渐成为新兴的热点。森林公园作为实现“美丽中国”这个梦想的践行者，给其建设和发展带来了一个全新的机遇和挑战。因此，我们建议，加大对森林公园和森林旅游财政及政策扶持。理由如下：

一、森林旅游促进农村产业升级。首先，森林旅游业具有产业链条长、辐射力强、带动面广的产业特征，易实现“一业兴而百业旺”；其次，森林旅游促进了社会主义新农村建设，促进了农民思想观念的巨大改变；另外，森林旅游拓宽了市场，缓解了山区、林区因地处偏僻带来的农副产品外运不便、信息不灵等难题，增加了农民从事林业产业的收益；同时，优良的森林生态环境和优美的自然风光成为绿色、生态、无污染的最生动代言，林区出产的林副产品受到众多游客和客商的热烈欢迎。

二、森林旅游促进森林资源保护。一是国家级森林公园属国家确定的禁止开发区域，森林公园内的林地征占用和林木采伐都受到严格限制；二是森林旅游改变了当地单一落后的林业靠木材的生产方式，扭转了“靠山吃山”“靠林吃林”的传统，减轻了森林资源保护压力；三是森林旅游转变了农民的观念，使其认识到对森林景观的非消耗利用可以产生远高于林木采伐的经济收益，自觉放弃了对商品林的采伐，并自觉改造商品林为景观林，提高了景观品质和生态效能。

三、森林旅游发展的潜力巨大。从自然人文历史条件看，我国林区范围广阔，孕育着种类丰富的野生动植物资源。丰富的森林资源、多样的自然景观、悠久文明的历史人文遗存和多姿多彩的民俗风情，共同构成了我国独具特色的森林风景资源，具有较高的旅游开发价值；从国际旅游发展趋势来看，以森林旅游为主体的生态旅游越来越受到世界各国的重视。美国92%以上的林地都开展户外游憩，每年人数高达20亿人次；在法国，每年到森林中的旅游者达6亿人次，城市中60%的家庭每年至少到森林中旅游1次；德国提出了“森林向全民开放”的口号，每年森林游憩者近10亿人次；开展森林旅游较早的拉丁美洲，森林旅游已占到整个旅游收入的90%以上。有专家预测，在21世纪最初的20年里，全球森林旅游人数将以2位数增长，旅游总人数中有一半以上的要走进森林。我国目前正逐步从“观光旅游”向“休闲度假旅游”“参与体验旅游”过渡，使森林旅游在休闲度假及参与体验旅游中拥有独特优势。

目前，要大力发展森林旅游尚面临许多亟待解决的问题。

一、认识不到位。森林旅游未被列为国家重点旅游产品并加以扶持和发展。目前我国重点发展的旅游产品是乡村旅游，广大林农及其拥有的27亿亩广袤集体林地并未被考虑在内，森林旅游无法享受相应的政策扶持。许多地方森林旅游无机构、无人员、无举措，国家除了森林公园建立有较为规范的审批程序外，森林旅游发展仍基本处于自筹资金、自行发展、自生自灭的状态。

二、法律不健全。现行《森林法》中，缺乏对森林的观光休闲功能或森林旅游、森林保健内涵的相应表述，导致森林旅游无法有效纳入林业整体工作和配套法律法规，不利于实施依法管理和积极引导。2010年国家林业局颁布的《森林公园管理办法》，其职能有限、力度偏弱，无法适应对森林旅游景区的资源保护、建设经营的规范管理需求。

三、投入严重不足。无论森林旅游景区建设或者森林旅游开发经营均得不到国家的专项投资支持。森林公园等森林旅游景区紧缺的基本建设的投资渠道十分有限，外部交通不便、内部设施不足的现象普遍存在，极大地影响了对游客的招徕和接纳。

为此我们建议：

一、出台并完善支持森林旅游发展的配套政策。明确将森林旅游作为发展现代林业产业第三产业的龙头和国家旅游的重点工作来抓，将森林旅游列为我国旅游的重点旅游产品加以培育和扶持，由国家林业局、国家旅游局会同有关部门研究切实促进森林旅游发展的政策和措施，并由国务院转发；由国家林业局会同有关部门编制《全国森林旅游发展规划》，国家发改委批准实施；选择相应省份或地市开展森林旅游实验示范试点，积极探索有效加快森林旅游发展的方式与模式；由全国人大出台《森林公园管理条例》，依法规范森林旅游景区的资源保护、规划建设和开发经营管理；将森林公园的森林纳入公益林保护范围并给予补贴，且补偿标准应高于同等级别的公益林。

二、安排支持森林旅游发展的专项资金。将各类森林旅游景区尤其森林公园的外部道路建设和内部水、电、道路等基础设施建设纳入相关规划；将森林公园内资源保护、科普宣传、游客安全、示范试点等项目建设纳入财政预算，对涉及三农经济的长效项目给予财政补助；对森林公园内的经营性设施和林农开发森林旅游项目给予贷款倾斜、贴息和税收优惠。

2013年

关于在“城镇化”中重视“城乡文化一体化”建设的建议

所谓的城乡文化一体化就是指在一个行政区域内，城乡文化事业统筹规划、协调发展、资源共享、共同繁荣，其具体的标志和本质特征是农村居民和城市居民享有均等的基本公共文化服务，他们对文化生活的需求均能够得到一定程度的满足。推进城乡文化一体化有利于我们在城镇化进程中打破城乡文化二元结构，逐步弥合城乡文化发展鸿沟，实现城乡文化共建共享和一体化发展。

城乡一体化包括经济、文化、社会、生态的一体化，推进城镇化，不仅仅是要把农村居民的身份户口转为市民，让他们进小区，住楼房，更重要的是促进其生产生活方式的根本转变。在生产生活方式中，人的精神文化活动居于中心地位。缺失文化建设的城镇化，缺乏精神文化的生活，就不是完整意义的市民生活。

目前在城乡文化一体化建设上存在下列问题：

以苏南某市为例，主要有：

一、文化设施尚不能满足群众需求。现在很多乡村虽然有了健身广场和文化活动室，但是仅能满足部分群众的文化需要。据有关方面对该市三个农民安置小区调查发现，57.2%的居民认为社区文化硬件设施不到位。63.9%的居民表示，他们的主要文化活动方式是在公共活动室打牌、搓麻将，或者在小区内聊天。

二、参与意识不够。调查发现，30.7%的居民表示很少参加社区文化活动，45.1%的居民表示从不参加社区的文化活动，合计75.8%的居民很少或者根本不参与社区文化活动。35.1%的居民表示社区没有节日活动，23.2%的居民认为社区活动可有可无，19.2%的居民认为社区文化活动流于形式。

三、文化活动圈子小、狭窄。缺少社区文化活动的这些农民，仍侧重于以血缘和地缘关系构建社会交往网络方面，喜欢跟同宗、同族或同村的人集聚，与社区其他村落的居民不相往来，大多数人每天为维持生计疲于奔波，对社区文化活动不闻不问，这导致同一个安置社区内的居民仍不能做到互相帮助和关心，缺乏社区归属感和认同感。

四、文化冲突明显。通过调查发现，安置社区的农民在自愿或非自愿情况下迁入城市，大多数人面临着市民身份转换的障碍，部分人由于非农生产方式转换的艰难，导致生活陷入贫困，这些因素累加起来，使得居民市民身份认同模糊，又由于目前安置社区的居民多乐于以出租房屋和车库补贴家用，安置社区成了半个“移民社区”。同时即使是纯农村，目前也居住着大量的来常务工人员，因为居住成本的低廉，大量涌入进来，造成农村的复杂性和多样化，也导致农村、农民安置小区里传统文化和现代文化、城市文化和乡村文化、本地文化和外来文化之间的冲突。

为此建议：

一、要进一步推进农村文化服务设施建设。政策上要给予支持，要坚持“多予少取放活”，加大政府投入，调整资源配置，深化体制改革，加强文化基础设施建设，构建公共文化服务体系，实现和保障农民群众的基本文化权益。

二、要进一步完善并健全农村文化组织机构。按照中央要求，要实现县（区）有文化馆、图书馆；乡镇有综合文化站；行政村（社区）有标准文化活动室。乡镇可结合乡镇机构改革和站（所）整合，组建集图书阅读、广播影视、宣传教育、文艺演出、科技推广、科普培训、体育和青少年校外活动等于一体的综合性文化站，配备专职人员管理。村（社区）文化活动室可“一室多用”，明确由一名村干部具体负责。在这方面，有的地方近几年在硬件设施建设方面投入了相当大的力气，可以说是比较到位了，但是在软件建设、人员落实、日常经费投入方面还是与群众希望有一定距离。

三、要继续挖掘乡土文化资源。地方民俗文化、节庆文化、民间艺术，乃至历史文化遗产和农村山水风光，既是融合区域文化精神的纽带，又是农村吸引城市资金和项目、促成城乡文化交流的载体和媒介。充分发掘好乡土文化资源，除了满足农民自身的需求，还可以吸引市民到农村休闲旅游，实现城乡文化的互动与交融。

四、要努力提高农村公共文化服务水平。实行以城带乡，鼓励城市对农村、农民安置小区进行文化帮扶，建立城乡文化帮扶责任制。发挥公益性文化单位的主体作用，鼓励公共图书馆、博物馆、文化馆等公益性文化单位面向农村提供网点服务、流动服务。推动电影院线、演出院线向乡镇延伸，支持演艺团体深入基层和农村演出。运用现代数字技术、网络技术、信息技术拓宽农村基层公共文化服务空间，增强服务效果，提高服务品质。

五、增强农村文化的造血功能。鼓励和组织专业文化工作者深入农村开展群众性文化培训、辅导、讲座和展演、展示等文化服务，引导和培育各种形式的自办文化，增强农村文化的造血功能，把“送”文化与“种”文化结合起来。同时建立向基层群众“送”文化的长效机制。鼓励和组织专业文化工作者深入农村开展群众性文化培训、辅导等文化服务。加强对外来务工者的文化关怀，尽快把外来务工者纳入城乡公共文化服务体系，建立政府主导、企业共建、社会参与的外来务工者文化服务机制。

六、应将“农民市民化”作为地方政府推进城镇化建设的主要任务，组织各方力量，包括公益性社会组织，面向进城农民群体，开展有关城市文明教育活动，从最基本的生活守则如：如何走路、如何过马路、如何倒垃圾、如何处理邻里关系等讲起，使他们能尽快融入城市文明。

2014年

关于城乡一体化“三规”融合的建议

党的十八大报告提出：“加快完善城乡发展一体化体制机制，着力在城乡规划、基础设施、公共服务等方面推进一体化。”促进城乡统筹发展，构建城乡发展一体化的格局，需要制定和完善“三农”发展规划体系。在中国现有的体制下，城乡关系、土地、环保、产业等的发展，最难的是规划。根据对江苏省淮安市的调查发现，推进城乡一体化过程中产业发展规划、镇村建设规划和土地开发利用规划（以下简称“三规）的制定和融合是工作重点和难点。

一、目前“三规”工作存在的问题

“三规”实施的着力点在乡镇，因此，“三规”融合的结合点也在乡镇，但“三规”的制定和融合的情况却不理想。

一是“三规”制定不到位。一是规划内容不到位，大多数乡镇只有一些产业发展的计划，而没有产业发展的规划。二是规划覆盖不到位，由于“三规”没有对所有镇村全覆盖，因此，在乡镇一级实际上无“三规”可融合。

二是规划执行不到位。一是乡镇干部缺乏规划意识，对上一级相关规划认识不深，难以有效地组织实施规划。二是乡镇干部制定规划只是为了完成上级布置的“作业”，而不是为了研究发展思路和指导经济社会发展，因而执行规划难到位。三是规划管理力量薄弱，主要体现在管理机构人员配备不齐，专业力量不强，乡镇统一布置的其他重点工作任务较重，使规划管理工作力量削弱，对发生违反规划的建设行为有时监督处理不到位。

三是规划融合不到位。一是“三规”制定工作体制各行其是，难以配合。以土地利用规划和乡镇建设规划为例，规划内容在时间上和空间上都不吻合，镇村建设规划对土地利用要求成片的整地块，而土地利用规划大多数只提供零星的地块，以至于出现农用地和建设用地的交错分布，甚至出现建设用地包围下的农用地“孤岛”现象。二是“三规”工作涉及多个部门，既没有协调机制，也没有融合意愿和意识。

四是规划支持不到位。主要体现上位规划对下位规划的支持不到位。一是乡镇建设缺乏土地指标。建设用地指标多数被上一级占用。二是产业发展缺乏规划指导。在乡镇工业集中区的建设中，适合与不适合的乡镇都发展，村级创业点建设较为盲目。

二、“三规”融合的基本理念和思路创新

“三规”有机融合，能够增强规划的科学性、指导性和前瞻性，更好地发挥规划的龙头引导作用，因此要求工作中对规划的重要意义要有更深刻的认识，确立共同的理念和创新的思路。

一是强化“三农”工作意识理念。“三规”融合的本质是为了农村经济社会发展服务，随着“三规”的实施和镇村建设的推进，乡镇将逐步走向城镇化，原本只有在城市才有的经济和社会现象，在乡镇也会产生，目前只有传统的涉农部门有“三农”工作意识，有相应的农村工作规划，而非涉农部门的工作重点在城市，“三农”工作意识较差或没有“三农”工作意识，也没有在农村推进产业发展的规划。

二是保障农村居民利益理念。在城市化的进程中，存在着一定程度的对农村和农民利益的剥夺。如城市空间的扩张，农村土地被征用，而土地是农村宝贵资源；农民工进城务工，社会保障被剥夺，甚至于有时连工资都得不到保障。因此保障农民的合法利益是推进城乡一体化的底线。

三是维护农村发展权的理念。长期以来，城市化的进程加剧了城乡结构的二元化，实际上也是农村发展权的弱化。在城市化的进程中，城市占有了较多的社会资源，特别是对农村土地、劳动力、矿产、环境等资源的占有，制约了农村经济社会的发展，加大了城乡差距。农村为城市提供了廉价的农产品，而产业发展却还停留在低效的第一产业上，农村为城市提供了大量的人口红利，而农民工养老保障的负担却还留在家乡；农村为城市提供了广阔的空间，

而农民赖以生存的资源却越来越少，乡镇建设用地指标也被城市占用。“三规”融合，不仅要提高第一产业的效益，而且要发展乡镇第二产业，为农民提供更多的就业空间，不仅要复垦和增加农业生产用地，而且在保障乡镇建设用地的指标，促进城镇化建设。因此，通过“三规”融合，从土地利用、乡镇建设、产业发展、就业保障等多方面维护农村和农民的发展权益。

四是循序渐进、持续发展理念。规划工作本身就是为了追求长期的，科学的和可持续发展的目标。“三规”融合，则是追求单个规划分别实施所难以达到的更加科学的综合发展目标。

三、推进“三规”融合的工作建议

1. 建立规划制定的融合机制。“三规”融合工作主要涉及政府有关部门和乡镇党委政府，需要建立两个方面的融合机制。一是明确部门规划融合的责任机制。上位规划制定部门有责任做好融合工作，主要是融合下位规划，推进“三个联动”，土地利用规划与乡镇建设规划的联动，乡镇建设规划与工业集中区发展规划的联动，土地开发利用规划与现代化农业发展规划的联动。二是建立乡镇制定规划的责任机制。乡镇是“三规”制定和实施的基本单位，因此，乡镇都必须建立起规划制定的责任机制。

2. 实现“三规”的多维融合。一是纵向与横向融合；二是正向与逆向融合；三是时间融合。

3. 建立土地“两权”出让的准市场机制。农村集体土地中承包地经营权流转和宅基地使用权出让，实际上就是土地使用权的交易，与城市国有土地所不同的是，国有土地是在规范的市场化条件下进行交易，而农村集体土地交易则没有市场化条件。国有土地市场为城市化的建设提供了巨额的资金来源，同样集体土地市场也可以为乡镇的城镇化建设提供充足的发展资金。

2014年

关于加强国有林场林地管理的建议

我国的国有林场是新中国成立初期国家为加快森林资源培育，保护和改善生态，在重点生态脆弱地区和大面积集中连片的国有荒山荒地上，采取国家投资的方式建立起来的专门从事营造林和森林管护的林业事业单位。据统计，目前全国国有林场共4855个，分布在31个省（区、市）的1600多个县（市、旗、区）。国有林场经营总面积11.5亿亩，占我国国土面积的8%，其中森林面积6.7亿亩，森林蓄积量23.4亿立方米，分别占全国森林面积和森林总蓄积量的23%和17%，已成为我国生态功能最完善、森林资源最丰富、森林景观最优美、生物多样性最富集的区域，是我国全体国民巨大的公共产品和宝贵生态财富，是最普惠的生态福祉。

近年来，随着经济和社会的快速发展，国家基本建设规模不断扩大、经济活动日益增强和利益格局持续调整，在国家实行最严格的耕地保护制度背景下，国有林场林地已成为社会关注的热点和纠纷多发的领域，国有林场林地流失的现象日显突出，国有森林资源保护形势空前严峻。造成这种现状的原因主要有以下两点：

一、尚无法律法规对国有林场森林资源的流转进行规范。我国《森林法》第十五条规定，森林资源流转的具体办法由国务院制定。但是，由于种种原因，国务院至今尚未出台森林资源流转的具体办法，很大程度上导致了国有林场森林资源流转不规范甚至混乱，有的没有经过有关部门审批擅自流转，有的没有进行资产评估低价甚至无偿流转，致使国有林场森林资源资产大量流失。据不完全统计，2000年以来，各地违法流转国有林场林地面积1000多万亩，涉及700多个国有林场。

二、当前以市县级为主的管理体制，不利于国有林场森林资源的监管。目前，我国90%的国有林场森林资源由市县管理，占用和流转等由市县决定。在这种管理体制下，市县政府为了发展地方经济，随意占用国有林场林地，以招商引资、合资合作等方式流转国有林场林地等现象时有发生，国有林场森林资源资产流失和破坏问题日益突出。而市县林业主管部门作为当地政府组成机构，很难从生态建设与保护的长期利益出发考虑问题，对国有林场森林资源进行强有力的监管。与之相对，山西、福建等省国有林场森林资源长期由省直接监管，林场森林资源的保护发展与质量效益普遍好于市县管理的林场，侵占国有林场森林资源的现象也少得多。同时，国有森林资源由省级以上主管部门监管也是世界林业发达国家的普遍做法。

为此，我们建议：

一、为了规范国有林场森林资源流转行为，确保国有林场森林资源保值增值，防止贬值流失，应当由国务院尽快出台国有林场森林资源流转条例。

二、明确中央和省级林业主管部门的监管责任，强化高位监管。

2014年

关于进一步加强农村（社区）文体活动阵地与设施管理的建议

加强农村（社区）基层文体活动阵地和设施建设与管理是贯彻落实十八大精神，推进社会主义新农村建设，实现好、维护好、发展好人民群众基本文化权益的重要途径。党中央提出：必须坚持政府主导，加强文化基础设施建设，完善公共文化（体育）服务网络，让群众广泛享有免费或优惠的基本公共文化服务。

近年来，各级各地文广新局、体育局认真贯彻执行中央、省、市的指示精神，加强了各地的文化、体育阵地和设施的建设，投入了一定的人力和物力，为社区居民的文化体育活动提供了便利和保障，各基层党委政府投入资金，建设了文体活动中心、小游园及各类文体活动阵地，为农村居民文体活动做了许多实实在在的事，受到了广大居民群众的好评，但据实地调查，走访了一部分居民群众和社区干部，发现目前农村文体活动阵地及设施的使用和管理上还存在着一些问题，出现了一些不尽如人意的地方，主要表现在以下几个方面：

一、农村基层文化体育活动阵地与设施被占用，搁置现象。

在调研中发现，部分镇（社区）、村文体活动场所被占用，有的小区把用来进行文化学习和体育锻炼的场地用来供老年居民“小来来”，变成一个打长牌的地方，有的把体育场所用来堆放谷物和草垛，更有的村居把上级赠送的体育器材损坏严重，器材“肢体不全”，地面杂草丛生，无人管理。

二、有的农村（社区）文体活动阵地选址建设不科学。

在调查中发现有的镇（社区）或村（居）是将闲置土地或偏僻的废地用来建设文体活动阵地，而不是在居民人气旺或居住密集区域，导致居民舍远求近，甚至放弃参加学习或体育活动的机会。

三、村（社区）“农家书屋”大部分都在村居（社区）公共服务中心，开放时间与居民学习有冲突。

农村（社区）居民往往选在中午、晚上或休息日、节日等去借书、看书。而这些时间正是村居干部休息时间，常常是“铁将军”把门或居民不愿进入村干部办公场所等，导致借阅人员非常少，书屋几乎成了摆设，据初步调查，不完全统计，村级“农家书屋”借阅率不足10%。

四、文化信息资源共享工程设备发挥作用差。

根据调查了解，农村文化信息资源共享工程的电脑很多被村干部给占用了，有的村电脑不足，有的甚至根本没有给居民使用的电脑，更没有文化信息资源共享工程资料，可以说全国文化信息资源共享工程服务还处在低层水平。

五、镇（社区）文体专业人员缺乏。

各基层都建有文化站，但专职文化站长很少，大多数为兼职，甚至身兼数职，根本没有时间和精力去加强文化阵地建设和设施管理，且有的地方文化工作管理人员年龄偏大，专业知识不能满足现代文化事业的发展需要，专业体育工作人员更是缺失。

综上所述，当前各地方村文化体育工作投入不少，但使用率较低，文体活动阵地和设施管理不到位。建议进一步加强农村（社区）文体活动阵地与设施管理：

一、量化财政投入，统筹规划管理。

建议各级财政设立镇（社区）公共文化体育阵地与设施建设专项资金账户，各级财政定期检查镇（社区）资金用于文体活动阵地与设施投入去向，实行分级投入、分级管理，阵地占用或设施损坏等逐级负责，这样基层才会更加重视管理阵地及设施。文广新局、体育局定期检查专项资金的投入数量并打分，其结果与专项资金下拨挂钩。对文体设施的拨付使用打破大家平均分配的平衡机制，采取“扶优帮优”的方法拨付资金。解决“赠送的不值钱，不值钱的容易坏，坏了无人管”的尴尬局面。

二、优化阵地建设，注重资源整合。

建议整合基层组织阵地建设，打造多功能文体活动中心，将农家书屋、健身器材、多媒体，以及文化信息资源共享工程设备等进行整合，选派具有一定专业知识水平的农村大学生、退休教师等文体活动志愿者，专职负责活动中心的服务和管理，指导基层文化活动有序开展，确保文体设施不损坏、不流失，文体活动阵地不被占用、不被挪用，基层文体专项活动资金必须确保管理人员的有关工资及经费，这样才能确保各级财政不重复投入。

三、强化科学考评，建立长效机制。

不断健全公共文体阵地建设和文体设施管理的领导体制和工作机制，科学建立全国专项管理工作考核办法，把对基层文体阵地和设施的管理工作纳入绩效考核目标，形成多部门、多单位合作，协同推进此项工作建设和管理的良好格局，强化管理考评工作，增强基层文体工作的服务意识，加强督查评比，建立健全对基层公共文化体育活动阵地服务体系建设和管理业绩的科学长效考评机制。

2015年

关于新型城镇化应留住传统文化根的建议

在我国城镇化进程中，“重开发建设，轻文化传承”现象还时有发生，特别是在一些新建、改建小区或村庄的空间形态方面尤为明显，主要表现在：

（一）西化严重，割断历史

1. 空间形态西化

很多地方的建筑形式在不知不觉中抛弃了中国元素，我们的城市、村镇在中国人的眼里，变得越来越西化了。一些地方，政府投入大量资金为进城农民建好了小区，结果却是造了个欧式的城，中国的农民住在欧式小楼或高楼里，以为农民住进别墅或高楼就是现代化，导致有的地方农民认为欧式就是现代化，中国的文化被冷漠。

2. 地名西化或去传统化

一些地方新建小区起洋名的不少，如“地中海”“英伦”等，原有的能反映当地历史的地名则随着城镇化进程而消失。有个地方原地名叫“雀梅浜”，很有中国传统文化的韵味，而现在名字已经改为“汇润金风”，毫无特点。

（二）千村一面，特点消失

许多镇村在改造中，往往长得一模一样，楼房样式一模一样、建筑色彩一模一样，房前屋后植物一模一样，公共照明灯具一模一样，亭台廊榭一模一样，道路铺装一模一样，水泥驳岸一模一样，原有村镇个性化的空间布局、个性化的建筑风格荡然无存。

（三）改造不当，破坏文化

1. 为古村落披现代衣服

原本改造后的古村，应该是外旧，这是历史的洗礼；内里，为适应现代生活可以进行改善。但是有的地方却反其道而行之，不注意保护树木、池塘、井渠、古村道、古建筑等乡村传统文化要素，只改造外面。如一个很有历史沧桑感的古村落，将百年古银杏周边的低洼地全部填高60厘米，并修建了一个花岗岩材质的树池，让一个原本富有地形变化、朴素自然的乡野空间，变成了一个简陋、没有特色、过于城市化的小公园，乡野情趣全无；还将街面重新出新，所有房屋外面被粉刷一新，里面却依然破旧，崭新的白墙、黑瓦，使得慕名而来的旅游者大呼上当，同时居住在里面的人们生活也没有得到很好改善。

2. *忽略生态保护*

许多地方在村镇改造中，喜欢将自然河道改建成整齐的水泥驳岸，使原先自然生态、具有自净功能的河流，变成了城市里的、容易污染的水泥沟渠。特别是在道路改造中，只单纯考虑道路硬化而极少考虑渗水功能，人为地隔绝了雨水与地下水的交流通道，并易形成内涝。

（四）缺乏内涵，难以传承

从保留下来的古村镇、古建筑中可以发现，它们都是中国传统文化教科书，每一处空间布局，每一个建筑构件，除了实用功能外，都蕴含着中国传统文化的思想，都能给人以启迪。而现在的许多小区，众多建筑，除了实用功能外，很难从中读出中国传统文化方面的思想，有人说，今天没有文化含量的建筑将会成为明天的垃圾。

这些文化遗产都是老祖宗留下来的，反思今天各地城镇化中的建筑，有多少能成为明天令人自豪的文化遗产呢？一个地方的传统文化应是当地的“根”和“魂”，如果这个根在我们手中断掉，我们的文化自信就失去了基础。习近平总书记在2014年2月考察北京市工作时指出：历史文化是城市的灵魂，要像爱惜自己的生命一样保护好城市历史文化遗产。为了保护现有的文化遗产，为了创造出更多的能留给明天的文化遗产，为了让历史文脉代代相传，我们建议：

（一）重视规划中的文化含量

各地在编制新型城镇化规划时应有文化部门参加，应多听取当地文化学者、居民代表的意见。应要求所做出的规划在整体布局、建筑形态、道路、绿化、河道等多方面都能体现出当地的文化特点，避免千城、千镇、千村一面。

规划中应增加对空间形态的传统文化和生态文明的要求。

（二）重视对具体小区和建筑设计在传统文化方面的指导

为了让新建小区和建筑在空间形态上也能体现出传统文化元素，应明确要求文化部门参与新型城镇化建设，在新建小区、楼盘设计时提出符合当地文化方面的要求。

对具备一定条件的已建成小区，可以选择公共建筑部分进行改造，使之空间形态能体现出当地传统文化韵味，并加以解读，让它们和传统的古建筑一样会讲故事、讲当地传统文化故事，提高传统文化的吸引力。

（三）重视地名在文化传承中的作用

地名虽然不会说话，但它却陈述着城市历史，折射出历史痕迹和社会变迁。虽然一些老建筑和街区被拆除、老河道被填埋、老道路被改道，但一些蕴藏着丰厚文化内涵的老地方还是应该永远被记住，而不是被遗忘。因为它们记载着历史文化，陈述着历史故事和美丽的传说，可以说，地名的消失无形中会切断城市历史的脉络。应明确要求地名、路名、小区名称用原先的名称或已消失的村庄名。承载当地居民历史记忆的大树在可能的情况下应移至新建小区并挂牌说明，让大树和地名留住历史。

（四）重视对宗祠的创新利用

宗祠在中国的村镇中有着重要的作用，由此产生的宗祠文化更是源远流长。在建筑形式上，宗祠建筑也是建造等级、建造水平最高的。浙江已经出现了把宗祠改建成农村文化中心，各地可以借鉴。

（五）重视传统文化在生态系统的设计作用

中国传统村落建设可谓是千姿百态。弯弯曲曲的水系，高高低低的碎石路，乌龟放在下水道里养，村头种上大树，都是蕴含着生态智慧。有的村庄“明湾石板街、雨后绣花鞋”，小路两侧的排水沟，伴着中间的青石隆起曲折向前，非常精美，也非常实用。应将前人的生态智慧应用在新型城镇化建设中；同时在道路、河道改造中应明确提出生态方面的要求。

（六）重视对乡村濒危景观的信息化推进

由于城乡一体化更多是对乡村空间的挤压和侵入，现有的乡村景观生存已岌岌可危。应加快对乡村景观的梳理、鉴别和统计，用现代信息化的手段对历史景观进行关注。鉴于古村内的古建筑大都属于村民所有，他们一般无力按照古建筑保护的要求进行维修，多数古建筑破损严重，有的已发生局部坍塌，一些木构建筑及其精美的绘画已经严重损坏，因此应尽快做档案、建数据库，做影像资料，并根据濒危景观的生存环境，划定文化红线，以确保乡村景观的保护得以落实。

（七）重视园林景观的营造创新

城市园林绿化是现代城市建设的重要组成部分，不仅可以改善生态环境、提升居住水平、丰富文化生活，更是体现中国传统文化元素的重要平台。应引导设计部门在建筑布局中引入中国传统园林要素，让古老的园林文化在城镇化建设中焕发活力，让绿更浓、景更美、底蕴更深厚、城市更温馨。

2015年

关于加强对江南水乡视觉污染综合治理的建议

江南水乡古村古镇历史悠久，文化内涵深厚，风格独特，因水成街、因水成市、因水成镇，既是难能可贵的历史文化遗产，也是因天时就地利的杰出人居生态环境典范。目前，对于古镇古村保护在国内已成为关注的热门，与安徽的西递村、宏村两个古村、丽江的大研古城、山西的平遥古城被纳入世界文化遗产名录的同时，国家建设部、国家文物局公布了江苏省昆山市周庄镇、江苏省吴江市同里镇在内的第一批历史文化名镇10个名村12个（2003年10月8日批准），江苏省苏州市吴中区木渎镇、浙江省湖州市南浔区南浔镇在内的国家第二批历史文化名镇34个名村24个（2005年11月13日批准），江苏省苏州市吴中区东山镇陆巷村、江苏省苏州市吴中区西山镇明月湾村在内的第三批中国历史文化名镇41个名村36个（2007年5月31日批准）。中华人民共和国住房和城乡建设部与国家文物局批准第四批中国历史文化名镇58个名村36个（2008年10月14日批准）、第五批中国历史文化名镇38个名村61个（2010年7月21日批准）。

江南水乡古村古镇拥有丰富的生态资源和旅游资源，受到游客的青睐，也是旅游的热点。但是在对江南水乡古村古镇进行资源开发的同时，也暴露出了一些问题，特别是古镇视觉污染的问题没有得到足够的重视。

江南水乡古村古镇中视觉污染可以定义为，指视觉所及之处，如某一物体的色彩、形式、内容等，不合理、不和谐、不美观破坏视觉环境，给人带来不愉快的视觉感受的现象。大致可分为：

一、水的视觉污染。水是古镇的母体，因水而生，因水而发展，水是水乡古村古镇最为突出的资源，古镇内的石桥也随处可见。但水污染的出现，不但影响了古村古镇整体观赏效果，更重要的是影响了古村古镇的生态环境。例如我国浙江绍兴千年古镇东浦河道严重污染，河水呈铅灰色，无锡惠山古镇景观河变臭现蓝藻等问题。

二、建筑风貌的视觉污染。通过对古村古镇的实地调查，古村古镇的建筑大致可分为三种：一是历史遗留下来的古民居，明清建筑，这些建筑通常经历了较长的时代，有的继续供人居住，有的则作为景点供游客观赏游览；二是开发建设的建筑，如同里古镇在进行旅游开发后，新建的建筑继续保留古镇特有的建筑特色；三是当地居民自主改建的民居，此类建筑虽然有一部分依然保留了原有的特色，但大规模、大手笔地引用现代建筑或欧式建筑风格比比皆是，这些建筑与古镇原有的风貌格格不入。

还有随处可见的店铺，已经把古村古镇特有的古朴、祥和安逸的小尺度街巷，改造成貌似具有过度商业化倾向的大都市繁华街区。

三、公共设施的视觉污染。在古村古镇中的公共设施主要有路灯、坐凳、垃圾箱、指示设施等。这些环境设施不但为当地的居民提供了生活上的便利，更重要的是对于当地的旅游业发展也起到了很重要的作用。通过对古镇内的公共设施的实地了解，古镇的公共设施无论从形式还是色彩总体来说较为一般，缺乏创新、缺乏整体统一的设计。

四、广告牌的视觉污染。古村古镇广告牌的设计中虽多秉承与古镇相统一的风格，但缺乏创新；除此之外，缺少对非古镇中心区广告牌形式的控制，使游客感到前后明显的差异。

针对上述现状，建议如下：

（一）从治理视觉污染的角度出发，有利于加强对江南水乡古村古镇的规划和管理的推进

视觉污染的研究对于江南水乡古村古镇的规划有着重要的作用，可以降低建设后视觉污染出现的概率，减少后期管理的难度。在目前的建设中，多注重经济和技术的问题，在环境方面所着重的点也主要集中在物质环境所造成的污染，对于视觉污染较少涉及，目前视觉污染还没有引起足够的重视，但随着社会的发展，视觉将会逐步引起人们的关注，如果在规划阶段没有得到足够的重视，等到建设后再去治理，则会浪费很多的人力、物力和财力，会加重后期管理。因此视觉污染问题的研究就显得格外的重要，同时也具有十分重要的意义。

（二）从治理视觉污染的角度出发，有利于改善人们的身心健康

现代心理学研究证明在人们与外界环境接触的知觉过程中，视（知）觉的作用占80%以上，视觉环境质量的好坏对人们的生活环境是相当重要的。杂乱无章的广告牌、路标，强烈不协调的色彩、污浊的水体，脏乱的垃圾等都会给人们造成心理上的不适，烦躁不安，情绪不稳。好的视觉环境，会让人心情松弛舒畅，人们生活在优美、舒适的环境中，也有利于身心保持在最佳的状态。由此可见，视觉污染的研究对于改善人们的身心健康，也具有一定的意义。

（三）从治理视觉污染的角度出发，有利于实现“美丽中国”的战略

党的十八大报告指出，“把生态文明建设放在突出地位，融入经济建设、政治建设、文化建设、社会建设各方面和全过程，努力建设美丽中国，实现中华民族永续发展”。美丽中国战略是在中国建设生态文明的关键时期提出的，体现了中国现阶段发展理念和发展思路的转变。对生态文明的建设，就要着重解决生态污染的问题，并从全局的角度考虑环境保护，在城市建设过程中，不仅仅是生态污染一个方面，视觉污染的研究对于提高人们生活的视觉环境质量，因此，对实现“美丽中国”也具有一定的意义。

解决以上诸多视觉污染的问题，归根结底就是创造出一个符合古村古镇的历史特色，保护古村古镇的历史资源，还原其真实的原貌，创造出一个能满足物质和精神需求的美好环境，让当地的居民、国内外游客能够感受到原汁原味的古村古镇风貌。

2015年

关于构建沿长江绿色生态廊道的建议

长江经济带是长江流域经济、文化教育、科学技术等方面最发达的地区，也是全国高密度的经济走廊之一，“依托黄金水道，建设长江经济带”已上升为国家战略。然而，在长江经济带建设的过程中，由于历史原因，沿着长江布局的石油、医药、农药、造纸、钢铁等重污染企业非常密集，导致长江生态环境存在严重的安全隐患。

目前在环境安全方面存在的问题有：

（一）环境风险不断加大

由于沿江重化工企业和园区数量增长迅速，使得危险化学品运输规模也不断增加，给长江全流域生态环境带来了严重的安全隐患。据统计，长江船舶平均日流量1640艘次，2011年长江江苏段过境危化品运量超2亿吨，一旦发生危化品运输事故，后果非常严重。

同时为满足经济社会发展的需求，长江流域所发挥的功能也在不断增加，从20世纪七八十年代以航运功能为主，发展为目前集航运、供水、水力发电、防洪等多种功能为一体。伴随着长江功能的多样化，环境风险所带来的危害性也日益加大。特别是在江苏段，由于目前长江直接或间接提供江苏省80%左右的生活和工业用水，因此其供水作用发挥十分显著。一旦长江发生任何污染事故，都将对江苏省的饮用水安全带来极大威胁，严重影响经济发展和社会稳定。

（二）崩岸威胁日益严峻

随着长江中上游三峡大坝和许多水利设施的建成使用，使长江中下游入境江水的水文水动力条件发生了很大的变化。目前长江的泥沙含量普遍下降，遇到洪峰或调水时水文条件变化大，清水下泄加大了对长江江苏、上海等地段岸线河道的冲刷和侵蚀，对部分河段的河势调整及岸坡稳定等带来十分不利的影响。

（三）长江水质持续下降

近十年来，长江水质的持续下降已成为不争的事实，仅长江江苏段的主要水质类型已由十年前的Ⅱ、Ⅲ类水下降为目前的Ⅲ、Ⅳ类水。

（四）生态系统破坏严重

以江苏为例，2008年公布的调查结果显示，长江江苏段的鱼类由162种下降到109种，53种鱼类已经多年难觅踪迹，其中部分鱼类已处濒危或正趋向濒危，有的可能已灭绝。

（五）执法监管有待加强

环保执法受地方保护主义的影响仍然存在。部分企业利用环保监察的漏洞，利用雨水径流稀释废污水，直接利用暗渠或管道排入长江，其监督和管理存在一定难度。全流域尚未建立统一的执法机制和执法程序，缺乏严格的执法责任制等。

发展长江经济带，首先应构建沿江绿色生态廊道。为了让环保为发展保驾护航，建议如下：

（一）切实降低长江环境风险

由于目前长江不仅是“黄金水道”，也是沿岸的主要水源地，任何一个污染事件都会造成极大损失甚至于“灭顶之灾”。因此推动长江经济带发展，应重视构建与长江经济带相一致的沿江绿色生态廊道。首先应采取切实有效措施，降低长江环境风险，将环境事故对长江流域的影响降至最低。

1. 提高长江运输安全

应通过长江南京以下12.5米深水航道建设，完善长江运输体系安全建设，提高长江航运安全等级。大力推进长江航运船型标准化，逐步取缔安全隐患大、监管难度大的船舶类型。

2. 加快备用水源建设

沿江城市在选择备用水源地时应改变有的地方出现的水源地和备用水源地都是长江的状况，优先选择湖泊、地下水等不易受外来客水影响的水源，减少城市发展对长江水资源的依赖程度。

（二）严格落实三条红线

1. 用水总量控制红线

严格长江流域水资源开发利用管理，在用水总量控制与年度用水控制管理相结合的基础上建立长江取用水总量控制制度。

2. 用水效率控制红线

建立沿江地区用水效率标准化体系，制定不同行业和用水产品的用水效率指标，对用水户实行总量控制和定额管理相结合的基本管理制度，对高耗水、高污染产品生产和服务单位实施严格的定额管理。

3. 纳污总量控制红线

从长江全流域出发，分析研究并核定长江分段水域纳污容量，并依此提出沿江各地区年度限制排污总量意见，依法向环保部门提出限排意见。建立全流域水功能区达标率和入长江污染物总量考核制度。

（三）加快面源污染整治

农业面源对长江污染贡献率约在50%左右，且监测与治理相对都比较困难。因此，可借鉴美国、阿根廷、巴西等国家成功案例，采用最佳管理措施（BMPs）来进行农业生产管理，降低面源对长江水生态环境的影响。

1. 源头BMPs控制措施

大力发展精准农业，推广平衡施肥技术，推广使用有机肥料。加强农药使用管理，强化植保服务体系，实施病虫草统一防治。对灌区农田的灌溉水进行系统的、有效的规划，严格控制灌溉的时间、总量和速度。

2. 末端MBPs治理措施

应采取建设暴雨蓄积池、稳定塘、生态排水沟渠、滨岸缓冲带、人工湿地等措施治理面源污染。应实施氧化塘型的径流水治理工程，让农业的径流污水通过稳定塘处理后排入河道。

（四）加强岸线支流管理

1. 优化岸线资源利用

加强岸线资源管理，完善岸线分区准入、岸线利用退出等岸线利用管理的机制体制建设。提高岸线开发利用效率，逐步清理、调整不合理占用岸线项目，限制投资强度和产出率较低的生产企业贴岸布局。严控对长江河势变化有影响岸段的开发，严禁占用生态岸线和生活岸线。

2. 重视沿江支流治理

当前，各地长江保护与治理的重点主要在长江干流，而对长江支流的治理工作重视程度不够，导致长江干流受汇入河流污染影响的事故时有发生。因此，要高度重视沿江支流的治理工作，控制长江各支流沿线工业、生活等各类污染源的随意排放，加强控制监管力度，结合沿江城市河道环境综合治理工作，加快对长江支流的治理力度。

2015年

关于扶持我国民营养老院建设的建议

与迅速发展的老龄化态势相比，我国养老院的建设和发展远远滞后于需求，目前，全国65岁及以上的老人每千人拥有的床位数只有约23.6张，而在发达国家，这个数字多达50—70张。

一方面是老人们对机构养老日益扩大的需求，另一方面社会养老机构，从总量上和结构上看，都不能满足全社会的养老需要。特别是大量的民营养老院，生存环境艰难。造成民营养老院经营困难的原因分析：

一、优惠政策落实不到位。政府给予部分公办养老院强大扶持，相比政府对民营养老院的扶持程度就小了不少，由于目前没有国家统一的补贴标准，现在的补贴标准往往由各省甚至各地级市自行制定，一些地区对新建的养老院按床位数进行补贴，但是享受这一政策的条件是养老院的土地是自有用地，而90%的民营养老院都是租房经营，由此一来，绝大多数的民营养老院不能享受到政府的优惠政策；一些地区规定必须是公益性养老院才能享受优惠政策，而大部分民营养老院都不是公益性质的，所以无法享受这种优惠，养老院运营仍存在着很大的压力。

二、政府监管职能错位。政府在养老市场的培育和监管方面也存在诸多问题，如本来应该主要由公办养老机构承担的失能、半失能老人的养护责任，现在则往往推给民办养老机构，而本来就实力不强的民营养老院却要承担较大的经营成本压力和法律风险。一些养护人员的培训和资格认证，民营养老院无力做，政府也没承担起来。一些民营养老院需要开办医疗机构并与医保对接，这些也还在争议中。还有养老用地的法律保障、银行贷款优惠的不到位等。

三、养老机构经营管理不善。从自身经营方面来分析导致困境的原因。概括来说：①现在很多养老院定位不清；②产业化思路不清，机构养老走产业化之路是必然趋势，随着老年人口可支配收入的增加，老年人对学习培训、健康保健、休闲娱乐、观光旅游等有很多需求，而众多养老院却还是仅提供低端的养护产品；③发展战略问题，众多养老机构因生存艰难，往往只顾眼前和短期，目前提供无差异的标准化产品是现在处于困境中的民营养老院存在的共性现象，值得纠偏。

为此提出如下建议：

一、加大对民营养老院的科学扶持。建议采取更为科学合理的方式扶持民营养老院发展，在制定政策时，取消对自由土地和租住土地的区别对待，根据床位情况，实施普惠性补贴；有条件的地区可以考虑提供公租房，以较为便宜的价格出租给民营养老院经营，同时降低税负标准，在水电气等使用上，适当予以补贴；实施星级评估，采取以奖代补的形式，鼓励民营养老院机构做大做强，优质发展。

二、对养老院实施标准化规范化管理。国家民政部门要制定统一的养老院星级标准，将养老院应该配备的硬件设备、软件设备、人力资源等规定详细，对养老院实施星级评定和考核，制定相应的收费标准，当然，标准化和规范化不代表千篇一律，还是要办出各自的特色。同时，民政部门每年应定期对各级各类养老院工作人员实施公益培训，帮助提升养老院服务人员的能力和水平，从而提升我们养老机构整体的服务社会能力。

三、引导鼓励民营养老院市场细分，走多元发展之路。养老院主要应走差异化策略的道路，即细分市场，满足某一特定老人群体的要求，做到专业化、标准化。养老院应该充分考虑不同类型老人的状况及需求，主营一个方面，办出特色，实现最大的专业化。养老院还可采取开源措施，与“社区服务为基础的居家养老模式”相结合，将服务半径扩大到整个社区和周边，通过上门服务、专业化料理等方式，实现一个虚拟养老社区，走多元化发展的道路，兼顾老人和养老院切身的利益。

四、鼓励民间资金人才帮扶民营养老院发展。应发展非营利性的NGO和慈善组织，提高公众参与程度。非营利组织可以以义工形式到养老院参与服务，减轻养老院负担，同时也能够为养老院提供一些精神帮扶。同时鼓励民间捐资捐款，通过出台捐款减免税负政策，鼓励更多民间资金注入民营养老院的发展。

2016年

关于加快实施农村饮用水安全工程的建议

目前，我国大部分农村地区自来水虽已基本普及，但由于供水设施简陋，农村饮用水检测合格率低、水质不达标现象仍然存在。部分农村地区饮用水存在铁、铝等矿物质超标现象，浑浊度、肉眼可见物、耗氧量等指标不合格，也有部分饮用水细菌总数、大肠杆菌、氯酸盐、游离余氯严重超标。农村饮用水安全问题严重，与经济社会的快速发展状况极不协调。

造成农村饮用水不安全的主要原因有：

（一）水源污染问题。尽管近年来我国各地注重了供水工程水源的选择，也出台了相应的水源保护规定，但从实际情况看，除规模较大的集中式供水工程外，小型供水工程的水源保护措施不力，水源仍受到生活污水、农业面源污染、城市污水和工业废水的污染威胁。此外，大部分农村水厂水源仍以小型水库为主，水库面积小蓄水量有限，丰水期雨水较大，水库周边的污染物流入水库，加上小型水厂的消毒处理能力有限，频现微生物超标严重现象。

（二）处理工艺问题。大部分镇、村水厂设施陈旧老化，缺乏维护，有的甚至不能正常运转；部分农村水厂未设置检验室，只能进行简单的水处理，有些水厂即使配备了检验室，也只能检测色度、余氯等项目。许多农村供水单位未按规定要求配备必要的专业检测人员和水质检测设备，水质取样、检测制度不落实，饮用水水源、水厂供水和用水点的水质监测不到位。尤其是有的水站无专人管理，无任何处理措施，无法确定主管责任单位，存在较大的安全隐患。

（三）监督检测能力问题。部分区级卫生监督所缺少专门从事生活饮用水的监督人员，疾控中心检测能力不足，且检测设备老化或缺乏相应的检测设备，检测项目存在缺项，有的地区缺项达到11项。

（四）管理机制存在问题。农村饮用水工作一直被看作社会福利事业，没有把它作为水利产业来发展，重建轻管，重投入轻产出，缺乏自我发展能力和良性循环的机制。1998年以来顺应市场经济的需要，相当一部分水厂的产权和经营权发生了变化，但政府的监管不够，经营者和管理者频繁变更导致供水企业运行管理水平低下。此外，农村饮用水监管涉及环保、水务、卫生、住建等多个部门，且各部门的标准不一，按照现行的管理体制，有关部门容易各自为政，无法形成互相衔接的综合管理系统，造成管理混乱和职责不明。

实施农村饮用水安全工程的建议：

（一）完善规划，使农村饮用水安全建设更加贴近实际。在完成农村饮水安全总体规划的基础上，要不断完善近期规划及年度计划，促进市（区）规划与总体规划相互衔接以及各级各类相关规划之间的相互衔接，加强与国民经济和社会发展规划、小城镇规划、新农村建设规划等相关领域规划的相互协调。保证城乡同源同质，创造条件让更多的地方都能够喝上“放心水”。

（二）防治并重，加强水源保护与水质监测。保障饮水安全，首先要保护好饮用水源。要按照“谁损坏谁负责，谁污染谁治理”的原则，对水源安全进行专项治理。要严格把好建设项目核准关，从源头上控制新的污染源产生。实施农村水环境综合整治，积极推行改水改厕，禁止将污水和垃圾倒入河、湖、沟、渠。要鼓励发展生态农业、有机农业。在饮用水源保护区、水污染严重超标地区，要禁止规模化畜禽养殖和渔业养殖，真正从源头上解决饮水不安全的问题。同时要加强水质监测服务，建议以区级卫生防疫部门为依托，建立和完善水质监测中心；以规模较大的集中供水站为依托，分区域设立监测点，做到机构、人员、任务、责任、仪器设备、经费的落实，并实现信息畅通、资料数据准确及时。对于集中供水工程，加强水源、出厂水和管网末梢水的水质检验和监测；对于分散供水工程，分区域定期进行水质监测。农村饮用水安全监测体系的完善和运行，所需资金纳入各级财政预算。

（三）建管并重，建立完善长效管理机制。农村供水应实行统一管理，分级负责。各级水行政主管部门要加强对农村供水工作的行业管理，统筹本行政区域的城乡供水资源配置，协调各方面力量，实现资源的优化组合。针对乡镇产权制度改革，很多水厂已归属个人所有，迫切需要对农村饮用水建设市场进行严格规范。要进一步完善农村饮用水建设项目的审批、资金使用、施工建设、运行管理等办法。在工程建设中，要严格实行项目法人责任制、项目招标投标和建设监理制，以确保工程质量；工程建成后，要加强管理，包括需水管理、水质管理（制定水质检测制度，定期检测水质）、资金管理、成本管理以及经营管理等，既要保证社会效益和生态环境效益，又要努力降低成本，提高供水的经济效益。农村饮水工程具有一定的公益性，在明确供水企业责任的同时，仍需要政府以投入引导、以规章管理、以行政推动。

（四）拓宽思路，探索加大饮用水安全投入的新机制。农村饮用水安全工程是改善农村广大人民群众基本生存条件的基础性公益性设施，所需投资多，单一的投资模式是不能满足新形势发展要求的。一方面，中央要继续加大对农村饮用水工程的投入，提高投资标准，降低地方配套压力，缓解农村饮水安全工程建设的资金矛盾；另一方面，各级政府也要努力探索新的投入机制，通过增加公共财政投入，积极扶持引导，及时制订各种优惠政策，充分调动社会各方面的积极性，按照“谁投资、谁建设、谁所有、谁管理、谁受益”的原则，拓宽融资筹资渠道及探索多元化投入模式，在独资承包、租赁、股份制等形式上有所突破，大力引导民营企业和个人自筹资金，用于饮用水工程建设。

2016年

关于城镇化建设中保护与利用好历史文化遗产的建议

近年来，我国各级政府高度重视文化遗产保护与传承工作，然而，随着城镇化的快速发展，城镇基础设施建设的加快，一些市、县（区）大拆大建，拆真建假，盲目开发，历史文化遗产保护工作存在的不少问题需引起关注：

（一）文化原生态环境破坏

城市化的过程中，农村人口加速向城镇流动，大量自然村消亡，使附着、承载着大量非物质文化遗产信息和传承群体脱离了原有的生存环境和生活方式，生存发展所需的“营养”随之流失，带来的是非物质文化遗产的萎缩和消亡。

（二）非遗传承断档现象

城市化进程及新农村建设的加快，许多珍贵的非物质文化遗产受到严重冲击，特别是不少传承人因年龄已高或后继乏人，其所掌握的技艺随时都有可能失传。

（三）非遗保护经费短缺

虽然近年来全国的市、县两级政府文化遗产保护的投入不断加大，但经费投入较之亟需保护的物质文化遗产和非物质文化遗产仍是严重不足。

（四）非遗保护专业人才缺乏

全国大多数市、县的非遗工作机构还是挂牌或临时性的，没有正式编制，没有专职的保护机构，基本上在各级文化馆挂牌非遗保护中心，具体非遗保护工作也由文化馆工作人员兼职。由于严重缺乏专业的保护机构，缺乏专业的人才，加上非遗保护工作任务重、专业性强、难度大等特点，由各级文化馆兼职开展非遗保护工作，我国非遗保护工作受到较大影响。

为此，建议：

（一）纳入规划，注重法治化保护

完善优秀传统文化保护与传承的法律法规体系。尽快修订完善地方性《文物保护法》《历史文化名城名镇名村保护条例》等相关法律法规，制定出台地方性《非物质文化遗产法》实施条例，厘定城镇化进程中传统文化保护与传承的原则性标准、基本制度措施和各方应负的责任。特别是对历史文化街区、历史建筑、传统建筑、传统村落以及历史环境的保护，应以相应的法律规章形式予以明确，解决现有保护措施刚性不足、细化不够的问题。建议在国级层面，进一步出台加强古城保护的意见，制定非物质文化遗产保护的细化配套政策，形成城乡统一的文化遗产保护政策体系。各省市应根据本地传统文化保护与传承的现状及城镇化的实际，抓紧制定完善各具特色的地方性法律法规。

建立非遗保护工作专职管理机构，配备专职人员，建立非遗处或非遗保护管理办公室。对设在文化馆的非遗保护中心，应理顺体制，增加人员编制。支持基层引进、培养相关专业人才和管理人才，尤其是紧缺人才，如具有文物保护和古建筑修缮技能的人才等。出台切实政策，吸引和支持年轻人从事非物质文化遗产的保护与传承。

（二）编入教材，注重普及化教育

建议教育部门将文化遗产内容和相关保护知识，纳入乡土教学计划或艺术教学计划，编入教材，并在有条件的大中小学、职业技术学校开设课程。每个学期学校组织学生参观博物馆、文物保护单位，开设地方历史文化知识、民俗课程等，将文化遗产考核内容纳入学校素质教育考核体系。重视戏曲、传统手工艺、中医针灸等带有文化遗产性质的教学单位办学工作，充分地挖掘教学科目，设置更多的专业，提高教学质量，加大学历教育和职业培训，让更多的文化遗产得到继承和发展。开展产学研合作，发挥大师创新团队的作用等途径，挖掘传统技艺精华，坚持技术、艺术创新，推进传统技艺与现代技术结合。

（三）融入社区，注重活态化传承

让更多的历史文化遗产以“活态化”形式融入社区，让城市居民的生活周围处处都能感受到传统文化的气息。开发具有历史风貌的商业街区、民俗文化基地、风景名胜区、遗址公园、城镇景观、街头小景等。在城镇化进程中，对一些传统技艺类项目，要确保它们留有一定规模的原材料供应基地和生产用地，以便实施生产性的保护。根据需要，为迁居后的传承人提供必要的传承场所，必需的经费资助其开展授徒、传艺、交流等活动。

（四）注入资金，注重多元化投入

建议各级政府设立传统文化遗产保护专项资金。对城镇化以后历史文化保护与发展任务较重的地区，建议实行国级财政转移支付制度。同时，政府要设法拓宽渠道吸纳民间资本，建议采取公益性项目财政补助等政策措施，使社会资本对文化遗产保护的投入能取得合理回报，推动文化遗产保护项目的社会化运作。对于非物质文化遗产生产性保护项目给予税收优惠政策支持，除对小微企业给予税收减免扶持外，对列入非遗保护项目的一般纳税人企业也给予税收优惠政策支持。

（五）引入机制，注重产业化发展

建议加强文物市场建设，推动民间流传文物的合法买卖，将文物资源优势转换为产业优势。积极探索非物质文化遗产资源通过产业化的手段寻求传承与传播的市场空间，并借市场化的机会扩大影响，吸引资金，反过来支持非物质文化遗产保护，实现保护与开发共赢的新思路和新模式，推动实现非物质文化遗产保护与发展的良性循环。

2017年

关于完善《慈善法》配套政策的建议

去年《慈善法》的颁布实施，让社会慈善有法可依。《慈善法》针对以往慈善领域中存在的诸多问题，精心进行了顶层设计，促进了当下慈善事业健康发展。然而要让《慈善法》在全国各地真正落地生根，激发全民更多的慈善参与热情，还有许多相关配套政策措施亟待完善。为此建议：

一、尽快制定有关配套文件。《慈善法》2016年9月1日正式生效后，各地应依照上位法的原则和精神，组织专门力量，在相关部门的参与下，尽快制定符合各地实际的下位法，理顺《慈善法》与现有涉及公益慈善活动的其他法律如《捐赠法》、《红十字法》等的关系，做好法的衔接工作。同时应对之前已有地方立法加速清理，对不符合《慈善法》原则和精神的尽快废除，对其中与《慈善法》内容存在不一致的，予以尽快修订。

二、完善慈善税收优惠政策。公平公正、有效激励的税收优惠政策，是推动慈善事业快速发展的关键。建议民政、税务、财政等业务主管部门牵头依据《慈善法》对慈善税收优惠的制度安排，具体研究确立利用税收优惠来引导和规范慈善组织发展、强化税收杠杆作用的相关措施。根据慈善组织在办理税收优惠有关事项过程中遇到的困难和问题，完善认定标准清晰、程序明确、操作简单的慈善组织税收优惠政策执行体系，吸引更多的民众和企业加入到慈善事业中来。同时加强税务监管机制建设，确保税收优惠不被滥用。

三、稳妥推进慈善信托。慈善信托是当前我国慈善事业中备受（特别企业界）关注的话题。它将现代金融方式融入社会制度创新，可广泛吸纳、运作社会捐赠的巨额财富，并按委托人意愿将投资收益用于公益事业，为大额慈善捐赠、股权捐赠、不动产捐赠难以落地等问题提供了较好的解决路径。从国外的情况看，慈善信托是老百姓做善事的一个非常重要的形式，可以“放大”慈善事业的效果。但一直以来，我国慈善信托业务主管部门不清晰、准入程序不明确、相关制度不配套、监管也不健全，从而导致慈善信托未能有效开展。建议认真研究慈善信托的相关问题，尽早出台配套政策和措施，使其尽快落地。

四、建立统一的公开发布制度。阳光运作、取信于民是中国慈善事业发展的重要前提。近年来出现的郭美美等慈善丑闻既使慈善公信力严重透支又伤害了人民的慈善热情。当前亟须加快慈善事业公开、公正、透明的信用体系建设的步伐，建立统一的信息平台，所有的慈善募捐、慈善活动、项目建设都在这个平台上适时发布，接受政府、社会、捐赠人的监督，便于社会的广泛参与，落实社会知情权。对于弄虚作假的慈善组织及诈捐者，要依法严厉查处，并追究其相应的法律责任。

五、努力营造公众参与慈善氛围。《慈善法》将弘扬中华民族传统美德，弘扬慈善文化，践行社会主义核心价值观都写入了法律，中国人民存善念、行善举的朴素意识统一上升为国家意志，规定了每年9月5日为中华慈善日。建议在《慈善法》实施及首个中华慈善日到来之际，广泛动员全民参与，精心组织加大宣传教育力度，为《慈善法》的正确贯彻实施营造良好舆论环境：将《慈善法》列入普法教育范畴；通过市民学堂、社区、体育、文化、出版、公益广告、网络、微博、微信等渠道广泛宣传《慈善法》，使慈善理念融入市民日常生活，并成为习惯；组织开展慈善之星等评比表彰活动；把慈善事业发展与社会、经济、文化发展有机结合，成为总体规划的重要组成部分。

2017年

关于新形势下进一步加大版权保护力度的建议

新世纪以来，我国的版权法律法规不断完善，版权保护意识不断提升，版权执法力度不断加大，版权保护环境明显改善，文化产业、软件产业的发展基础进一步夯实，产业规模不断扩大，版权保护工作所面临的形势也开始出现新变化。主要表现为“三个不够”：

一、地方各级政府的重视程度不够。目前，“创新”已经成为时代的主题，各级政府为促进创新可谓不遗余力，但不少地方恰恰对专司鼓励创新的知识产权制度视而不见，重视不够。特别是对机关软件正版化工作认识不足、行动迟缓、敷衍塞责。

二、体制机制建设的顺畅度不够。国家版权局指出，“版权工作的首要任务是打击侵权盗版，这项工作做不好，国家版权局就失去了存在的根基”。但是，地方上版权行政执法“机构不健全、体制不顺畅、执法缺手段”的问题十分突出，严重制约了版权保护“司法行政双轨制”优势的发挥。《刑法》中“未经著作权人许可”的证明难度经过司法解释后依然很大，给刑事司法带来极大难度，严重影响了查处效果。

三、版权保护资源的投入不够。首先是力量上，各地版权执法编制缺乏，执法权归在文化综合执法机构，该机构在版权执法的重视程度、学习研究、力量投入和知识储备上均显不足。其次是经费上，版权类案件数量多，技术复杂，往往需要与公安等其他部门合作跨地域办案，经费需求较大，而各地在版权执法的经费保障方面均有较大缺口。

我们建议：

一、在立法层面有所作为。一是在新一轮的《著作权法》修法中，务必将业已成熟的作品登记制度、合同登记制度、著作权纠纷行政调解制度等以法律形式固定下来，并增加著作权行政执法部门在执法过程中的查封扣押权。二是针对已经发展了的侵权盗版现状，加强调查研究，从立法上对《刑法》中侵犯著作权犯罪的条款进行全面修订，细化罪名，增强法律的可操作性，维护法律的统一性和权威性。三是在立法上加强简政放权，一方面，把登记等事务性工作明确由社会组织承担，提高行政管理部门的监管职责，而不是直接负责从事登记等工作；另一方面，加强属地管理，扩大地方版权行政管理部门的事权，如对著作权集体管理组织驻地方办事机构的监督与管理等，理顺纵向关系，提高地方工作积极性。

二、在顶层设计上寻求突破。一是在各类执法手段中，不断强化版权行政执法手段的重要作用，加强对各类侵权盗版行为的行政打击力度，增强行政执法的威慑力，防止众多侵权行为发展成犯罪行为，严重扰乱市场秩序。二是在执法体制方面，结合行政管理体制改革，从国家层面上确立专职版权执法机构，或者明确在各级政府文化综合执法队伍中设立版权行政执法部门，确保人员与经费保障，或者将版权和商标、专利执法进行整合，建立综合的知识产权执法机构，通过理顺关系，强化职能，将版权行政执法的重要性和主导性凸显出来。三是结合著作权纠纷行政调解制度的建立与实施，深入探索司法与行政之间的版权纠纷诉调对接机制，减轻司法机关压力，提高化解版权矛盾的效率，促进社会和谐。四是进一步落实版权执法责任，严格按照“三定规定”，明确执法主体和执法职能，强化基层版权执法队伍建设和执法能力建设。

三、做好机关和企事业单位的软件正版化工作。一是建立长效机制，巩固政府机关的软件正版化成果，将机关正版化工作引向法制化、制度化、规范化的长效管理轨道。二是成立企业软件正版化专门工作机构，研究制定政策方案，明确推进目标、任务与手段，进一步规范市场秩序，净化市场环境，大力推进我国软件产业快速发展。

四、深化版权法宣传普及。创新宣传方式，丰富宣传内容，落实宣传经费，提升宣传效果。一是在各级党校、行政管理学院开设著作权法课程，以提高各级领导机关和领导干部运用法治思维和法治方式治国理政的能力，提高领导干部对版权保护重要性的认识；二是在大、中、小学把著作权法宣传教育制度化，特别是在与作品创作和传播有关的专业中设置版权法课程。三是鼓励创作面向大众的、思想深刻并喜闻乐见的版权类文学、影视作品，扩大群众对版权的认知度，增强宣传的广度和有效性。

五、加大表彰奖励力度。国家版权局自2008年对举报和查处侵权盗版案件有功单位和个人进行奖励，大大调动了相关部门查处侵权盗版的积极性，下一步，一方面应当继续实施这一有效的工作举措，另一方面各地方有关部门也要加强对版权执法的有效引导，增强一线执法机关和执法人员的积极性。

六、规范版权行业组织和中介机构。积极培育、引导和扶持权利人建立版权保护的社会组织，建立和规范版权咨询、登记、代理、评估、鉴定、交易等专业化、市场化服务，充分发挥其在协助版权管理部门和司法部门打击侵权盗版、维护权利人合法权益、促进行业自律方面的作用，形成一整套服务社会的版权中介保护机制。加大对著作权集体管理组织的扶持和监管力度，充分发挥好这一制度的优势与作用。

2013年

关于“网页弹出式广告”监管的建议

我国新一轮“依法治网草案”正在提请全国人大常委会审议，为此，加强网络信息保护的法律依据将得到进一步加强，对于网络的未成年人保护、商业信息保护、国家安全方面的信息保护、计算机安全等都将是在法律层面上的一个新的跨越。然而，就目前而言一些具体计算机安全问题亟待我们关注和重视，其中“网页弹出式广告”就是一个网络“毒瘤”，必须尽快解决。

所谓“网页弹出式广告”是指当人们打开或正在浏览某网页时，网页会自动弹出一个很小的对话框，有的对话框还在屏幕上不断盘旋，或漂浮到屏幕的某一角落。当你试图关闭时，另一个会马上弹出来，这就是互联网上的“弹出式广告”。

上网频繁使用的是微软操作系统自带的浏览器：IE。弹出广告的原理也是利用浏览器的IE内核来调用IE窗口，即便你开机不打开浏览器也会弹出非法网页。浏览器漏洞很多，到今天微软还在更新补丁弥补漏洞，其他非IE浏览器大部分也是基于IE内核的。IE由于自身的脆弱很容易遭到劫持或者自动关闭，因而最容易出现问题。经常被病毒木马、非法插件、流氓软件、间谍程序、恶意代码、广告软件等劫持，还会出现IE主页被修改、不断跳出非法网页等现象。

电脑里安装瑞星防火墙、360安全卫士、QQ电脑管家、金山杀毒等杀毒软件，也无法阻止非法网页的弹出。安装所谓安全浏览器且不断设置浏览器广告猎手也没用。即使浏览器关闭着也会自动打开一些莫名其妙的网站。

值得关注的是这些“弹出的窗口”不仅“被阅读”，而且还夹杂着很多低俗的内容，甚至有很多不健康的内容，有的虽然是一些新闻、娱乐、体育等项目，但是可以链接到一些内容不很健康的网站，由于它的“弹出”是随机的、没有任何选择，因此对未成年人危害极大，所以我们建议：

（一）制定有关网络广告的法律

由于“弹出式广告”是一种非法的侵权行为，不能只依靠行业的自律，有必要制定行政法规规范网络广告的形式，维护用户的合法权利。网络广告与传统媒体广告相比，只是载体的改变，因此，仍然要遵守传统法律框架下对广告的管理。建议制定一个行政法规规范网络广告的形式，保护用户的合法权利。

（二）建立健全工商监管体系

成立“网络广告监察队”，组织一批既熟悉广告法律法规又懂计算机网络知识的人才来监管网络广告。主要任务是审查、登记网络广告，监督网络广告在互联网上的发布，发现问题及时采取措施，及时清除网络广告污染，使网络广告随信息产业的不断发展而健康有序地快速发展。

（三）发动网民及时举报

加强网民的自我保护意识，多宣传引导网民，使其提高对虚假、违法广告的鉴别能力。充分发挥广大网民的监督举报作用。设立全国性的举报中心，24小时工作等，为网民提供有利于监督举报的渠道，并将相关处理结果公布在举报网站。采取一定奖励措施，调动网民举报的积极性。

（四）运用技术手段推动监管工作

对网络上种种行为的规范很多还需要借助于技术手段，因为仅仅有法律的禁止、自律的约束并不能完全解决问题，法律的适用、监管和自律的进行在很多情况下还必须依靠较高的计算机和网络技术。采用第三方服务器的方式进行监管，服务器软件除了可以检测到浏览率外，还可以检测违反国家规定的“弹出式广告”，如烟草、色情或暴力等。

建立一个网络广告跟踪系统，通过网络爬虫对网络中的敏感关键字及其图像、声音进行识别，做出定性、定量的分析，同时对违法、违规广告案件进行处理及执行过程进行监管。

2013年

关于进一步强化版权管理的建议

在促进经济转型升级、实施知识产权战略和创新驱动发展战略、推动文化大发展大繁荣的过程中，版权制度可以发挥也正在发挥着重要作用，国家对版权工作越来越重视，版权立法体系逐步健全完善，市场主体的版权意识已经觉醒，版权保护力度不断加大，版权交易日趋活跃。

但是，因为我国实施现代版权制度的时间不长，各方面基础比较薄弱，导致该制度在运行过程中面临很多问题，从目前来看，集中起来包括六方面的制约因素：一是国家层面缺乏版权工作总体规划和配套政策，现有部分政策需要及时调整。二是管理体制不顺，版权管理机构寄于新闻出版广电系统之内，计划经济时代色彩浓厚，与版权工作对象的广泛性不相称，与世界各国版权治理体系迥异。三是社会意识偏低。社会各界对版权的经济贡献度不了解，没有形成尊重版权的良好氛围。四是资源投入不足，不管是政府层面还是企业层面，版权管理的人力和经费均投入不足，社会服务业发展滞后。五是保护力度不够，表现为行政执法机构不健全，执法能力不强，力度不够，企业自我维权能力弱。六是作品原创力不足，作品开发力不足，缺少具有国际竞争力的名作名企。

为解决上述问题，特提出如下建议：

一、确立明确的版权工作中长期目标，版权治理体系要明显优化，版权保护能力要满足需求，版权公共服务要体系完备，版权文化氛围要显著改善，优势版权企业要形成高地，版权走出去要形成规模。

二、要切实采取措施强化版权管理，包括强化组织领导，增强版权工作的组织协调能力；改革管理体制，突出版权在经济转型和文化发展中的独立性和渗透力；加强战略谋划，增强版权工作规划性，提高工作效用；加大资源投入，为促进产业发展提供保障；加强政策引导，使各种资源向创新、运用、管理和保护上聚集；完善法律体系，适应不断变化的技术和环境；营造文化氛围，运用多种形式在不同人群不同领域中开展宣传教育活动，增强版权意识；强化人才培养，为产业发展提供所需的各类版权专业化人才。

三、建立统计与考核制度。参照发达国家做法，建立与经济社会发展相适应的现代统计体系和制度，凸显版权在经济社会发展中的促进作用，引起各方对版权的重视。制定绩效考核制度，对各级地方政府版权工作进行绩效考核，在作品登记数量、版权合同登记数量、版权运用状况、版权经济贡献率、版权社会贡献度、版权保护能力、公众版权意识、版权科学管理和版权人才培养以及版权公共服务等十个方面设立具体的考核指标，促进各级地方政府着力做好版权工作，以充分发挥版权制度鼓励创新、繁荣文化和推动经济转型升级的作用。

2014年

关于重视版权在我国经济转型升级中创新驱动作用的建议

版权即著作权，是指文学、艺术、科学作品的作者对其作品享有的权利（包括财产权、人身权）。版权是知识产权的一种类型，它是由自然科学、社会科学以及文学、音乐、戏剧、绘画、雕塑、摄影和电影摄影等方面的作品组成。当前，我国在版权保护与开发利用方面，特别是发挥其在经济转型升级中的创新驱动作用方面还存在不少问题：

一、民众对版权的认知和理解匮乏。普通民众对版权的概念以及内容的认知十分缺乏，绝大部分民众对著作权的登记、保护、交易完全缺乏了解。许多民营企业家乃至国有企业的负责人对版权缺乏最基本的认知，甚至部分机关干部对版权都没有形成尊重和认知。所以，版权的宣传氛围营造工作必须尽快启动。

二、政府对版权的顶层缺乏设计。在经济转型升级工作中，国家和一些省级政府还没有把版权产业作为创新驱动战略要素之一。没有成立国家层面独立的版权领导小组，相反，却把原有的“企业使用正版化软件领导小组”合并降格在商务部的“双打”领导小组领导下开展工作。

三、对版权工作的保障力度不够。很多地区没有设立专门的版权局，只是在文化广电新闻出版局加括号增设版权职能，文广新局也没有独立的版权处从事版权管理工作，基层也没有专门的版权工作站。尽管各地版权登记数量逐年递增，但与此同时，版权交易的数量并未取得相应的突破，很多地区至今为零。加之，没有设立版权工作的专项经费。

四、我国版权产业总体对经济的贡献度不高。虽然我国的版权产业这几年发展较快，但是总体来说版权产业对于国家经济转型升级的贡献度依然偏低，无法达到经济支柱产业的高度，更与自身的经济发展规模和区域不相适应。

为此建议：

一、全面开展版权产业对各地经济贡献率调查。在调整和完善统计指标体系的基层上，以省为单位由统计局牵头，统筹开展版权产业对经济贡献份额的数据调研统计，在此基础上，分析我国版权产业的分布和发展规律，摸清家底。

二、科学制定版权产业发展战略规划。国务院相关部委应主动与权威研究机构、专家合作，科学制定版权产业发展的战略规划，同步起草版权产业发展战略实施意见。国家应鼓励和加强版权主管部门与工商（商标）和科技（专利权）部门的协调沟通，围绕知识产权战略目标，制定版权工作的目标、任务、需求、举措等具体内容，确保版权产业在我国经济转型升级中积极有效地发挥创新驱动作用。

三、有效落实版权正版化长效机制。全面落实国务院提出的长效落实版权正版化的意见精神，召集版权正版化领导小组成员单位，重点开展对党政机关和国有大中型企业、上市企业、民营大型企业、金融和保险行业、勘察设计行业等领域和企业进行软件正版化督查。建立健全软件正版化奖惩机制，长效落实和推进我国软件正版化工作。

四、努力探索极具价值版权产品的评比与命名机制。为鼓励和引导形成版权保护与交易的良好氛围，积极开展在已经登记的著作权作品中，开展优秀版权产品评选，对获奖著作权作品和产品进行奖励和表彰，形成全社会关注版权的浓厚氛围，促进版权向生产力成果转换，为我国的经济转型升级发挥创新驱动作用。

五、增设独立的版权管理机构，加强对版权的管理。随着我国知识产权保护与利用的逐年重视，版权保护工作将会越来越受到重视，目前的管理体系不利于工作的开展，因此，在没有设立独立的版权局的地区，建议有条件的地区增设独立的版权局，或者在各省的文广新局中增设版权处，专项从事版权管理、协调、处置等相关事宜。

2016年

关于大力推进我国物联网产业发展的建议

近年，我国物联网产业得到了迅速发展，特别是沿海经济发达的地区，物联网技术和产业已步入发展快车道，物联网应用项目已经涵盖经济社会发展各领域。未来三年，我国物联网将广泛应用于绿色农业、工业监控、公共安全、城市管理、智慧医疗、智能家居、智能交通、环境检测等领域。随着物联网技术的不断进步、政府支持力度的不断加强，物联网应用正在快速发展，但也存在明显不足：

（一）行业间协同程度较低

由于目前物联网应用处于产业启动期，各企业设计的应用方案缺乏行业沟通，行业融合度不够，缺少推广应用的规范化、标准化的系统解决方案，仍然存在着应用方案和行业之间的信息资源缺乏整合、行业参与度和开放度不够、产业链各环节不畅通、缺乏协同效应等问题，限制了物联网技术的应用和产业发展。

（二）物联网商业模式不清晰

纵观现阶段我国物联网产业发展状况，在商业模式上虽然有了阶段性的突破，但距离成熟还有一段距离，未来物联网产业应该有一个清晰的商业模式。目前是政府主导的发展模式，虽然已投入了较大的物力财力人力，但这不可能作为一个产业长期性主要动力。随着政府职能和社会管理模式的变革，物联网应用的发展需要以市场需求为导向来驱动。

（三）基层政府支持力度不足

以江苏为例，物联网发展的主力城市是无锡、南京、苏州，其他城市也在积极跟进，但发展不均衡。从物联网企业落户的各个县、区来看，政策和支持力度之间的差距较大。

（四）物联网人才资源匮乏

物联网人才的培养上还远远不能满足目前日益增长的物联网企业发展对人才资源的需求。人才的因素是目前困扰物联网企业发展的最大问题之一，主要表现在：企业管理经验的人才少，高层次物联网技术开发人才匮乏，工资水准和技能倒挂，人力成本高等等。

（五）行业资质认定标准比较模糊

目前较多的是使用建筑智能化和信息集成等标准认定企业资质，但由于监管部门的不同，使得很多物联网企业因资质问题而不能参与其中，障碍重重，影响了物联网产业的健康发展。

对此，提出加快我国物联网产业发展的几点建议：

（一）确立物联网为战略高技术产业地位，予以重点支持

紧紧抓住新一轮科技革命与产业变革的历史机遇，充分认识物联网技术与产业的战略地位，发挥政府的主导作用，成立强有力的促进和推进机构，制定并组织实施“物联网技术与产业推进计划”，科学确定物联网产业发展的战略方向和战略重点。提高政府对高新技术产业的管理水平，加强政府科技管理部门（信委、科技、发改委等）间的沟通协调，研究解决影响产业发展的重大问题。制定市场支持和政府采购支持政策，在政府采购中要优先使用具有自主知识产权的本地企业产品。成立物联网专家咨询机构，聘请技术、经济、公共管理等领域知名专家，就物联网产业发展中的重大问题提出建议，对前瞻性的技术进行论证与扶持。

（二）加快推动园区建设，培育物联网产业集群

支持各地物联网产业园区建设，通过专业园区建设，集成创业服务、技术支撑、投资融资、人才培训和信息服务体系，营造产业发展的良好环境。促进物联网项目在园区布局，打造涉及研发、制造、集成、运营多个环节，涵盖传感器、嵌入式系统、系统集成等领域的完整物联网产业体系。

（三）加强企业联合与协作，促进产业技术联盟发展

由政府牵头组建若干产业技术联盟，协调联盟各方利益和冲突，消除产业发展过程中的诸多现实的或者潜在的风险。发挥政府资源整合作用、核心企业的产业化推进主体作用、科研院所的技术创新源头作用、应用部门的市场牵引作用，共同推进关键技术研发、技术标准制定、重要市场开拓。提升各高校之间合作办学、联合攻关层次，推动物联网企业与大学、研究机构的产学研合作。加强与国内和国际大型物联网企业合作，通过合作研发、合作营销、互相交流管理经验等，促进产业联盟的国际化。

（四）积极参与物联网技术标准制定，掌握产业发展主导权

技术标准是技术化的资本，是物联网产业跨越式发展的支点，也是物联网产业参与国际竞争的通行证。国际标准组织新成立的WG10物联网标准工作组将同步转移原中国主导的物联网体系架构国际标准项目（ISO/IEC30141），并由江苏无锡物联网产业研究院专家继续担任该体系架构项目组主编辑，标志着中国继续拥有国际物联网标准制定的强有力话语权。要充分利用已有优势，发挥政府、协会、联盟等的协同作用，完善市场驱动技术创新机制，推动物联网核心企业参与国内、国际行业技术标准制定。

（五）进一步完善培养引进机制，壮大物联网人才队伍

进一步加大政策扶持力度，拓宽人才引进渠道，积极培养和引进优秀研发人才、中高级管理人才；加强与国家级科研院所的战略合作，选拔优秀人才互派交流；鼓励企业、研究机构与国外知名院校和研究机构联合，不断吸引国际团队来交流、创业；鼓励地方高校设立物联网相关专业，为物联网产业发展系统培养专业技术人才。

2016年

关于谨防互联网时代汉字在传播中缺失的建议

国运兴则语言兴，国势强则语言强。汉字是中华民族的基因，汉字文化是中华民族的精神诉求。汉字文化活着，历史才活着，民族才活着。汉语与汉字是中国人的生命标签，无论身居何处，只要是使用汉语交流，人们都会有强烈的民族认同感。2010年11月汉语已作为联合国确定的六种世界官方语在联合国大厦举办了“首届中文日”活动。随着“一带一路”战略的推进，中国汉字文化影响世界的力度不断增强，汉语与汉字在国际传播虽然取得了有目共睹的成效。但严峻的现实也摆在我们面前：在国际上汉语还不是强势语言，汉字在互联网的裹挟下，汉字的传承和发展出现许多新问题：

一、提笔忘字，汉字书写能力差。

数字化时代，文字记录方式发生革命性变革，键盘上、手机屏上的“敲字如飞”常常代替了一笔一画的汉字书写。很多人对电脑、手机产生依赖症，再加上网络语言表达的不规范性和粗鄙化倾向，导致提笔忘字的“失写症”逐步蔓延。母语教育弱化，年轻人汉语能力大大下降，母语信心不同程度地降低，这是当今五千多年来中国汉字语言生存状况遇到的十分突出的现象。

二、基础教育重在认字，忽视汉字的美。

现在汉字教育的方针是快速认字，识字年龄提前，但是没有发现汉字之美、不知道汉字的历史演变和汉字特有的文化之美和结体之美。传统应试教育的观念，重视汉字学习的强度而忽视了汉字文化内涵的传播。因此，汉字的教学不应该是高速，而应该是高质、科学，有文化地进行。

三、汉字国际传播起步较晚。

与世界诸多国家有组织的语言传播推广工作相比，中国有意识、有组织的汉语国际传播与推广起步较晚。英语早期的扩张和现代的强势化导致语言生态不平衡现象加剧。当代汉语国际传播与推广意义重大。如果没有充分的沟通渠道与对话系统，中国的软实力的提升就阻力重重。要从战略高度充分认识汉语的国际推广和传播在建立中国与世界有效的话语系统过程中的积极作用。

鉴此，建议：必须在国家层面上重视汉字和汉字文化，设立"汉字节"，并建立汉字文化教育基地，通过在全国重要省市区传播、展示、强化，打造中华民族汉字文化的精神堡垒。具体如下：

一、紧抓"一带一路"战略发展机遇，加强引导推广。今天，在"一带一路"的大背景下，汉字和汉语的对外传播正在面临着一个前所未有的大发展机遇。如今，世界各个大国都在推广自己的母语，汉语是世界第一大语种，而且也是联合国的六种工作语言之一，目前世界上说汉语的人最多，我们当然应该非常重视汉语的推广，帮助别的国家的人民学习汉语，尽快让汉语逐步上升为新的国际强势语言。从这个意义上说，今天重视汉字文化的传播不仅仅是我们国家和民族的事业，也是世界性的事业。

二、强化基础教育中传播汉字文化与审美教育。汉字是表意文字，其结字构造与内在意蕴就是文化。然而目前汉字在传播过程中并没有传播本体所携带的文化。在基础教育阶段，首先应培养孩子的写方块中国汉字的习惯和对汉字母语的认同与亲和力；其次汉字的教学应讲解字源字理，增强学生的审美能力与中华文化的认知度，使汉字教学能够从传统文化层面进行。

三、运用现代传媒手段，全民普及汉字文化。针对非基础教育阶段的人群，电视、广播、新媒体等大众传媒打造"振兴汉字文化"类精品节目，吸引观众同步参与，在社会文艺中领略汉字之美，学习汉字知识。大众传媒能够最大程度地超越时空的局限，显示出文化传递沟通共享的强大功能。

四、发挥汉字创意魅力，推广"文创产品"。汉字是中国文化的载体，其独特的审美价值，彰显了中华民族文化生活特色。通过聚集社会力量，设计并推广一系列"文创产品"，让汉字文化不再是单一的符号，活化在人民的日常生活中，推动中国文化国际传播的广度与深度，扩大汉字审美的国际认同与中华文化在全球的影响力。

五、活化常用汉字和传统文学。数千年来，汉字艺术被视作为人格的标记，“横平竖直写汉字”与“堂堂正正做真人”被放在了同等重要的位置。建议将常用汉字及传统经典文学作品转化成英文教材和世界传布方式，通过孔子学院，进一步向海外传播，增进世界各国（地区）人民对中国语言文化的了解，促进世界多元文化发展，构建和谐世界。

六、培养书写习惯，让大众重拾汉字之美。互联网键盘时代，不管是大中小学生还是各业成人应提倡书写，让书写汉字成为一种生活习惯与方式。汉字书写传播的不仅仅是内容和思想，还有感情交流。另外，写好汉字是一个人文化素养的标志，应将汉字融入社会评价体系，提高公众重视度。值得一提的是，我们要把汉字的不同类型的字体融入到我们的中华字库中，通过手机端、电脑和互联网搜索引擎，在各个不同输入法、不同的搜索引擎汇总进行爆发式传播，彰显中文魅力。

2017年

关于把农林类和技工类院校专科生纳入大学生“村官”招考范围的建议

从20世纪90年代中期开始，我国各省级行政区陆续开始进入高校选聘优秀毕业生到农村基层担任“村官”，由此开始，大学生“村官”从无到有迅速发展。2008年，中组部组织的“选聘高校毕业生到村任职工作计划”，决定2008—2012年选聘10万名大学生“村官”，更是将“知识下乡”推向高潮。

大学生“村官”制度的推行，是党中央的一项重要战略决策。对于深入贯彻落实科学发展观，加快社会主义新农村建设，加强农村基层党组织建设，推进大学生就业，以及培养造就经过基层实践锻炼的年轻后备干部，具有重大而深远的战略意义。同时，吸引千千万万大学生人才当村官，也有利于改变农村村官的文化结构层次，向农村普及科学技术，实行农、林、牧、副、渔全面发展。让“科技村官”带领农民迅速致富，使发展成果更多更快地惠及广大农民。

但是，在实际操作过程中依据有关文件规定，现在招聘大学生村官的文化程度大多最低要本科以上，甚至大量研究生也来当村官，结果是学历越高越好，形成高学历比拼，这样做就把大批高职高专农林类技能型人才、实用人才挡在大学生村官队伍之外，出现了以下几方面问题：

一、大批高学历大学生人才挤进村官队伍，是迫于就业压力。而他们所学专业不对口，对农业无兴趣，对农村农民没感情，一旦有机会，立即脱离农村，他们把大学生村官当成一个上升通道和台阶，当成一个镀金池。

二、由于在大学生村官招聘过程中高学历大比拼，结果进来的高学历人才、研究型人才，搞科研是行家里手（农村没有这个条件和设备），但动手能力较差。而农村恰恰需要大批肯吃苦动手能力强并适合“三农”发展的技能型、实用型专科生当村官，而高学历村官往往有劲使不上。

三、真正当上大学生村官的那些本科生、研究生，专业不对口，又无农业技能，更不可能为农业生产服务、为“三农”服务。所以，大学生村官制度在一些地区的实际操作过程中往往流于形式，助长了社会浮躁之风。用高学历人才当村官，几乎是越高越好，这样做脱离了农村的实际，有违初衷，不利于大学生村官队伍的建设。

目前我国农村最缺的是一批真正愿意扎根农村，奉献自己聪明才智，帮助农民发财致富，并兼具“三农”专业知识的农林类、技工类技能型实用型大学生村官队伍，如果能放宽招聘标准，吸收更多的此类人才进入“村官”队伍，这不仅能更好地服务“三农”，同时也拓宽了农林类、技工类职业院校大批技能型、实用型专科生的就业渠道。

为此建议：

一、对农林类、技工类院校毕业的大学生实行优惠政策，让他们有参加公平竞争的机会。建议对他们降低大学生“村官”招聘门槛，建议文化程度应以大专生（专科生）为起点，而非农林类、技工类院校毕业的学生应继续以本科为起点为宜。

二、在今后的大学生村官招聘中，要强化专业对口，每年把一定的招考名额用于技能型、实用型人才的引进，把各地区农林类、技工类院校毕业的大专生中那些优秀学生逐步招聘到大学生村官队伍中来，真正体现学以致用，用尽其才；同时，也为建设社会主义新农村提供农业专业人才保障。

三、加强对大学生村官队伍考核，不断调整改善大学生村官队伍专业知识结构，对那些没有“三农”事业心，工作业绩不突出的大学生“村官”，应实行淘汰制，劝其退出或不再续聘。

2014年

关于将儿童少年心理健康养成教育列为素质教育重要内容的建议

由于学习和生活压力日趋增加，儿童入学入托困难，贫富差距拉大等诸多原因，给许多儿童少年心理发展带来不同程度负面影响，导致儿童少年心理健康问题日益突出。

根据调研，目前，影响开展儿童少年心理健康养成教育的因素主要有：

一、教育方法不当。绝大部分父母重视子女的智力培养，忽略了责任教育、情感教育和挫折教育等，许多家长根本就不清楚应关注孩子的心理健康问题。一些学校的校长、教师注重科学文化知识教育，对心理健康教育工作的开展积极性、主动性不够。

二、社会消极因素不良影响。一些不适宜未成年人的影视、书刊及网络易使儿童少年迷失方向；一些负面社会现象如贫富反差、违法行为，甚至会造成儿童少年善恶不分、是非不明，缺乏正确的处世原则。

三、校际发展不平衡。在开展心理咨询活动方面，城市学校优于县区直属学校，县区直属学校优于农村学校。各地中小学的心理咨询师一般分布在市直、县区直属等城区学校。多数农村学校心理咨询室利用率较低，有的只是摆设或应付上级检查。

四、专职教师偏少。苏北某市心理健康教育专兼职教师近3000人中，专职教师仅占1%左右。

五、待遇不平等。多数学校没有设定专门的心理健康教育教师的编制、岗位和专项培训经费，特别是在评优、提拔、职称评定中由于没有单独的系列，时常与评优、提拔、职称评定无缘，影响了心理健康教育教师的专业发展。

由于儿童少年心理健康养成教育不足而导致一些人长大后尽管其他方面都很优秀，但由于心理问题比较严重，个性发展有缺陷而难以融入社会，有的甚至酿成悲剧，轰动全国的复旦大学研究生投毒案就是一个典型案例。而此类情况有上升趋势。有专家认为不良的心理因素对健康的危害不亚于病菌；心理健康是青少年走向现代化、走向世界、走向未来建功立业的重要条件。也有专家认为心理问题不解决，其他问题就难以解决，心理健康教育是进行其他教育的前提，开展心理健康教育，有利于促进学生身心健康、有利于学生形成健全的人格、有利于提高学生适应能力。教育的根本任务是立德树人，这个“人”首先应是健全人格的人。由此可以看出儿童少年心理健康养成教育不应是可有可无，而应作为素质教育的重要内容，为此建议：

一、整合资源，营造浓厚氛围。构建家庭、学校、社会三位一体的共同教育网络，共同营造关心儿童少年心理健康养成教育的浓厚氛围。学校应引导家长调整家庭教育方法，树立全面发展成才的理念，为孩子健康成长营造和谐的家庭氛围。应将心理健康养成教育全面渗透到学校教育的全过程，创造性开展心理健康养成教育工作。各级宣传文化、新闻媒体、工会、共青团、妇联等团体以及各级街道、社区等应发挥各自的作用，切实创造有利于儿童少年心理健康发展和成长成才的良好环境。

二、完善政策，构建教育平台。其一是加强未成年人成长指导中心建设。各地纷纷建立的未成年人成长指导中心目前缺乏“出生证”，身份不明朗。建议政府进一步明确其事业单位的性质，适当地解决编制、经费问题，充实力量，更好发挥其主阵地作用。其二是重视薄弱学校的心理咨询室建设。建议教育行政主管部门会同财政、人事等职能部门，对薄弱学校尤其是农村学校心理健康教育的经费和岗位编制上出台相应的硬性规定和优惠政策，在硬件、经费投入等方面向薄弱学校倾斜。其三是积极探索利用学校寒暑期来开展心理健康活动。中小学既要执行好寒暑期不办补习班的政策，又要考虑如何科学利用寒暑期空闲时间，开展一些有益于增强身心健康、寓教于乐的活动，以加强对学生心理健康的辅导，解决平时因上课没时间对学生进行更多心理辅导的问题。

三、加强培训，普及专业知识。建议将心理健康教育培训纳入正规的教师培训和继续教育的计划之中，在学校的教师中开展继续教育培训。对心理健康教育教师的要求达到先培训后上岗，不培训不上岗。政府应安排专项资金，补贴给已经通过心理咨询师考试并取得资格证的教师，通过以奖代补的政策，鼓励更多的教师参与心理健康教育。

四、建立机制，加强督促指导。各级党委政府要强化责任意识，努力形成党委统一领导、政府协调监督、职能部门各负其责、全社会积极参与的工作格局。制定科学合理的评估办法，督促各级各类学校更加重视心理健康教育工作。各级党委政府每年对心理健康教育成绩显著的县（区）、学校、个人进行表彰，推动心理健康养成教育工作的深入开展。

2014年

关于进一步加强软环境建设让人才充分发挥作用的建议

《中共中央关于全面深化改革若干重大问题的决定》提出“建立集聚人才体制机制，择天下英才而用之。”这是实施创新驱动发展战略的关键。为此各地纷纷推出了各类“人才工程”计划，并取得了一定的成效。

但在调研中发现，一些地方比较重视人才的引进，而对人才能充分发挥作用的软环境建设相对比较忽略。由此造成一些引进的人才，因为多种原因“水土不服”，难以发挥作用。我们看到有的地方一方面缺乏大量的创新型人才，在一定程度上制约了经济转型升级；而另一方面，现有的一些技术成熟的原创成果，并有良好的市场前景，可以有力帮助企业转型升级，帮助政府解决环保与发展难题，同时又非常渴望将自己这些成果产业化的创新型科技人才，在成果推广中屡屡碰壁。

我们听说有的地方引进具有很好市场前景科研成果的某人才后，由地方的国有企业和该人才共同出资建厂，使其科研成果顺利转化，然而在开始取得很好经济效益的时候，当地企业领导便要求下属部门在掌握该人才80%技术的时候，想法将其赶走，结果该人才果然被赶走了。有的地方引进人才、引进项目，主要目的只是为了圈地，而非真心将这个项目投产，如某地引进了某专家的科研成果，并以此圈了30亩地，便没了继续合作的积极性。更有甚者，有的地方引进人才、项目的目的并不是为了经济转型升级，而是为了获得政府补贴。某县级市科技部门为了获取秸秆处理补贴，2012年引进了一个很好的秸秆处理项目，并答应为该项目每年收购2000吨秸秆，结果去年只收了80吨便不收了，因为他们已通过一定手段获得了这方面的补贴，同时他们还扣留了该项目前期投入的设备至今不还，因为还要利用该设备继续获得秸秆收集处理的补贴。这些事情虽然是发生在个别地方、个别人身上，但会影响到众多专家转化自己科研成果的积极性，对创新驱动发展的负面影响不可小觑。

此外，在转型升级中，虽然各地求贤若渴，然而专家们想转化成果依然困难重重。就拿令各地政府备感头痛的秸秆焚烧问题来说，现有的处理方式都存在种种弊病，土壤承载秸秆能力有限，秸秆还田难以持久；利用秸秆开发沼气、发电、制造酒精等，只利用了其中的纤维生物质，还会产生70%左右的废弃物。而南京工业大学生物资源研究所已利用秸秆开发出了“一吨秸秆造一吨纸浆”的多种“新型生物质纸浆”，可以用于包装材料等多个行业，据说这样的包装材料仅上海港一年需求就有90多个亿。然而依靠专家自己推销这一技术成熟的成果，则处处不顺，历时一年多也未见成效，使得秸秆焚烧现象难禁和秸秆利用项目难上情况同时并存，令人匪夷所思。

我们在调研时发现，谈起科研成果转化难，不少专家、不少高校科技部门负责人都有一肚子的苦水，有的甚至认为在目前情况下，这是一个解不开的结。可是科研成果如果难以转化，经济转型升级便会落空，要做好创新驱动发展这篇大文章，首先应重视软环境建设，让专家们不再为成果推广犯难。为此建议：

一、建立重点科技人才联系制度。可通过个人自荐和单位推荐两种方式，对具有原创核心技术、产业化条件成熟、市场前景广泛、符合环保节能减排和产业转型升级要求的科技人才，由省组织、人事、科技等部门与他们建立对口联系，帮助他们解决成果推广中的实际困难。

二、建立并完善科技成果应用推广服务队伍。科技人才不是商人，更不是企业家，由他们自己推广成果，自己经营企业不仅是人才的浪费，也难以成功。许多引进的人才认为，在科技成果应用推广中，迫切需要有一支包括科技经纪人、投资人、总经理、技术骨干在内的团队。各地组织、人事、科技等部门应根据重点科技人才需要，组建一批素质高、能力强的科技成果应用推广服务团队，向他们推荐。可以说，政府的着力点如果从注重引进人才项目、提供资金转向支持科技经纪人和帮助组建创业创新团队，将会取得事半功倍的效果。

三、对重点科技成果进行重点支持。对确实具有核心竞争力、市场效益好、能解决环保与发展难题的科技成果，应作为各地重点项目，由政府组织重点推广，而不应再由科技人才自己去找婆家，自己谈生意经营企业。

四、进一步完善科技成果转化奖励制度。对高校科研成果转化后取得的收益，应根据其上缴的利税情况或打破了进口垄断的情况授予相当于国家或省科技进步一、二、三等奖的奖励。对引进的原来有政治安排的科技领军人才应根据其贡献给予一定的政治安排。

五、开展专项督查活动。对各类开发区引进的人才发挥作用情况、高科技项目落地进展情况、侵犯科技人员利益情况，尤其是以引进人才为名，骗取奖励和其他利益的情况，由有关部门，并邀请人大代表、政协委员参加，进行督查。同时应加大对影响科技成果应用的各类腐败行为打击力度，使创新驱动发展战略取得的成绩和良好影响得以持续。

2014年

【会议发言】

增强自主创新能力　建设创新型省份

2009年4月24日至25日，省政协在泰州召开住江苏全国政协委员座谈会，就“增强自主创新能力、建设创新型省份”问题进行座谈，听取委员们的意见和建议。

建设创新型省份，需要进一步完善自主创新的环境。一方面是自主环境和文化环境，这是建设和提高自主创新能力非常重要的方面；另一方面是加强知识产权的创造、运用和保护。要将创造和运用知识产权作为自主创新的重要目标，切实营造尊重和保护知识产权的法制环境。版权、商标和专利，构成知识产权的支柱。2000年以来，我们版权侵权的案件已经占知识产权案件的第一位。目前，我省总体战略目标已经明确，但大众认识不足。知识产权法律体系已经完备，但执法力度不够。主要问题：一是执法力度不够。一方面，对侵权处罚的力度还不到位；另一方面，案件的审理过程太长，当事人浪费的精力和时间过多，因维权成本太高而放弃维权的情况时有发生；再一方面，机制设置不合理，部门职能交叉，造成执法督查和执法真空。二是宣传普及不够。在宣传保护知识产权上力度不够，缺乏系统长远的宣传普及计划。公众对保护知识产权意识不强，造成基础市场失控，维权制度环境和文化环境比较差，制约了我省知识产权保护水平的整体提升。三是扶持力度也不够。政府往往侧重于对现代版权企业的产品研发扶持，而不重视扶持产品的市场开发，许多好的版权产品往往尚未完成市场造血功能就举步维艰。为此，我建议：

第一，关于对知识产权保护问题。首先，对我省知识产权进行规划，制定实施江苏省知识产权专利纲要，切实提高全社会知识产权保护意识。培养知识产权人才，加强知识产权保护。一方面，我们要把知识产权保护作为科技项目立项、奖励、评审以及重点实验室、企业技术中心和高新技术企业论证的一种重要条件，大幅度地加强发明专利比重，对列入自主知识产权核心技术的产品研发、专利申请、标准制定、国际贸易和合作予以重点扶持。另一方面，要重视完善知识产权保护制度。加强保护知识产权执法力度，建立各主导产业的知识产权信息服务网络和机制，并将此列入绩效考核体系。我省应对科技、经济、文化以及社会各界的知识产权保护作出总体规划，对传统的版权产业要像专利商标那样给予政策和经济扶持。其次，要强化执法力度。要优化执法机制，推进行业自律，进一步发挥司法维权的主体职能作用，加强法律法规在执法中的可操作性和威慑力，针对高科技发展壮大执法队伍，有计划地扶持社会群体和社会中介组织。再次，要加大知识产权保护宣传普及工作。要将其纳入全民普法教育当中，在大、中、小学以及各级党校、行政管理学院等开设有关课程，增强全民保护知识产权的法律意识，并加强舆论监督。

第二，关于文化创意产业问题。文化创意产业是任何国家实行经济转型绝对不可忽视的一个自主产业。尤其在应对国际金融危机的情况下，正是发展文化创意产业不容错过的机遇。江苏要建设创新型省份，文化创意产业的发展将是新招牌，包括广告、艺术、设计、时装、电视、游戏软件、音乐、表演艺术、出版、软件和创新科技服务等，这些行业正是文化软实力最核心的产业。目前我省这些产业已经起步，但需要梳理和培育市场。

因此我建议：一是要进一步推进文化创意观念与实践相结合。我省要有文化创意理念，并将其与文化资源开掘开发相结合，打出江苏自己的名牌，实现文化创意与产业发展本地化。比如说，现在各地都在搞文化节、艺术周、庙会等，这些传统的文化品牌可以搞，而且应该搞得更好。但是，有些地区没有形成这些节日的现代转型，运行方式比较陈旧，缺少创意、策划，仅满足形式上的隆重和热烈。在文化大发展、大繁荣当中，各地花了很大财力投入文化硬件建设，但更需要文化软件的投入，尤其要加强文化创意、文化积累和文化批评，三者是相辅相成的。一方面，文化创意就是以创意策划的一种新形式，使文化创意产业上一个新的台阶。我们的文化事业，是让人民群众不仅需要而且通过社会效率进一步发展文化产业，其中创意性是关键因素。另一方面，我们对文化积累要思考，包括每一次文化节、艺术周、各种各样的文化活动等必须是文化精品，而不是单纯的形式和热闹。我们用纳税人的钱，就要真正使文化成果变成文化历史积累的成果。再一方面，需要文化批评。针对目前浮躁的社会表面化，我们需要更多的评论、批评，使它沿着更准确的轨道前进。

二是文化创意产业需要有文化建设、文化想象力、文化创造力、文化创意群体。我省正在积极营造适合于创意群体的生存发展空间和良好的文化生态氛围。而这个良好的文化生态氛围，是目前文化创意产业的最主要的基础条件。文化创意产业最终能以优秀的产品和服务赢得市场，以实现社会文化消费者为本的目标。因此，培养和引进文化创意人才，是我省很迫切的问题。

三是我省文化资源尚未充分转化为经济发展的优势，其丰富的文化资源整合度和利用度还不够，产生了资源浪费和紧张并存的现象。比如，在文化旅游方面，在对众多历史文化遗址的保护、开发、利用上，如何引导文化资源的产业化、市场化的同时，注意保存文化资源和文化更新，以维护我省民俗文化资源转化为经济发展的优势。

关于“十二五”规划中文化建设的几点建议

2010年8月25日至26日，省政协在镇江召开驻苏全国政协委员座谈会，围绕制定我省“十二五”规划议题听取有关意见和建议。

“十二五”规划是个大题目，我想从比较熟悉的文化建设问题提几点建议。

2006年底，省委省政府颁发了《江苏省“十一五”文化发展规划》，当时《规划》中提出了重点推进十大先进文化的艺术工程。重点建设的十大文化产业项目，从近5年来看很多都已经实现了，有的还在不断完善。在目前文化规划当中，我认为必须考虑到三方面的背景要素。第一个是全国文化体制改革已经深入展开，政府职能转换已经不断推进。第二个是江苏发展的新起点，是实现又好又快的发展，其中，惠及民生是一个基本的点。第三个是新时期、新兴文化业态的发展，要求实现文化科技创新。对此，我建议：

第一，要在更高的起点上推进文化体制和机制的创新。根据社会主义文化建设的特点和规律，适应社会主义市场经济的要求，创新体制和机制，进一步解放和发展文化生产力，不断地增强文化事业和产业的活力、实力和竞争力。当前，要深化文化体制改革，首先要完善文化管理体制改革，公益性的事业单位内部改革和经济性事业的整体改革，现在江苏已经率先推进了这几项改革，而且进展迅速。企业、政府和市场中介机构分开，政府职能逐步转变为政府调节、市场监管、社会管理和公共服务，真正形成党委领导、政府管理、行业自律、企事业单位依法运行的文化管理体制。在“十二五”当中要真正落实这一点，而不是政府职能部门变相的机构重组。公共权利在新的时期应该有一个合理的分配。机制方面，我认为创新是一个关键，

“十二五”规划要研究建立适合于江苏新时期可持续发展的创新机制，我认为涉及三个方面的内容。一是项目运作的管理机制，要让文化成为促进管理科学规范的长效机制。财政要适当地提高文化创制基金额度，并建立各个艺术门类的发展基金，在这方面，江苏省建立文化发展基金已经好多年了。文化产业引导资金应该积极主动地进入到良性运行，逐步实行从以前全靠财政拨款过渡到基金会运作机制。这也是一个新的探索。二是人才的培养机制。要逐步建立文艺人才、文艺成果、文艺活动推广宣传的会议机构，原因在于现在需要全省宣传媒体和中间机构的资源，加大推广宣传本省各类文化人才、重大文化成果、品牌文化活动的力度。三是品牌的赛马机制。因为赛马机制从百家金陵画展中就充分运用到全国的活动当中。这跟市场经济一样，是非常公正的。建立由省委宣传部文化新闻的联合主持，各文艺辖区会积极实施江苏省各文学艺术门类的审计最高点，现在还不完善。更加不完善的就是各顾各的建立，变成重复而且是滥用。所以要进一步的细化并具体地实施。形成各个艺术门类最高点以后可以进行配套，变成机制性的激励机制。所以在第一轮的“十二五”规划当中，文化强省建设必须坚持人才工程的阶段性、品牌工程的系统性、精品工程的原创性。

第二，在更高的起点上推进文化创新，这也是将来文化事业的创新模式。将文化科技创新作为文化发展前进的动力，是目前“十二五”规划的基本点，这个基本点就是要以企业为主体，以市场为导向，产学研相结合，实现文化科技创新。要制定江苏省文化科技发展规划，推进新兴文化业态的行业管理。新兴文化业态的行业协会目前正处于萌芽期。这个运用高新技术来改造产品的文化产业，尤其现在要运用电子出版、网络传输和数字影视技术和现代的生产方式，推进文化产业的升级和延伸文化产业链，大力发展网络游戏、数字广播、数字电视、数字出版等新兴文化业态，尤其是培育和建设一批电子出版、数字影视、动漫游戏等的制作基地和建设区。

第三，要在更高的起点上培育文化市场，发展重点文化产业。江苏的文化产业在影视制作业、出版业、数字内容及动漫业、工艺美术业、文化旅游业、演出的娱乐业、广告业，等等，都有明显的优势，在全国来看，我们这方面的内容也是非常丰富的。但是关键要抓好文化体系的建设，合理地规划产业布局，着力提高文化产业的规模化、企业化、专业化的水平，发挥政策引导和市场机制的作用，以资本为纽带，实行联合重组，重点要培育一批在江苏有实力、有竞争力的大型文化企业集团，充分调动民营企业投资文化产业的积极性，培育重点民营文化企业。我举个例子，我们有省委宣传部挂牌的江苏的工艺美术类展馆，现在实际面临资金链短缺的问题，包括其他方面的关系没有协调好，现在运行很困难。现在各阶层人士，在这些单位很兴旺的时候不去献花，在目前遭到困难的时候应该关心。比如像以收藏为主的，而且规模比较大的江苏的某个绘画展有部分收藏。但由于这几年来资金链断开，现在运营是举步维艰。我为什么提这个呢？现在我们要踏踏实实地推进重点文化产业，而不是“十一五”当中再要求去开创新的产业，而老的已经种好的，应该不断地壮大起来。所以这一次都要以新的机制、新的政策来扶持。对于多种经济成分、多种品类形态、多种商业特色的产业团体，要包容、指导，并进行政策扶持。牵扯到全省性的问题，不是一个企业自己能够做到的，所以我鼓励企业家、收藏家，日常的消费当中增长购买艺术品收藏的兴趣，这是指拍卖这方面。而面对江苏的演出市场，我感觉要按照艺术市场培育的规律，现在大量的是政府支持，这是应该鼓励、支持的，但是从政府支持的另外一个角度，要看到文化生态的失衡，因此要从以买代付，以前付款的现在政府埋单，要过渡到以奖代买，这是一个非常好的思路。通过奖励来进行，如果不采取适当的买贷政策的话，又要去着力培育市场，培育从市民到农民的文化消费习惯，培育江苏的演出市场，这样就会出现比较良性的市场循环。

第四，要在更高起点上对江苏文化强省建设进行统筹规划、突出重点、整合资源、优化配置。第一个是品牌规划。建议目前省委宣传部文化管理部门，根据各自的职能定位，有分有合，重合作、重专利、重大局，而不是各顾各。集中精力、全力建立起在全国有引领作用的、大影响的、高品位的、特征鲜明的文化品牌项目。第二个是阵地规划，就是要重视在全国范围内抢占制高点的重要阵地与项目建设。就书画艺术而言，在镇江已经准备了两年的，联合中国文联的美术书画资源的项目，现在已经启动。这个实际上是加大这种阵地的规划运作当中的重点扶持。像这个主要是搭建一个文化产业的平台，逐渐形成一种传统和现代相结合的，艺术文化倡议的及展示收藏培训交流和文化旅游、休闲、购物等综合效应的文化产业。这种主题性的文化产业将会铸造成为全国的亮点。所以我认为，应该要打造这种有规模的形态，而不是依靠一个区、一个市的资源，要全省共同来做这个事情。第三个是创作规划。围绕中心服务大局的主题性，文化部门更应该强化以创作为中心。就是由省委宣传部牵头，省文化、省文联，包括广电、新闻、出版共同参与来研究我省“十二五”全局性的创作规划，而不是自己一个单位、一个系统的规划。不要让现在轰轰烈烈的文化活动变成了文化运动。在多年以后，看到我们留下来这个时代的文化积累，成为一种历史的文化吸引，而这种文化吸引能不能留下来，就看我们现在的本事，尤其要利用好“十二五”规划这个非常关键的专业平台。所以改变过去各自规划、重复建设、重点不突出、不易出大影响的创作形态。第四个是人才规划，建议要集中研究建立科学的文艺人才评估体系。更科学、更大范围地识别人才。什么是人才？怎么引进人才？研究全省分层次、分类型的人才培养计划和激励机制，省委宣传部已经制定了《江苏省文化发展行动纲要》，在这个基础上，在“十二五”规划当中，应该制定我们江苏省，比如像“江苏文艺人才的引进政策”，等等。

实施科教与人才强省战略和创新驱动战略

2011年4月27日至28日，省政协主席张连珍在淮安市主持召开驻苏全国政协委员座谈会，就“实施科教与人才强省战略和创新驱动战略”问题进行座谈，听取委员们的意见和建议。

在实施科教与人才强省及创新驱动战略方面，我有三方面建议：

第一，关于知识产权保护。一是提高全社会知识产权意识，培养知识产权人才，加强知识产权保护。一方面把知识产权作为科技项目立项、科技奖励评审以及重点实验室、企业技术中心、高新技术企业认定的重要条件；另一方面要完善知识产权保护制度，加强保护知识产权的执法力度，建立各主导产业的知识产权服务网络和预警机制，并列入绩效考核体系。我省应对科技、经济、文化及社会各方面的知识产权保护作出多种规划，在新闻出版、影像和新兴高科技产品，比如软件、动漫、网络产品等，像专利、商标那样给予政策和经济的扶持。二是强化执法力度，优化执法机制，推进行业自律，进一步发挥司法维权的主体地位。现在有很多知识产权保护的具体问题，比如网络销售这个侵权问题。三是对知识产权保护加强宣传普及。

第二，关于创新职业教育发展。一是培养高技能人才，创新职业教育，教育部门须根据经济转型升级的需要，全面培养高素质劳动力和技能型人才，做好职业教育发展规范，提出各类职业院校办学要求和标准，推动职业院校积极探索新的办学模式，在人才培养上上一个新台阶。可以根据获得高级工以及技术工种证书学生数的多少，对学校进行奖励，以引导学校重视培养动手能力强的高技能人才，同时以已有高级技师的数量，作为省级高新技术企业的认定标准之一，以引导企业重视高技能人才的培养。二是整合职业学校，以市为单位，打破部门、所有制界限，将原有分散在各部门的规模小、专业重复、办学效益不高的职业学校，由教育部门根据实际需要整合。三是重视培养“双师型”教师，形成有利于人才引进，尤其是从产业部门吸收教师到职教任教的机制，通过提高教师水平，更新教师知识，促进教师对新兴产业了解，提高职业教育的办学质量。

第三，关于文化科技创新。一是以企业为主体，市场为导向，产学研结合，实现文化科技创新。文化产业要有平台引领。有些文化企业，资产规模很大，但只是量的扩张，没有形成自主品牌，或者自己的特色定位。文化的关键是做深，要建设重点文化产业园区，重点扶持龙头文化企业，把做精、做强、做出品牌放在首位。二是文化产业要避免同质竞争。我们的企业要各有特色、各有内容，尤其在新兴文化业态方面，如动漫、网络游戏、数字传播、数字电视等，要能做出真正的有竞争力的产品，真正使江苏成为全国第一。三是文化产业要有创新思维。要通过品牌的战略延伸，向有形的产品品牌转移，这是目前文化产业发展的内在需求。我们要吸取喜羊羊卡通形象品牌的教训，由于缺乏相应的品牌延伸的关联策略，使市场上出现多种喜羊羊品牌。

提高自主创新能力　推动经济转型升级

2012年4月24日至25日，省政协主席张连珍在扬州市主持召开驻苏全国政协委员座谈会，就“提高自主创新能力、推动经济转型升级”问题进行座谈，听取委员们的意见和建议。

我提五点建议。

第一，加快培养高技能人才是提高自主创新能力的基础。所谓创新，一是人无我有，二是人有我优。转型升级不是淘汰传统的制造业，而是提升传统制造业的生产水平。从目前位于制造业质量阶梯的中下端，向发达国家处于质量阶梯的顶端、制造高质量产品方向逐步推进。美国目前搞再工业化，依然把制造业作为一个经济增长的主要动力和国家竞争的主要基础，作为一个立国强国之本的事实也告诉我们传统制造业不能丢。经济转型升级的重点应该放在提升制造业生产的水平上，而要做到这一点必须有大量的高技能人才。江苏如果有几十万高级技师，制造业水平肯定会上一个新台阶。拥有一大批知识型、技能型蓝领是当前经济转型升级的关键所在。

第二，进一步提升职业教育水平。应按培养高技能人才的要求定位职业教育，重视技能大师工作室的建设，培养高技能人才是要求定位在职业教育，应大力营造培养高技能人才的职业教育和培养高等教育同样重要的氛围，进一步提升高技能人才的社会地位。让广大学子从学历的盲目追求走向对岗位的理性选择，让更需要岗位的人能够成为为岗位需要的人，在全社会形成有利于职业教育发展的氛围。在重视技能大师工作室建设方面，应该给予技能大师工作室与院士等同等看待的待遇，像资助企业的重大研发机构一样，对技能大师的工作室进行资助。省科技成果的转化专项资金应该划出一块专门用于对技能大师工作室的资助，使技能大师工作成为我省“十二五”时期新兴产业和传统产业升级换代的技能难题攻关的主力、中小型企业技术的后盾。

第三，完善科技领军人物的配套人才建设。目前，大家把目光都集中在科技领军人才身上，制订了各类人才引进计划，也基本为他们量身定做，只要能引进来，扶持资金、住房保障等优惠待遇应有尽有，但是又忽视了另一方面，当下的创新创业是通过一个结构合理的人才团队才能完成的，毕竟独木难成林。而这些领军人才绝大多数都是专才，用他们自己的话讲，就是除了技术不是难题，其他一切皆是难题。应发挥当地组织、人事部门优势，根据他们的需求，主动物色一批人品好、能力强、具有实际工作经验的同志，并建立管理人才库，以政府有关部门名义向他们推荐，使他们能够迅速建立一支结构合理的人才团队。

第四，鼓励企业积极参与制订技术标准，建立有关的激励机制。有这样一个说法，三流企业卖苦力、二流企业卖产品、一流企业卖技术，而超一流企业主要是卖标准。因此我省应该在科技创新工作中，高度重视专利标准化战略，政府一方面要组织和引导企业加强技术标准的研制，促进自主创新和技术标准的融合，另一方面要对实施专利标准化战略并取得重大成果的单位和企业，给予一定的奖励，提高企业实施专利标准化战略的积极性。

第五，采购引导，财政推动。各级政府采购应体现对广大中小企业技术创新扶持的精神，应坚决取消阻碍中小企业技术创新的条款，坚决破除采购国外名牌保险。在同等情况下，要优先采购有自主专利的地方企业产品。同时，省里可以在已有的创新资金扶持基础上，再从现有的省科技成果转化专项资金当中拿出一部分，专门用于支持传统产业当中的中小企业的技术创新，对他们的研发中心贷款给予财政贴息，以进一步加大对传统产业当中的中小企业技术创新资金的扶持力度。

积极稳妥推进新型城镇化和城乡发展一体化

2014年8月19日至20日，省政协在无锡举行驻苏全国政协委员座谈会，围绕我省“积极稳妥推进新型城镇化和城乡发展一体化”议题建言献策。全国政协委员、省政协主席张连珍主持会议并讲话。

江苏在城乡发展一体化推进过程中，如何将产业发展规划、镇村建设规划、土地开发利用规划“三规”进行融合，这是工作重点，也是难点。另外，对于在新型城镇化当中如何重视城乡文化一体化，让农村居民和城市居民都享有均等的基本公共文化服务，我提出如下建议：

一、城乡发展一体化推进当中的“三规”要有机融合。在推进城乡发展一体化当中，要增加规划的科学性、指导性和前瞻性，更好地发挥规划的龙头作用。我建议，要建立规划制定和融合机制，一是明确部门规划融合的机制，推进三个联动，即土地利用规划和乡镇建设规划联动，乡镇建设规划和工业集中区发展规划联动，土地开发利用规划和现代化农业规划联动。二是建立乡镇制订规划的责任机制，建立土地两全出让的市场机制。农村集体土地当中承包的经营权流转和宅基地使用权的出让，实际上是土地使用权的交易，而农村集体土地交易没有市场化的条件，它跟国有不一样，跟城市也不一样。集体土地市场可以为乡镇城市化建设提供充足的发展资金。

二、要实现城镇文化共建共享和城乡一体化的发展需花很大的力气。就经济发达地区苏南来看，乡镇文化设施目前尚不能满足群众的需求。主要问题，一是目前不能满足群众需求；二是文化参与意识不强，文化活动比较狭窄，文化冲突的矛盾也比较明显。为此，我建议：

1. 进一步推进农村文化服务设施的建设。加大政府投入，调整资源配置，切实完善公共服务体系建设，保障群众基本文化权益，同时保护农村生态和传统的遗存，包括一些风貌。

2. 完善和建立农村文化组织机构。江苏在这方面已经做得比较好了，基本实现了县区有文化馆、图书馆，乡镇有综合文化站，行政村社区有文化活动室，对文化场所的硬件建设已经投入了相当多的财力，这在全国是比较领先的。但在软件方面，如人员落实、队伍培养、活动项目、经费筹措等等，还有一定的差距，在城镇化建设当中要加强对这方面的重视，就是要逐渐达到城乡文化一体化。

3. 努力提升农村的公共文化服务水平，实现以城带乡。鼓励城市对农村农民安置小区进行文化帮扶，建立城乡文化帮扶责任制，发挥功能性的文化单位主体作用，鼓励公共图书馆、博物馆和文化馆等面向农村提供网点服务或者流动站服务形式，推动电影院线、演出院线向乡镇延伸，同时运用现代数字技术、网络信息技术，拓宽农村基层公共文化服务空间，扩大服务效能，花大力气增强农村文化的造血功能，把送文化和种文化结合起来，既要建立向农村基层送文化的长效机制，鼓励和组织专业文化艺术工作者深入农村，开展群众性的文化培训、辅导、讲座、讲演、展示等文化服务，又要引导和培育农村基层来自带文化，加强对外来务工人员的人文关怀，建立政府主导、企业共建、社会参与的外来文化服务机制。

4. 将农民市民化作为地方政府推进城镇化的重要任务。要组织各方力量，包括公益性的社会组织，面向进城农民、群体开展有效的城市文明教育活动与素质培训，使他们能够尽快地融入城市的文明当中，同时要关心并解决好他们的子女上学问题，实现教育均等化。也就是说人的城镇化是生活方式的城镇化。

关于“十三五”规划中加强公共文化服务建设的几点建议

2015年9月7日至8日，省政协在泰州举行驻苏全国政协委员座谈会，围绕编制省“十三五”规划积极建言献策。全国政协委员、省政协主席张连珍出席会议并讲话。省政协副主席何权主持座谈会。

“十三五”规划是一个国家战略，是我国历史进程中一个非常重要的战略规划。规划将涉及方方面面，我想就加强公共文化服务建设问题提一些建议。

第一，加大政策扶持力度。2015年1月，中办、国办下发了《关于加快构建现代公共文化服务体系的意见》，然而“公共文化设施建设标准和公共文化服务标准”的制订相对滞后。目前，文化部已开展了标准化的试点工作。国家及省、市应尽快出台相关政策，推动文化建设的标准化、规范化。建议在相关政策中进一步明确具体标准，促使标准化、规范化建设切实得到落实。要对城镇化以后的“县乡”公共文化建设与服务体系加大支持力度，在硬件上拉长原来县乡在公共文化上的“短腿”，实现公共文化建设与服务体系的资源配置均衡化。

第二，高度重视城镇化推进过程中的公共文化建设。在推进城镇化建设的过程中，“文化边缘化”的现象依然存在。文化工作在基层党委、政府工作中排位依然靠后，各级领导在推进城镇化过程中，要十分重视公共文化建设，包括规划设计、经费投入、人员编制、人才引进等诸多方面。在推进城镇化目标管理体系中，要把公共文化建设纳入其中，让公共文化建设跟上城市化的步伐，以提高新市民的受惠感和幸福指数。

第三，鼓励社会力量支持参与公共文化服务建设。国家及省、市制定的文化经济政策均明确规定：社会力量捐赠文化事业，“纳税人缴纳企业所得税或个人所得税时，在一定比例以内的部分可在计算应纳税所得额时予以扣除”等，要确保落实到位。同时，省市要制定有关辅助政策，引导、鼓励社会力量支持公共文化建设的持续发力。此外，要严肃查处挪用、挤占公共文化资金的现象，特别是用于扶持城镇中公共文化建设与服务的专项资金，要确保专款专用。

第四，增大政府对公共文化建设的投入。应该看到，在城镇化推进过程中，大部分地区的公共文化建设与服务水平还在原地徘徊，急需及时跟进，特别是在投入上要“大补”。要落实文化“三馆一站”免费对外开放配套补助资金，纳入到同级财政预算中，切实保障城乡公共文化设施功能作用的有效发挥，保障文化馆（站）的人员、办公及活动经费。完善文化馆站足编运行机制，将人员纳入行政事业编制，保障其办公及活动经费。改变“农家书屋”管理员机制，逐步把它建成社区图书室，对管理人员、管理模式和服务内容等进行有序改进，使其更加接地气、更加贴近新市民的文化需求。

第五，公共文化服务设施更须“动”起来。充分利用好城镇化建设中优先建起来的公共文化设施，包括图书馆、博物馆等。进一步加大对“农”转“非”公共图书馆采购折扣、人员编制的落实力度，充实优质实用的图书进社区。提高公共文化管理人员的服务水平，不断增强新市民文化服务的热情和自觉。加强对新市民的文化培训，提高文化艺术修养和文化消费需求，激活公共文化服务的内生动力。

第六，加大对文化创新的扶持力度。公共文化建设在城镇化推进中要先行，离不开创新。地方政府应因地制宜制定鼓励文化创新的政策，建立文化艺术创新奖励基金，对文艺团体和文化企业或个人，按创新、创作项目给予适当的资金扶持和奖励。以“奖”代“送”，并鼓励社会力量兴办图书馆、博物馆等文化设施。挖掘文化志愿者参与文化创新的激励机制。鼓励经营性文化人才的市场运作优惠政策。创新人才的引进、管理等机制，解决好人才引进中重学历、轻能力，重职称、轻实用等问题，为更多适合社区使用的乡土人才打开大门。

第七，完善文化人才队伍的建设机制。省市级层面加大面向基层、面向新市民的文化人才培训力度，为基层、为社区培训更多留得住、用得上的新型文化人才。充分利用各方资源，要求财政供养的专业文化单位和专业人员兼职社区文化指导，明确职责要求，将服务对象的履职评价纳入对单位和个人的年终考核。招募文化社工，从民间文化团体、大学生文化社团和退休专业人士中选拔志愿者，担任社区文化指导工作。文化永远是城市的灵魂，是支撑城市这棵大树的根。在城市化建设中要加大对乡土文化人才的保护力度，千万不能进城了，乡土人才就被束之高阁，或者被浪费闲置。一是解决有知名度、有特殊贡献乡土文化人才的待遇问题，特别是建立愿意承担非遗文化传承人的激励机制。二是对为地方文化建设和传统文化保护做出重要贡献的专业和民间文化人才，应及时予以表彰、补助和奖励。三是为乡土文化人才服务社区提供软硬条件，包括器材、场馆等，并制定出台完整的政策措施，使乡土文化人才成为公共文化服务中的“精英”，让新市民从这些“精英”身上找到精神回家的感觉，从而使城镇化进程中的公共文化服务既能保留新市民原汁原味的文化生活，又能分享城镇化带来的文化成果。

关于江苏生态建设的几点建议

江苏省十、十一届政协坚持每年召开两次驻苏全国政协委员座谈会，围绕省政协常委会议协商议题，进行集中视察，开展协商议政，为开好省政协常委会议做准备，言恭达委员在座谈会上踊跃发言，并提出了许多有价值的意见和建议。

2008年8月19日至20日，省政协在南通召开住江苏全国政协委员座谈会，就江苏生态省建设有关问题进行座谈，听取委员们的意见和建议。

在这次驻苏全国政协委员对生态省建设的意见建议的座谈会上，听取了南通市领导经济社会发展、生态环境保护和历史文化演变情况的介绍，视察了南通市生态环境保护情况和苏通大桥，视察了醋酸纤维有限公司。收获很大，十分振奋。我们为南通市各级领导在科学发展道路上加快推进“两个率先”，实行环保优先到推进生态地区建设所取得的成绩与作出的表率而深深钦佩与赞赏。罗书记所介绍的南通市环境保护和生态建设的五大特点与四项工作，突出体现了南通市党政领导在总揽区域发展全局上的前瞻性、科学性与人文性。南通市坚持将环境保护作为重要战略取向优先统筹，坚持将生态产业作为新的增长亮点优先发展，坚持将江海自然环境作为核心资源禀赋优先保护，坚持将环境质量作为第一追求目标优先建设，实现了环境保护与经济发展的同步跨越。尤其在江海开发中的环境生态保护措施为全省，甚至为全国的生态文明建设树立了标杆，值得各地借鉴、推广。

党的十七大报告中高屋建瓴地将建设生态文明确定为实现全面建设小康社会奋斗目标的新要求之一。建设生态文明，基本形成节约能源资源和保护生态环境的产业结构、增长方式、消费模式，是为广大人民群众谋福祉理念的重要体现。生态文明不仅是长远的民生问题，更是一种文化观念体系，是效法自然生态的规律。从改造自然的工业文明到取代自然的生态文明，这是我们今天现代化建设中新时期的最重要的标志。

在我们今天生态省的建设中，按照南通经验，作为江苏沿江开发“环保新现象”，从根本意义上证明了建设生态文明需要伦理价值观、生产和生活方式、制度和机制等多方面的转变。落实在生产方式上，就是要实现农业、工业、服务业三个产业的生态化转型。这就是发展循环经济，以资源的高效利用和循环利用为核心，以减量化、再利用、资源化为原则，以低投入、低消耗、低排放和高效率为基本特征。

为此，我向省委省政府提出以下三点建议：

（一）从社会发展战略的高度，加强各级生态环境保护教育

如今，我们在提到优秀企业时，常常提出一个概念，叫“企业公民”，其重要标志之一就是注重环境保护。环保事业，本身就如同法律的制定和实施一样，首先需要强调多方的公民团体的参与与制衡、博弈。只有在有力的制衡中才能平稳地推进。要利用不同形式进行多样化、多层次的传播教育，增强全民的生态保护意识。围绕生态研究、生态教育、生态道德、生态科技、生态文化等内容，在全社会树立适度消费、节约资源的生活理念与科学节俭文明的生活方式。加强生态文明意识教育，各种经济行为都应将生态效益纳入其中。其次要倡导实践生态价值观，采取与环境友好的绿色生产、绿色生活方式。引导公民改变大量消耗资源能源、不关注环境的生活习惯和生活方式。采用环保购物、环保消费，达到人与自然的和谐发展。再次是要获得治理环境污染和防治新的环境问题的知识与技能。因为科技的发展是治理环境污染的根本所在。最后是加强环境保护的基础教育，要从青少年抓起。同时政府可通过各类人才培养奖励措施与激励机制培养更多从事环保科技工作者和高层次教育工作者。

（二）从生态省建设战略定位上，致力于集约、高效、健康的复合生态系统的建立，遵循整体、协调、循环、再生的发展方针，适度加快生态经济的发展步伐

面对资源短缺、能源紧张以及生态环境负荷的日益加重，发展循环经济是必然选择。要抓政府、企业、公众三股力量，合力推动我省循环经济发展，政府是主导力，尤其在机制上改革，要建立健全多元投入机制，积极引导更多的民资投入；要建立健全资源有偿使用机制，提高经济发展的内涵与质量；要建立健全生态补偿机制，使资源的消耗与补偿两者取得平衡，循环利用资源和保护环境就有利可图；要建立健全激励制约机制。把发展循环经济的指标和措施具体化、定量化，纳入业绩考核体系。通过行政法规、产业政策、财税政策、投资政策及政绩考核引导我省循环经济的发展。

省政府要加强设立生态化发展管理决策机构。实行政府决策、有关部门各负其责。同时调动产、学、研一体化的积极性，形成实施生态经济模式全面协调、有效的宏观机制。建设一个资源上结合利用、经济上互利互惠、环保上共同维护的生态化经济产业链。运用财税、投资、信贷、价格与政策手段，调节和影响市场主体的行为。一是要加大对生态经济发展的资金支持，对重大项目，优先给予直接投资、资金补助或贷款贴支。二是要进一步加大公共财政对发展生态经济的支持力度，要安排一定资金，用于发展生态经济的技术研究、推广、试点、示范、培训。三是研究建立有利生态经济发展的融资机制和信用担保体系。

此外，在新时期我省要大力推进绿色生态工艺。包括绿色生产、绿色管理、绿色设计、绿色生活方式等等。重视研究企业的环境对策，循环再利用，减少或消解有害废弃物的排放；设计中不仅考虑产品如何进入消费领域，还延伸到产品消费后如何方便地进行分解，零部件翻新或重新使用等等。

（三）从科学发展的制度建设的战略思考，加强生态环境法律法规建设、健全环境影响评价制度

加快环境法制建设进程，建立适应生态化发展的法律法规综合体系。同时要提高法律监督水平，加大执法力度和破坏生态环境行为的惩治力度。以严格的环境保护措施加快经济增长，以环境准入机制促进生产技术换代升级，以环境成本促进资源的优化配置。

此外，要建立重大决策环境影响的评估制度，公众参与环境影响的评价制度，制定环境影响评价法，提升立法层次，并强化权力制约机制。

积极推动经济结构调整　大力促进经济转型升级

2010年5月13日至14日，省政协在宿迁召开住江苏全国政协委员座谈会，就“积极推动经济结构调整、大力促进经济转型升级”问题进行座谈，听取委员们的意见和建议。

转变经济发展方式是党中央的一个重要发展部署，不单是一个单纯的经济问题，对调整经济结构、产业结构、扩大内需，单纯地靠大量的投资拉动和银行的信贷，当前的财政金融手段是无法持续的。所以解决经济发展方式必须通过一系列的改革推动。不但是经济体制改革，还需要包括政治体制和文化体制、社会体制等方面的改革。昨天听了宿迁张书记的介绍，这十几年变化的最大核心问题是，宿迁的发展是得益于它的改革创新。今天的讨论，我们现在从这次两会，温总理报告到各个方面的经济发展方式的转变来说，我想提三个方面的建议。

第一，发展文化产业无疑是转变经济方式的一个重要方面。发展文化产业牵涉到文化体制的改革。文化体制改革内容很复杂，范围也很广。我们要遵循市场规律，改革我们江苏的演出市场，改革它的演出机制，扩大我们的文化消费，如何发挥文化产业优结构、扩消费、增就业、促跨越、可持续的技术方面的特色优势，为加快经济发展方式转变做出贡献。一个是高度重视发展公益性文化事业的同时，我们要把不断满足人民群众日益增强的多样化、多层次、多方面的精神文化需求作为我们省扩大内需的重要组成部分。从江苏的演出市场来说，应该说，有喜有忧，从文化体制改革来说首先是抓这一块，也是全国的重点。今天的会上我也提一些其他的思考。这几年来，为了振兴我们省的演出市场，各级党委政府采取了一系列措施，这几年来，由政府埋单，让本地的国有集团送戏下乡，无偿地为老百姓服务演出，这在一定程度上是繁荣演出市场，丰富基层文化生活的一种惠民措施，得到了广大老百姓的拍手欢迎，这是非常好的举措。但是我们从深层次的思考，从另外一个角度来看，按照艺术市场培育的规律，也带来了一定的生产失衡的隐患，不利于我们江苏演艺市场的全面健康发展。对观众来说，尤其广大的农民兄弟来说，不花钱的就看，花钱的就不看，对集团来说，由政府埋单，演好演坏演差都一样，为了打造精品、为了获奖，获奖的节目成了一个形象工程，当然好多获奖的节目在不断的演出中也得到了广大老百姓的欢迎。从根本上来说，使原来发展于群众的戏曲艺术和其他的演艺艺术，与观众的距离拉大了，尤其对于民营集团来说，如何来维持，如何来发展，带来了恶性循环。这一点可能大家还不是很了解的，我们做过一个调查，江苏近百个演出团体当中，虽然目前民营团体有不可忽视的部分，但是这些民营团体日子也难过，其原因有多种，刚才讲的也是一个原因，因此它尽管是低票价，但是它的演出水平比较低，这个是很值得注意的。因此扩大文化消费，要不断适应当前城乡居民消费水平，包括农民消费结构的不断变化和审美新需求，创新文化产品服务，提高文化消费的意识，培育新的文化消费热点。建议采取市场运作的方式，从以买代拨进一步转向以奖代拨，我们以前是通过政府的拨款鼓励或者说养了集团去演出，通过政府埋单进行演艺集团演出市场的改革，但是这个还是一个初步的，深层次的是必须以奖代买，以前是以买代拨转向现在的以奖代买。主要就是可以进一步的通过机制的改革，鼓励我们优秀的企业和优秀的产品走进基层，培育观众。所以每年在农村演出达到一定场次的，群众评价比较高的，演出内容很健康的集团，经当地的文化部门考核合格以后给予奖励，以扶持群众需要的、认可的集团，在竞争当中发展，让老百姓自己选择自己喜爱的节目，养成文化消费的理念和习惯，更好地丰富老百姓的日常文化生活。另一方面必须名剧、名角经过群众认可，通过舞台产生，应该对各类的获奖节目，获奖演员和演员的评职称，尤其高级职称，都应该提出票房的要求。这是第一个建议。

第二，加强对新型业态的行业管理。新的经济发展方式产生以后，目前有很多的新业态，当然有很多的文化新业态和其他的业态，针对这些业态的行业管理是迫不及待的，进入信息时代以后，各种新型的业态不断涌现，随着数字内容、动漫、游戏、移动多媒体、广播电视、网络广播影视、数字多媒体广播、电子书、手机报等等，特别是网络文化的迅速发展，博客、聊天工具、讨论版和新型的文化业态越来越多，既繁荣了我们的文化市场，扩大了文化消费，也为市场的规范管理提出了新的挑战。但是这个里面我们现在碰到的政府在抓的首先是对一些不健康的不利的网络内容进行管理，包括打击，这肯定是非常需要的。但是单单靠运动式的管理打击是不持续的，最有效的办法是通过行业的自律，实现有序的发展。在当前文化体制改革，政府管办分离的形势下，通过行业协会的形式，让新型的文化业态在自律、他律结合的基础上有序地发展。因此我们省党委政府、有关方面要认真地研究分析江苏各类新型业态的发展情况，积极地组建适合新型业态发展的有关行业协会，为行业协会创造开展业务的条件，实现新型业态的有序发展。

第三，保护知识产权，加强著作权立法建设。两次政协会上我都提了这个提案，随着我们江苏的知识产权，尤其版权保护这方面的发展，每年都有新的发展内容，从今年来说，我们国家的著作权法实施20周年，20年来这个制度建设已经到了一个新的阶段，除了继续修订完善原来的制度，又要加强配套的法规政策的实施出台。所以针对目前盗版侵权大量出现，严重影响了经济发展方式的转型，这个里面有这样几个建议。第一个，完善著作权，以刑事保护立法，艺术领域，包括美术领域当中的假作品等等。经济领域当中，原创作品的盗版，比如动漫，我们省的动漫这几年在全国已经做得非常好，取得很大的成果，但是从动漫行业的调研来说，他们最怕的，也是最无法忍受的，就是他们的原创作品，辛辛苦苦做出来的马上就盗版侵权，这里面是广大的动漫企业呼吁，如何加强知识产权的保护，如何来通过一定的刑事保护，达到一个新的阶段。因此从目前假冒伪劣的赝品泛滥，严重影响侵害了广大企业的合法权利，因此加强著作权的刑事保护立法，更多地利用刑事手段打击严重的侵权盗版行为，另外，目前刑事法典当中的著作权刑法保护条例可操作性不强，使原来很多案件当中的证据获取十分困难。第二个，要呼吁中央加紧出台民间文艺作品的著作权保护条例。为什么提这个呢？因为现在文化产业当中，民间文艺，尤其民间艺术的这方面的内容，也是一个非常重要的方面，民间艺术作品保护条例是缺失的，20年来从来没有过，在1996年开始实施著作权法的时候，当时我国著作权法第六条规定，民间文学艺术作品的著作权保护办法由国务院另行规定，20年来国务院没有规定过，什么原因呢？民间艺术太复杂了，可能是比较难以用很具体的条文规定，但是必须要规定。因此这一条例的缺失，严重影响了我们当前对传统文化的保护和发展。这20年来民间文艺作品、民间文学和民间艺术，尤其是民间艺术作品的著作权保护，在立法上，由于没有得到奠基，使我们丰富的民间文艺资源得到有效保护和开发利用成了一个比较严重的问题。因此民间艺术的作品尽管是一种特殊形态的作品，版权保护比较复杂，但是我们必须在目前的经济结构转型期，文化产业蓬勃兴起的时候，要能够抓紧立法调研，加大各方的协调，尽快出台民间文艺著作权的保护条例。第三个，加快依法建立版权和界定机构，从多年来的司法和执行实践来看，著作权的刑事案件出现了非常快速的上升趋势，这个大家听了以后会很惊心，而且案件当中需要进行专业界定的情况也越来越多，相对于需求来说，我们版权界定机构建设明显滞后。侵权以后，侵权盗版行为，由谁来界定，这是非常重要的专门机构，现在由司法机构和司法行政机构确认的版权鉴定机构太少，远远不能满足实际的需要，很多地方不得已只能指定著作权行政机关出具鉴定结论，因此需要推动全省各地创造条件，依法在中间机构和专业团体当中成立有资质的著作权鉴定机构，可以发挥各行业的团体、专门人才，集中优势和行业的代表性特点，通过政府和司法部门，有部署有计划地在有关行业建立权威的版权鉴定中间机构，更好地推动版权的相应组织保证。

加快经济转型升级　全面提高经济增长质量和效益

2013年5月7日至8日，全国政协委员、省政协主席张连珍在南京主持召开驻苏全国政协委员座谈会，围绕省政协即将举行的十一届二次常委会议关于“加快经济转型升级、全面提高经济增长质量和效益”的协商议题，听取委员意见和建议。

第一，政府职能转变，应逐步将办文化的社会空间交给社会组织来实施。首先是党领导下的人民团体进入社会办文化的主战场，那么新形势下政府原来拥有的公共资源包括公共财政应进行合理分配。而文化主管部门应着力建立文化管理体制，利用社会力量的市场化运作理顺供求关系，引入公平竞争机制，实现公共文化服务提供主体、方式及产品多样化。形成政府主导、社会参与、多元投入、协力发展的新格局。应尽快制定扶持政策、引导社会力量参与公共文化建设。对于社会力量新建的博物馆、图书馆、文化艺术场馆，应适当考虑税收上的优惠及奖励，同时为社会力量兴办的文化项目提供相应的运行保障，根据服务数量与质量给予运行补助。在当前探索购买服务机制的同时，不断拓宽社会参与渠道，形成政府投入与社会投入相结合的多渠道、多元化文化投入格局，并完善社会捐赠激励机制，通过减免税费，表彰冠名、项目帮扶等优惠政策吸引投资方和赞助方。还可酌情从土地转让、建设规费等方面给予一定优惠。要大力推行文化义工服务，组建志愿者队伍。

第二，处理好政府文化民生惠民工程与推动全民文化消费的关系。近几年来，我省各地公共文化服务体系已建设完备，这是省委、省政府文化民生的强有力措施，老百姓从内心感恩。但是我们必须看到，政府既要惠民，又要推动全民文化消费。我们的文化产业不是单一的由政府加大投入所构筑的数字链，更重要的是政府所搭建的公共文化服务平台，要花大力气推动全民文化消费的良性互动。例如，广大农村的演出市场由政府埋单惠民服务的举措需要有“适度性”。它只能“适度服务”，不能全部包办；它只能“适时埋单”，不能影响农村刚刚生长的文化消费趋势。因为“送”与“买”始终是一对矛盾，不然，我们政府为民生服务的动机很纯很好，送戏、送书、送电影下乡，农民很受惠、很感激，但我们要反思的是过度包办“送文化”会不会破坏农村的文化生态？会不会影响农民的文化消费习惯的养成？我们的民营剧团如何在市场经济中找出多元生路？农村的文化产业市场需要迅速培育起来。而对政府埋单的剧团，应从现在的“以买代拨”过渡到“以奖代买”。

坚持生态优先绿色发展　加快苏北转型升级

2017年8月22日至24日，省政协在徐州举行住江苏全国政协委员座谈会，委员们围绕“坚持生态优先绿色发展、加快苏北转型升级”议题积极建言献策。省政协主席蒋定之主持会议并讲话。

要实现省十三次党代会的“两聚一高”目标，加快苏北绿色发展、推进产业转型升级，是一个关键和重要的举措。

一、关于国家和省级层面的规划融合

首先，要解决原有国家战略规划在苏北的落实问题。2009年6月，国务院常务会议审议并原则通过《江苏沿海地区发展规划》，明确指出，将江苏沿海地区建设成为中国东部地区重要的经济增长极。而连云港、盐城、南通这三个中心城市，也将成为江苏省集中布局临港产业，形成功能清晰的沿海产业和城镇带的“桥头堡”。从全国角度说，从环渤海经济圈到长三角、珠三角、北部湾经济区，再到海西经济区，中国沿海经济区不连续，江苏沿海地区发展规划弥补了这一缺点，使2020年中国全面实现小康社会时，沿海的整体经济框架形成。在机遇和政策面前，结合苏北的绿色发展，沿海三市如何推进？还存在哪些问题？都需要“回头看”，再出发、再落实。

其次，是规划的融合问题。今年刚颁布的国家级淮河（江苏段）生态经济带战略覆盖苏中苏北6个城市，江淮生态大走廊建设纵跨长江、淮河两大流域，覆盖苏中苏北5个市，两大战略有着广阔和共同的空间。深入贯彻苏北生态优先、绿色发展的战略部署，必须要处理好国家级淮河生态经济带战略和省江淮生态大走廊建设战略相依相融的关系。淮河生态经济带战略覆盖苏、豫、皖三省20个地级市和1个县，是新发展理念下带动经济欠发达地区发展的国家级战略，已列入国家“十三五”规划纲要。淮河生态经济带战略也是江苏改变苏北经济欠发达、推进苏北转型发展和绿色发展的战略契机。江淮生态大走廊建设由扬州市首提，覆盖扬州、泰州、淮安、宿迁和徐州，并将“高起点规划建设江淮生态大走廊”写入2016年11月江苏省第十三次党代表大会报告和2017年江苏省政府工作报告。2017年2月，省委书记李强在扬州调研江淮生态大走廊规划建设时强调，要通过江淮生态大走廊规划建设，加强环境治理保护，着力推进绿色发展，让生态优势成为发展优势，为子孙后代留下重要的生态资源。

“两大战略”的指导思想、发展目标、规划内容都有一致性和相容性。对苏北来讲，江淮生态大走廊建设战略融入国家级淮河生态经济带战略，有四个方面好处：一是有利于江淮生态大走廊建设从省级层面上升为国家级战略层面。二是有利于推进淮河干流东西联动的水域安全保护，实现南水北调东线输水安全保障，构建东部安全生态屏障。三是有利于提高淮河干流江苏流域生态建设成效，带动苏中苏北转型发展、绿色发展。四是有利于上下游城市之间产业结构精准定位、统筹全局和创新发展。因此，如何梳理、利用好现有的国家和省级战略规划，实现优势互补和叠加值得我们深思。

二、关于苏北的绿色金融问题

国家先后出台了多项政策，推进绿色金融发展。在信贷方面，颁布了《关于贯彻信贷政策与加强环境保护工作有关问题的通知》《关于落实环保政策法规防范信贷风险的意见》《节能减排授信工作指导意见》等；在证券方面，颁布了《关于加强上市公司环境保护监督管理工作的指导意见》；在保险方面，颁布了《关于环境污染责任保险的指导意见》《关于开展环境污染强制责任保险试点工作的指导意见》；在债券方面，颁布了《绿色债券发行指引》。虽然国家尚未对碳金融产品颁布专项政策，但随着全国碳排放权交易体系的建设深化，碳金融产品的发展前景势必十分广阔。

国务院发展研究中心预测，“十三五”期间，我国绿色资金需求每年将达2万亿到4万亿元，而财政投入约在3000亿元，约占总投资的15%，社会投资是绿色项目的主要资金来源。我省也在积极地探寻符合本省实际的绿色金融发展路径，2015年江苏省环保厅和英国驻上海总领事馆主办了“绿色金融绿色信贷”圆桌研讨会，就相关问题展开了探讨。

目前，苏北，甚至全省绿色金融产品类型较为单一，主要集中于绿色信贷，金融机构参与者主要为银行，较为活跃的金融机构为江苏银行和兴业银行，信贷流向几乎覆盖所有绿色项目领域，如节能、污染防治、清洁交通、新能源等。保险、证券、债券和碳金融产品在苏北发展较为缓慢，有的空白。究其原因主要集中于以下几点：一是企业保险意识不足，对风险防范的认知较为薄弱；二是证券的操作模式相对复杂，审核周期较长，难以满足企业融资的时效性；三是国家刚于2015年底批准绿色债券发行，时间较短，市场尚未起步；四是我省不属于七个碳交易试点，不具有碳排放权配额相关金融产品的市场基础，苏北更是空白，但是要有这方面的意识，也可以先行先试。与上述四种产品相比，绿色信贷的发行方式较为简易，审核周期较短，银行信贷的前期积累更为充分，企业对信贷作为融资渠道接受程度高，因而绿色信贷是苏北绿色金融发展的主要形式，建议苏北加快对绿色金融产品开发研究。

有一个成功的案例：2016年6月8日，浙江嘉化能源化工股份有限公司面向合格投资者公开发行的绿色公司债券在上交所上市，成为上交所开展绿色公司债券试点以来首单上市的绿色公司债券。嘉化能源本期绿色公司债券发行规模为3亿元，期限5年，主体和债项评级均为AA，并由独立第三方机构进行绿色认证。债券上市简称以“G”开头进行特别标识。发行票面利率为4.78%，远低于近期相同评级债券发行利率和同期银行贷款基准利率，表明了投资者对绿色公司债券的高度认可。

三、关于绿色发展的生态文化体系建设问题

绿色发展，苏北有优势，资源摆在那儿。可是，不能走“先开发，后保护”的老路，结合苏北绿色发展的新一轮契机，努力推动传统地域文化融入生态文明建设。

（一）苏北各市要落实主体功能区划战略。要把生态文化体系建设摆在优先位置。按照优化开发区、重点开发区、适度开发区、限制开发区、禁止开

发区不同区划重点，开展好主体落实，制定好战略规划，分期分批逐步推进，严防“圈地”。对于优化开发区域，实行“退二进三”，转型升级；对于重点开发区域，实行集聚集约发展，防止建设用地粗放利用；对于适度开发区域，实行控制新增用地供给规模；对于限制开发区域，实行稳步或逐步调减建设用地规模；对于禁止开发区域，实行限批投资项目（农业项目除外）。

（二）加强地域文化的传承与发展。以淮安为例，淮安有独特的运河文化、盐运文化、美食文化和红色文化等，发展特色旅游产业、促进新型城镇建设，实现文化与文明的融合。构建新型“生态文明”社会模式，防止在新一轮的大开发中破坏了这些珍贵的文化。

（三）加强水资源节约利用管理。从古到今，不论是长江还是黄河，水源地就是人类文明的发祥地。水承载了人类的文明。推进苏北绿色发展，要注重水安全。水能承载文明，也能破坏文明。苏北也是水质性缺水城市，盐城、连云港、淮安等都面临饮水域安全保护等问题。要实施农业节水，严守“用水总量、用水效率、水功能区限制纳污”三条红线，实施农业节水及重点灌区的节水改造工程；实现工业节水，实施重点行业节水减排示范工程建设，推广使用节水技术。开发利用非传统水源。鼓励城市雨水、污水处理厂尾水等非传统水源的开发利用，并纳入水资源的统一管理和调配。

（四）推进水生态文明建设。加强饮用水源地修复，推进重点湖泊、河流水生态系统修复，实施白马湖、洪泽湖生态修复工程。加快推进淮河、京杭大运河及南水北调东线的水污染防治，突出淮河流域沿线污染综合治理和南水北调东线沿线水生态系统恢复，加强城乡水环境的综合整治、城镇生活污水厂建设和提标改造。加强固体废弃物综合处理。完善工业固体废弃物处置设施，发展静脉产业，在建材、冶金等行业构建工业固体废弃物综合利用系统。加强生活垃圾无害化和分类处置，完善垃圾收运体系，推广垃圾分类收集试点，加强农村生态环境整治。加强农村环境基础设施建设。有序推进种植业化肥减施、畜禽养殖业污染防治、渔业生态建设与修复“三大工程”，加强农业面源污染防治，稳步改善环境质量。提升森林生态系统碳汇功能，提高城市园林绿化由质量普遍提升向绿地效应彰显转变。保护性新增湿地资源，升级完善已建成的保护区及湿地公园功能。推进盐城、连云港、南通、淮安等片区湿地保护区、湿地公园，围绕淮河、淮沭河、古黄河、大运河等河道，建设一批湿地保护区。

（五）探索创新生态文明的市场化机制建设。要研究碳排放交易的初始分配和监督机制，完善碳排放统计及监测体系。尝试构建区域内水权和排污权的市场化交易机制，开展试点示范，通过市场的杠杆作用实现区域用水平衡。建立生态文明考核和问责制，加强生态文明考核评价指标体系建设，全面推进生态文明建设问责力度，努力实现生态文明考核透明化，加快制定生态补偿制度。

保障和改善民生　促进社会和谐稳定

2009年8月24日至25日，省政协在徐州召开住江苏全国政协委员座谈会，就“保障和改善民生、促进社会和谐稳定”问题进行座谈，听取委员们的意见和建议。

保增长、保民生、保稳定，是今年政府工作的主要任务，其中保民生更是一切工作的出发点和落脚点。保民生，重在进一步深化“以民为本、为民解困、为民服务”的理念，切实履行“解决民生、落实民权、维护民利”的职责。这两年来，从中央到省都采取了大量保民生的措施，中央提出下大力气保障和改善民生，仅今年新增的1000亿元中央投资中，涉及民生工程的投资就占近70%；在4万亿投资大单中，有一半投资是关于民生改善。今年以来，在省委、省政府的领导下，各职能部门出台了一系列政策措施。比如，省工商局出台了保民生、护企业、促发展的4条措施；省公安厅出台了服务企业和农村发展的7项措施；江苏税务机关实行有关结构性减税政策等措施；省民政部门在深化社会救助体系、保障和改善困难群体的基本生活方面制定了具体措施；等等，都取得了良好的效果，并赢得了社会上下一致赞誉。对如何保障和改善民生，促进社会和谐稳定，我提出如下建议：

第一，要保就业、促创业。采取一切办法，打破陈规，千方百计扩大社会就业。农民工和大学生就业，是一个非常突出的问题。政府对小额贷款要积极扶持，鼓励自主创办经济实体，并提供用工岗位，以创业带动就业；要建立健全覆盖城乡的就业培训体系，全面提高劳动者就业知识与技能培训，扩大就业规模，注重就业结构，完善促进就业市场。在最近的文化工作会上，省委、省政府提出打造七大文化产业集团，职业知识与技能培训显得更加迫切与需要。拿江苏的动漫产业来说，目前我省已有常州、无锡、苏州、南京四家国家动画产业基地，占全国国家级动画产业基地总数的24%，年创动漫产量居全国第三位。如何培养和推出动漫人才，省动漫艺术协会在省人事厅领导支持下，将承接全省动漫业人员的技术职称评定工作，大量的动漫人才需要社会的认可。

第二，加大投入保民生，厉行节约促民生。民生工作只有起点，没有终点，关心老百姓意识要溶化到每位党政领导的血液里。提高城乡低保对象的补助标准、农村五保户供养标准；扩大养老保险的覆盖范围；完善城乡基本医疗保险制度，提高全社会的基本医疗保障水平；加强城乡义务教育发展水平，扩大家庭困难学生的救助范围；扩大廉租房的保障范围，继续推进经济适用房建设；等等，这些非常时期的非常之举，都是确保人民群众困难时期生活水平不下降的根本保证。

第三，保民生须立足当前，着眼长远。千方百计加大保民生的力度，措施必须统筹兼顾、科学谋划，一切从我省实际出发。各级政府要以改善民生为最大政绩，做事而不作秀、为民而不扰民，将民生工程做成民心工程。建议各地在当前推进城市功能、完善提升公共事业项目的建设立项、策划、实施过程中，尤其要注意项目的适用功能与社会功能的统一性，人民生活与现实环境的融通性，本土文化和时代特质的人文性，千万不能让历史遗存和当代的文化建设成为空巢和摆设。惠民服务的公共事业项目，不能以硬件的豪华或形式的新颖吸引群众，而更注重的是软件的服务，即文化功能的有效发挥。

此外，完善公共服务体系，特别在农村更要追求实效，追求广大农民利益的公平。比如全国范围内实施了家电下乡的活动，加快农村电视数字化进程，这就是一项民心工程。江苏全省城乡有线电视总数超过1500万户，数字电视510万户，均占全国的十分之一，其中农村有线电视用户1160万户，而入户率仅为60%，少数经济欠发达农村仅为30%。因此，农村有线电视普及还任重道远，电视数字化才处于起步阶段。建议我省要把加快农村电视数字化进程的民生工程迅速全面纳入各级政府的新农村建设的总体规划，纳入公共财政支出预算和干部考核内容。与电信盈利化行业相比，发展数字电视是各级政府履行公共服务职能、建设公共服务体系的重要工作，必须抓紧抓好抓实。

推进民生幸福工程　共享改革发展成果

2012年8月30日至31日，省政协主席张连珍在常州市主持召开驻苏全国政协委员座谈会，就我省“推进民生幸福工程、共享改革发展成果”问题进行座谈，听取委员们的意见和建议。

今天来谈民生幸福工程，我觉得更要关注老人和孩子。为此，我提三个建议：

一、应高度重视公办幼儿园当中属于集体性质的幼儿园存在的问题。2010年国务院关于发展学前教育的若干意见中，提出了学前教育纳入国民教育体系，坚持政府主导、社会参与、公办民办体制，以多种形式扩大学前教育资源，多种渠道加大学前教育的投入等一系列措施，让我们看到了学前教育的希望。但是，随着国家对学前教育投入的增多和对民办幼儿园支持力度的增加，公办幼儿园当中属于集体性质的幼儿园面临的困境凸显出来。它们表面上属于公办幼儿园，但是政府的投入没有它们的份，而民办幼儿园所有享受的优惠政策它们也不能享受。它们的收费按照公办幼儿园的标准低收费，但基本上享受不到政府的补贴，而原来所在的街道、单位，更不会给它们补贴。这就导致了教师待遇非常低，而且教师情绪上也不满，园内设施也难以提高。我建议，各级政府应该高度重视，将集体性质的幼儿园收编到公办幼儿园序列，与公办幼儿园一视同仁地享受政府对学前教育的投入，教师与公办幼儿园的教师享受同等的待遇。

二、应进一步推进义务教育的均衡发展。当前，中小学的择校热已经成为困扰我省社会发展的一个顽症，成为影响社会不稳定的重要因素。而目前最突出的问题，还是在于优质的师资总量不足，配置不均衡，主要表现在：一是优质师资的分布严重不均匀，位于城乡接合部和农村一些地区的学校音体美等专业教师数量不足，教师老化现象也非常严重；青年教师断层，整体活力不够；一些学校虽然已经配备了一流的教学设备，但是因为缺乏专业人才而只能闲置不用；民办学校与一般学校的悬殊非常大；等等。二是教师区域流动还缺乏健全的制度支撑。我省出台了《关于江苏省义务教育优质均衡改革发展的示范区建设意见》，但是缺乏切实有效的实施细则，容易流于形式。我建议，第一，放大民办学校的资源，可以先通过民办学校与本区内相对薄弱的学校组建一个由民办学校领衔的教育集团，或者组成同一学区，并明确规定集团内或同一学区内的教师必须定期流动，实行同一个标准考核，从而实现一定区域范围内的义务教育阶段的优质教育资源的均衡，有效地缓解进名校难的问题。第二，市区共建义务教育阶段的薄弱学校，应打破义务教育阶段学校主要以区负责的传统做法，由市教育部门和区教育部门联合对非民办的中小学进行帮扶，长期共同加大投入，实现校长竞评，加大教师的培养力度等，采取多种形式提高学校的质量，让这些学校的硬件水平超过民办学校，而软件水平也不低于民办学校。第三，破除体制障碍，让教师真正地流动起来，应在提高教师待遇、提升教师素质的基础上，以县、区为单位，建立教育行政部门主管的教师交流服务中心，实现教师的无校籍管理，将教师的人事管理从学校转移到服务中心进行集中管理，使教师由单位人变成系统人，并进一步细化、完善教师的流动制度。

三、应进一步充分发挥公益性社会组织在社会服务特别是在居家养老服务当中的作用。公益性的社会组织是指从社会整体利益出发，向公众免费或优惠提供服务的组织。近年来，很多地方积极推进了公益性社会服务和社区服务，使公益性社会组织成为现代公共服务的新型载体。比如说，苏州沧浪区的养老服务中心，依托信息化的服务管理平台，为居家老人提供了统一规范的标准化、专业化、亲情化和全方位的与养老院一样的养老服务。比如，上海围绕普通社区居民对基本的生活服务需求，从2009年12月开始，成立全国首家民办非企业的公益孵化器、浦东公益园，同时上海已经建立了政府购买服务机制，2010年公益创投和公益招标金额已经超过了一个亿，扶持了一批有能力、讲诚信的公益性社会组织。虽然公益性社会组织参与社会服务受到了各地的关注，但是也存在很多问题，主要是政府职能尚未拓宽，购买服务欠缺；政府对公益性的社会组织的政策扶持力度还不够；缺乏优秀的公益人才；等等。

为此，我建议，第一，加强政府职能转换。应该认真研究和梳理政府现有工作事务的范围、领域，鼓励公益性社会组织承担某些可转移的职能，尤其是在养老方面，通过建立养老院来满足社会普通民众的养老需求是不现实的，这方面的任务完全可以交给公益性社会组织来承担，通过政府承担、定向委托、合同管理、评估兑现这样新型的政府公共服务提供方式，来进一步完善居家养老的工作，并且开辟政府提供公共服务的新模式。第二，加强政府购买服务的力度。应该转变财政投入方式，凡是政府向居民提供公共服务的项目，比如说社区文化、社区体育、社区养老等，应该通过公益创投、公益项目来招投标等形式，确定具备相应的资质和服务能力的公益性社会组织，作为政府购买服务项目的实施机构，让这些服务主要以非政府机构的购买方式来实现。第三，建立孵化平台，加快培养和发展公益性社会服务组织。鉴于目前公益性社会服务组织自身发育比较弱，各地应该像扶持高科技企业一样建立孵化平台，建立公益园区，加快培养和发展各类公益性社会组织。第四，加大公益性服务组织内部的政策扶持力度，出台有利于发展的有关政策，包括一些税收政策，减免税的政策，等等。第五，重视专业人才培养。这方面也是非常重要的，要提高社会工作者的社会待遇，形成一支高层次的专业人才队伍。在一些发达国家和地区，现在的社区服务人员占全社会从业人员的比重已经达到了30%以上。我们国家的中长期人才发展规划纲要已经将社会工作的专业人才纳入六大人才队伍，应该说形势是非常好的，要根据江苏经济社会发展的需要，进一步加大社会工作人才队伍的培养力度。

实施民生幸福工程　加快推进社会保障体系全覆盖

2013年8月13日至14日，省政协主席张连珍在连云港市主持召开驻苏全国政协委员座谈会，就“实施民生幸福工程、加快推进社会保障体系全覆盖”问题进行座谈，听取委员们的意见和建议。

在江苏一些地区的调研表明，当前企业为职工缴纳社会保险普遍偏低，甚至有的企业参保率为零，企业不积极缴纳保险的情况应引起高度重视。主要表现在：一是参保率低。大部分企业只愿意为部分重要岗位员工缴纳社会保险，其中多为企业中高层管理人员、技术人员和工作年限较长的职工。普通员工参保率很低，在一些季节性用工较多的企业，普通员工参保率甚至为零。调研中的四家企业平均参保率、参保人数仅为实际用工人数的30%左右。二是参保险种不全。部分企业为了应付检查，一般只为员工缴纳了养老、医疗等两到三个险种，有的为普通员工购买团体意外伤害商业保险。三是缴费基数低。以企业养老保险为例，除少数企业按实际工资缴费外，一些企业按照1369元为基数缴纳社会保险，造成缴费基数偏低，保费收入减少。四是产生劳资纠纷多。由于大部分企业管理手段滞后，没能实现规范的现代企业管理制度，企业效益不高，企业与员工争利，大部分企业只愿意为部分员工缴纳社会保险，一旦发生劳动关系解除、工伤、失业、疾病等情况，员工难以从企业获得救助，互相推卸责任，容易激化劳资矛盾。

造成上述问题的原因：一是劳动者缴费意识不强。缴纳保险短期内得不到社会保险好处，部分劳动者更看工资高低等直接利益。少数职工不愿缴纳社会保险，认为自己年轻，参不参加保险无所谓。企业对职工缺乏人文关怀，职工在企业中缺乏归属感，劳资双方关系不够紧密，职工一般也不会主动要求签订劳动合同和缴纳保险。二是企业认为社会保险负担重。随着《社会保险法》全面实施，各项社会保险政策完善，社会对企业的要求越来越高。以2009年7月江苏宿迁市最低缴费基数1369元为例，企业要负担30.5%—32%，企业为每人每年缴纳社会保险费5000余元。对于企业负担部分，部分企业不认为是应尽的社会责任和法定义务，反而认为是负担，只为部分员工缴保险，或只缴部分险种。三是社保机构缺乏强制征收手段。社会保险从法律上讲是一种强制性的保险，但在具体实施中，劳动行政部门执法力量、法律授权有限、企业经营状况以及其他原因，劳动监察部门发现企业不缴纳或少缴纳保险费，一般以催缴为主，缺乏强有力的措施，执法难度较大，影响了企业社保工作的开展。四是工会组织维权职能缺位。部分中小企业没有设立工会，或者即使设立了工会也是形同虚设，职工要求企业缴纳保险维护其权益时，企业工会可能还会站在企业立场，职工在谈判时处于弱势地位，几乎没有与资方谈判的“筹码”。为此，我建议：

第一，落实奖惩措施。各地政府及人力资源和社会保障（劳动保障）、文化广电新闻出版、地税等职能部门，要广泛开展专项宣传活动，深入用人单位和社区宣传参加社会保险的重要意义和有关法律法规。对拒不执行相关法规政策，不参加社会保险或不按时足额缴费的用人单位及其法定代表人，要通过新闻媒体或市人力资源和社会保障局网站予以公开曝光，形成舆论约束力，为社保征缴工作营造良好的社会氛围。同时，让广大职工了解社会保险相关政策、规定，使职工能更好地维护自己的合法权益。要对政府社保征缴工作进行专项考核。对考核不达标的地区政府和有关部门进行通报，同时落实奖惩措施。

第二，加大稽察和执法力度。地方政府应按照管理权限对用人单位参加社会保险和缴费情况开展“拉网式”检查，督促未参保或漏报、少报参保人数、瞒报缴费基数的用人单位，主动到所属的社保经办机构和地税部门办理参保手续，并补缴社会保险费。要摸清底数，逐户登记造册，做到检查一户、参保一户、缴费一户。同时，建议各级党代表、人大代表、政协委员中的企业负责人在行业中起模范带头作用，按照有关规定为企业职工缴纳社保费；未按时足额完成缴费目标任务的企业，有关部门不得提名该企业负责人为党代表、人大代表、政协委员的预备人选，已经担任的，应劝其辞去职务。加强劳动监察工作，把好劳动合同关，规范企业劳动用工行为。

第三，完善职工维权渠道。建立维护职工合法权益的有效机制，规范用工和劳动力市场、行业用工准入制度。劳动部门应督促中小企业严格按照《工会法》规定设立工会，切实发挥工会维护职工权益的职能。

第四，切实减轻企业负担。对于中小企业，在政策、信贷方面予以倾斜和支持，在税收方面予以减轻，帮助中小企业稳健经营、增强盈利能力和发展后劲。

大力实施民生共享战略　提升人民群众幸福感和满意度

2016年8月23日至24日，江苏省政协在扬州举行驻苏全国政协委员座谈会，围绕“大力实施民生共享战略、提升人民群众幸福感和满意度”议题积极建言献策。全国政协委员、省政协主席张连珍出席会议并讲话。省政协副主席杨新力主持座谈会。

我提两点建议：

第一，进一步深化文化惠民实效的机制创新。民生幸福是政府工作的终极目标。实施民生共享战略必须以人为本，提升人民群众的生活水平与质量，激发其创造活力。在当下公共文化服务体系的建设关键服务于人的素质的全面提升，在城镇化建设推进中的文化惠民，省宣传、文化主管部门与人民团体要根据新时期民生需求，作统一规划、统一安排，分类实施，整体推进。要注重将优质的城市文化资源向乡镇输送与传导，其中要十分注重培养乡镇文化站（室）专业人员的培训。可出台一些政府购买服务的可操作性政策，鼓励文化艺术类大学毕业生和社会文化工作者，挂钩乡镇、定期任职或辅导。文化下乡的惠民工程不能再以单一的政府埋单做一些一时性的、点缀性的服务活动，真正找到合时合宜的长期文化共享、解决城乡供需要求的好路子、好形式。在当前城镇化推进农民成为新市民的过程中要实现自我“文化净身”的转换与提升，并养成个人与家庭文化学习与文化消费的习惯。在改善生活环境条件下提高生活品位与质量。这种服务机制的改变与推进，必须进入“互联网+文化”的良性循环空间。

第二，进一步加强人才积聚的软环境建设。抓民生也是抓发展，经济发展是前提，离开经济发展谈改善民生是无源之水、无本之木。而经济发展中人才建设与人才积聚的软环境建设，无疑是十分重要的一环。近几年来，我省实施的“人才工程”成效显著，取得了很好的成果。在新时期的创新驱动的战略目标上，江苏必须进一步加强人才积聚的软环境建设。

我们看到，一些地方重视人才的引进，而对人才能充分发挥作用的软环境建设相对比较忽略。由此造成一些引进的人才，因为多种原因“水土不服”，难以发挥作用。有的地方一方面缺乏大量的创新型人才，在一定程度上制约了经济转型升级；而另一方面，现有的一些技术成熟的原创成果，并有良好的市场前景，可以有力帮助企业转型升级，帮助政府解决环保与发展难题，同时又非常渴望将自己这些成果产业化，但在成果推广中屡屡碰壁。据了解，有的地方引进具有很好市场前景科研成果的某人才后，由地方的国有企业和该人才共同出资建厂，使其科研成果顺利转化，然而在开始取得很好经济效益的时候，由于种种原因，人才被赶走了。甚至有的地方引进人才、引进项目，主要目的只是为了圈地，而非真心将这个项目投产；有的地方引进人才、引进项目的目的并不是为了经济转型升级，而是为了获得政府补贴。科研成果如果难以转化，经济转型升级便会落空，要做好创新驱动发展这篇大文章，首先应重视软环境建设。为此，我建议：

一、建立重点科技人才联系制度。可通过个人自荐和单位推荐两种方式，对具有原创核心技术、产业化条件成熟、市场前景广泛、符合环保节能减排和产业转型升级要求的科技人才，由省组织、人事、科技等部门与他们建立对口联系，帮助他们解决成果推广中的实际困难。

二、建立并完善科技成果应用推广服务队伍。现在迫切需要有一支包括科技经纪人、投资人、总经理、技术骨干在内的团队。各地组织、人事、科技等部门应根据重点科技人才需要，组建一批素质高、能力强的科技成果应用推广服务团队，向他们推荐。可以说，政府的着力点如果从注重引进人才项目、提供资金转向支持科技经纪人和帮助组建创业创新团队，将会取得事半功倍的效果。

三、对重点科技成果进行重点支持。对确实具有核心竞争力、市场效益好、能解决环保与发展难题的科技成果，应作为各地重点项目，由政府组织重点推广，而不应再由科技人才自己去找婆家，要进一步完善科技成果转化奖励制度。对高校科研成果转化后取得的收益，应根据其上缴的利税情况或打破了进口垄断的情况授予相当于国家或省科技进步一、二、三等奖的奖励。

四、开展专项督查活动。对各类开发区引进的人才发挥作用情况、高科技项目落地进展情况、侵犯科技人员利益情况，尤其是以引进人才为名，骗取奖励和其他利益的情况，由有关部门，并邀请人大代表、政协委员参加，进行督查。同时应加大对影响科技成果应用的各类腐败行为打击力度，使创新驱动发展战略取得的成绩和良好影响得以持续。

媒体报道

文化自信要着眼于文化传承和传播

郑　磊

全国政协委员、中国书法家协会顾问言恭达作为中国书法界的代表人物，不仅热衷公益慈善、艺术教育、议政献策，还身体力行，奔走世界各地，用汉字书法独有的艺术感召力和一位文化学者的人格魅力，突破世界不同文化藩篱，构筑文化桥梁，讲好中国故事，发出中国声音。

全国政协委员、中国书法家协会顾问言恭达。

写好中国字是对中华文化最好的传承

十九大报告指出，文化是一个国家、一个民族的灵魂。文化兴国运兴，文化强民族强。谈到年轻人应该如何加强对传统文化的认同感和继承传统文化的交接棒时，言恭达表示，从阅读习惯上来说，人们已经从传统的纸质阅读进入到了数字化阅读，这是时代的进步。从另一方面看，数字化带来便捷的同时，也带来了汉字文化的缺失。所谓的汉字文化缺失，最典型的例子就是很多人提笔忘字，书写的能力很差。

言恭达在首届香港青少年书法大赛中指导香港中小学生书法创作。

言恭达认为，在基础教育当中，需要从认字提升到审美。尤其是中小学要强调书法教育。书法是汉字的艺术形态。中小学书法教育首先的前提是要让青少年养成对中国汉字的亲和感。同时，要养成书写习惯。从这个基础上进入到字义、字理的学习，再提升到审美。同时，利用多种传播手段把“互联网+汉字”的工作做到普及。他提到刚刚在香港举行的青少年书法大赛：此次大赛受到全港近160所中小学的响应，共有1500名学生参与比赛。中国书法美术名家作品展则展出名家作品近300幅，出自两岸及港澳地区逾160位名家之手。仪式最后举行了学生现场笔会，百名中小学生在中国文联书画家代表的指导下，共同写下“同心创前路掌握新机遇”，表达对香港回归祖国20周年的喜悦心情。

言恭达认为：“汉字活着，中华文化活着，历史才活着，民族才活着，中国书法才活着。”就好比，人们喝龙井，不是单纯为了解渴，而是对中华茶文化的认知。“书法是中华文化的基因，如基因改变则预示着民族文化性质要改变。”他还强调：书法不仅仅具有审美功能，它还是中华文化最重要的传承方式。“书法是养心、养性的文化，是修出来的，养出来的。千年以来，它的书写方式与审美追求孕育着我们民族独特的文化内质。因此，书法家的艺术实践与探索，不仅仅是创作作品本身，更是对千年以来中华民族生活方式与生存智慧的传承。”

培养人才将中国文化“带出去”

十九大报告指出，文化自信是一个国家、一个民族发展中更基本、更深沉、更持久的力量。刚出席完“首届暨翰墨香江——庆祝香港回归祖国二十周年中国书法美术名家作品展”的言恭达对于加强中华文化走上国际舞台有自己的看法，他认为“走出去”的内容选择上，要保持开放的心态。中国文化对外交流元素不只是四书五经和长袍马褂，而是囊括了整个传统的现代文化。更重要的是，中国文化与域外文化应当相互尊重，既尊重其传统体系，也尊重其接受习惯。唯有你尊重了别人，别人才会尊重你、接受你。

言恭达认为，要加强对国际文化市场的研究，充分考虑海外受众的接受习惯和审美情趣，在“走出去”的内容选择上，要对域外文化持相互尊重的态度，努力打造适于海外传播的文化精品。在经营方面，应成立具有国际竞争力的外向型“走出去”文化企业，鼓励他们通过多种形式设立分支机构，与境外企业互动往来。

言恭达指出，翻译人才是文化传播过程中不能忽视的因素。他呼吁，应围绕文化“走出去”，大力培养和引进更多具有国际视野和深厚文化素养的复合型人才，还应多借助当地华人的力量，让中国文化在海外真正落地扎根。文化“走出去”最关键的是专业人才。当下最缺乏的是懂文化、会经营、懂外语、擅策展、熟悉国际文化市场运作规律的复合型人才。

言恭达致力于培养人才将中国文化“带出去”。他曾向北京语言大学捐赠100万元，设立“言恭达艺术文化教育基金”，专门用于奖励和资助北京语言大学留学生及中国书法篆刻研究所海内外书画艺术活动、出版等多种项目。北京语言大学有来自世界180多个国家10000多名学生在此学习，言恭达希望能为培养各国留学生学习中国文化尽一已之力。他曾深情地说：“我们现在在做中国文化由‘送出去’到‘请出去’，而培养“走进来”的各国留学生将使他们学成后将中国文化‘带出去’。每个来中国学习的留学生，回到自己的祖国，都会成为文化交流最具说服力的使者，他们培养起来的书法兴趣，也必然会让这门古老的艺术在更多不同的土地上生根发芽。”

言恭达，1948年生，江苏常熟人。全国政协委员，中国政协文史馆文化艺术指导委员会委员、研究馆员，中国政协文史馆言恭达艺术研究院院长，中国文学艺术界联合会全国委员会委员，中国书法家协会顾问。南京大学、东南大学兼职教授，博士研究生导师，东南大学中国书法研究院院长。国家一级美术师，享受国务院特殊津贴专家。

（原载于新华网2017年12月14日）

失写症正蔓延　应设“汉字节”

辜　波

国人汉字书写能力差、写字越来越难看。针对这一现象，全国政协委员言恭达建议设立“汉字节”，建立汉字文化教育基地。

不少人都有过提笔忘字的经历，国人汉字书写能力差、写字越来越难看这一问题，也引起越来越多人的重视。

针对这一现象，全国政协委员、中国书法家协会顾问言恭达带来了一份“关于谨防互联网时代汉字在传播中的缺失的建议”，他建议设立“汉字节”，建立汉字文化教育基地，在国家层面重视汉字和汉字文化。

值得一提的是，在今年的政协小组讨论会上，全国政协委员、中国书协主席苏士澍也发出了以“写好中国字、做好中国人”的相似呼吁，希望设立相关节日，营造积极的社会氛围。

此前中央办公厅已出台《关于实施中华优秀传统文化传承发展工程的意见》，从国家战略高度强调要“实施中华优秀传统文化传承发展工程”，“大力推广和规范使用国家通用语言文字”，这给不少委员以极大的鼓舞。

提笔忘字“失写症”逐步蔓延

言恭达在提案中总结，数字化时代，很多人对电脑、手机产生依赖症，再加上网络语言表达的不规范性和粗鄙化倾向，导致提笔忘字的“失写症”逐步蔓延。人们提笔忘字的情况越来越严重，汉字书写能力差。

他发现，基础教育重在认字，忽视汉字的美。汉字的教学不应该是高速，而应该是高质、科学，有文化地进行。同时，汉字国际传播起步较晚，要从战略高度充分认识汉语的国际推广和传播在建立中国与世界有效的话语系统过程中的积极作用。

建议设“汉字节”
建立汉字文化教育基地

因此，言恭达建议必须在国家层面上重视汉字和汉字文化，设立“汉字节”，并建立汉字文化教育基地，通过在全国重要省市区传播、展示、强化，打造中华民族汉字文化的精神堡垒。紧抓“一带一路”战略发展机遇，加强引导推广。强化基础教育中传播汉字文化与审美教育。

在基础教育阶段，首先应培养孩子的写方块汉字的习惯和对汉字母语的认同与亲和力，使汉字教学能够从传统文化层面进行。同时，运用现代传媒手段，全民普及汉字文化，通过电视、广播、新媒体等大众传媒打造“振兴汉字文化”类精品节目，吸引观众同步参与，在社会文艺中领略汉字之美，学习汉字知识。

他还建议，应该大力培养大众的书写习惯，重拾汉字之美。同时，应将汉字融入社会评价体系提高公众重视度，“不管是大中小学生还是各业成人应提倡书写，让书写汉字成为一种生活习惯与方式”。

全国政协委员苏士澍：
倡议写好中国字　设“全国汉字书写日”

“学好汉字、写好汉字，已成为关系到中华文化自信、文化传承、民族凝聚力提升甚至国家文化安全的大事，全体国人都应该对此高度重视。我们共同向所有国人发出倡议——‘写好中国字，做好中国人；从自己做起，从现在做起’”。3月4日，在政协小组讨论会上，全国政协委员、中国书协主席苏士澍也发出了相似的呼吁。当天，文艺界刘大为、杨晓阳、赵长青、龙瑞等委员先后在《倡议》上签字响应。

据了解，为推动青少年汉字书写教育，2016年，苏士澍联合其他全国政协委员先后到全国20多个省、上百所学校就“书法进课堂”实施情况进行调研，发现中小学校书法教育资源分布严重不均衡，书法教师严重短缺，开课率严重不足等教学瓶颈和困难。

苏士澍在倡议书中呼吁，从现在开始，我们要在日常工作生活中多用汉语，多动笔写字；要投入更大的力量加强书法教师培养，拓展电脑、互联网等现代化教学平台，大力推进“书法进课堂”的汉字书写教育，教导孩子们会写字、规范写字；建议设立“全国汉字书写日”，在全社会积极营造“写好中国字、做好中国人”的社会氛围。

据了解，《倡议》引起众多委员的广泛响应，已有上百人联名签署倡议书。

（原载于《成都商报》2017年3月8日）

弘扬传统文化应大力创新　全国政协委员言恭达盛赞

黄阳阳

昨日下午，江苏全国政协委员抵达北京。记者了解到，多位政协委员的提案涉及弘扬传统文化。全国政协委员、中国书法家协会顾问、国家一级美术师言恭达，在接受记者采访时盛赞南京晨报城门挂春联活动是家国情怀的落地，而且今年他带去五份提案，有四份都带着浓浓的“文化气质”。

成功实践

城门挂春联是家国情怀的落地

在打造城市文化气质中，南京有什么资源和优势？言恭达委员认为，南京的城墙文化是厚度很深的文化，也是南京最重要的文化。他说，在今年春节前，“城门挂春联”就是一种传播中国传统文化的重要形式。这个活动已经做了两年，从家庭贴春联，到城门挂春联，预示我们从“小家”到“大家”的体现，是一种“家国情怀”在南京的落地。“我们现在能否跳出‘财富围城’，进入更高的精神境界，使国家建设在经济发达的同时，也能在文化、在道德、在思想建设上不断深化。”言恭达说。

最新进展

4月武定门将首设城墙文化空间

在提案中，言恭达非常关注历史文化遗产“活态化”融入社区，让百姓能在家门口就接触到城市传统文化的气质。今年4月份，这一提法将落地，会在南京武定门城墙上设“实践基地”。

言恭达介绍，南京有650年历史35公里长的南京城墙，该如何通过“一带一路”的形式，由南京来发起，以诗书画印包括舞台艺术等形式来展示南京城墙文化的魅力？言恭达还表示，南京高校资源丰富，要面向大学生，发挥大学生对文化创意的创造力，打造出基于城墙文化的文创基地。

全民阅读

建议“中国书房”加快实施建设

言恭达委员对记者说，今年1月，中办、国办印发了《关于实施中华优秀传统文化传承发展工程的意见》。鉴于此，深化实施“全民阅读、书香中国”工程在当今社会文化大背景下已刻不容缓。

言恭达委员在今年两会专门带了一份“关于加快实施中国书房建设的建议”。言恭达委员说，要引入优质好书、优质文创产品、优质文化活动、优质书院，同时提供传统文化艺术培训、精品阅读等个性化服务。逐步提倡并形成当代大众，尤其是青少年的新中式时代生活方式。

言恭达委员认为，书房建设要与时代节奏相适应，要融入“互联网+”平台，建立线上线下相结合的运作模式，吸引80后、90后的年轻人深度体验和学习，同时鼓励和支持各类中国书房的数字化阅读新技术的开发和应用。

提笔忘字

重视汉字文化，建议设“汉字节”

针对现在很多人提笔忘字，汉字书写能力差这一现象，言恭达带来了一份“关于谨防互联网时代汉字在传播中的缺失的建议”。言恭达委员建议，必须在国家层面重视汉字和汉字文化，应该设立“汉字节”，并建立汉字文化教育基地。他认为，应该强化基础教育中传播汉字文化与审美教育。

另外需要运用现代传媒手段，全民普及汉字文化，聚集社会力量，设计并推广一系列文创产品，让汉字不再是单一的符号。

此外，他建议应该培养书写习惯，让大众重拾汉字之美。言恭达委员认为，应将汉字融入社会评价体系，提高公众重视度。“不管是大中小学生还是各业成人应提倡书写，让书写汉字成为一种生活习惯与方式。”

文创发展

需统筹规划，保护知识产权

如今，不少市民发现，文创园各地开花，但园区平台优势并不明显，很多文创园缺乏城市个性化的符号。如何能避开“撞衫”？言恭达今年还有一份“关于引导文化创意产业园科学建设的建议”的提案。

他建议，文创园的发展应该全国一盘棋，统筹规划、分类指导，注重科学设计，力避同构、重复性竞争；注重文创特色与产品的个性化彰显；注重优秀中华文化与地方传统文化的时代化创意。他还建议，以参与为维度，重视引导建设都市型、博物馆型文创园，让文创园建设中，市民同步有更多的获得感。此外，要以知识产权保护为竞争力核心，保护企业和个人的合法利益，建议建立全国范围内园区文创产品创意数据库，实行备案登记、样本登记，与专利、工商等数据库跨库对接，有效保护创意产品的知识产权，且探索IP衍生品的开发新路径。

文化遗产

“活态化”融入，让百姓感受文化气息

在“关于城镇化建设中保护与利用好历史文化遗产的建议”中，言恭达委员指出，要让更多的历史文化遗产以“活态化”形式融入社区，让城市居民的生活中处处都能感受到传统文化的气息，开发具有历史风貌的商业街区、民俗文化基地、风景名胜区、遗址公园、城镇景观、街头小景等。

在城镇化进程中，对一些传统技艺类项目，要确保他们留有一定规模的原材料供应基地和生产用地，以便实施生产性的保护。根据需要，为迁居后的传承人提供必要的传承场所、必需的经费资助其开展授徒、传艺、交流等活动。

言恭达委员认为，要积极探索非物质文化遗产资源，要通过产业化的手段寻求传承与传播的市场空间，并借市场化的机会扩大影响，吸引资金，反过来支持非物质文化遗产保护，实现保护与开发共赢的新思路和新模式，推动实现非物质文化遗产保护与发展的良性循环。

（原载于中国江苏网2017年3月2日）

健全慈善法规体系　加强慈善文化建设

张晶晶

今年两会，全国政协委员、中国书法家协会顾问言恭达带来了《关于推动慈善文化建设的提案》，建议强化政策保障，以加强慈善文化建设为着力点，提倡平民慈善，广泛调动社会爱心力量共同参与，使扶贫济困的中华民族传统美德和人人慈善的现代理念得到弘扬，推动慈善事业发展。

健全法规体系　激励社会参与

言恭达表示，要促进慈善事业健康发展，需要以《慈善法》为核心，完善慈善事业政策法规体系。我国现行慈善相关法规体系为慈善事业提供了基本的规范依据，但仍然需要健全完善。

言恭达强调，《慈善法》出台后，亟须在税收减免、宣传传播、队伍建设等方面完善更具操作性的实施细则办法，把《慈善法》鼓励引导慈善事业健康发展的精神真正落到实处。

言恭达指出，我国现行税法针对捐赠方的税收优惠力度不够，甚至政策缺乏，而且流程繁杂，不利于慈善事业的开展。为此，他建议进一步加大公益性捐赠税收优惠政策力度，简化捐赠减免税流程，进一步明确实物捐赠和无形资产捐赠的减免税收政策，并制定价值评估实施细则，为实物捐赠及无形资产捐赠估价提供规范。

为了激励社会各界参与慈善的热情，言恭达建议，按照国家有关规定建立慈善表彰制度，对慈善事业发展中做出突出贡献的自然人、法人或者其他组织予以表彰。从政策上推动各级政府予以落实，参照劳动模范等奖项的实施办法，对获得慈善表彰的单位、个人在政策上予以优待。

加强慈善文化建设　增强社会慈善意识

加强慈善文化建设，有利于营造慈善事业发展的舆论环境，引领社会道德风尚。

慈善文化建设非一时之功，需要多途径发力。言恭达建议，推动对话，通过慈善论坛，慈善访谈等形式打造慈善与社会的对话机制，使慈善进一步走进公共视野，普及观念，增进了解，消除偏见。

就创新慈善文化宣传的方式角度，言恭达指出，通过慈善演出、慈善博物馆、慈善文化中心和慈善功德碑等受群众欢迎的有效方式弘扬时代慈善精神，宣传慈善典型，发挥榜样带动作用。推进慈善进机构、进乡村、进企业、进社区等，使慈善文化更深入人心。培育公众人人参与、长期参与的现代慈善理念，使慈善真正成为人们的人生信仰、生活方式和价值追求。

言恭达还建议，加强各级慈善组织与新闻媒体的合作，充分利用广播、电视、报刊、网络等媒介，运用互联网时代的新型全媒体加大对慈善的宣传力度，为慈善文化提供更广阔的宣传阵地。

（原载于《中国社会报》2016年3月14日）

慈善已成为一种生活方式

辛　闻

篆籀入草的笔墨线条，是全国政协委员、著名书法家言恭达人格精神中“清、正、中、和、厚、朴”的艺术体现，也蕴含了中国书道追寻的最高精神境界。而“敬天爱人”的处世信念、“和善敦厚”的为人之道，也让这位书法家，在实现艺术追求和担当社会责任中，无愧于天地民生。

慈善公益已成为言恭达个人与家庭生活的一部分，据了解，2008年至今他一直通过出售个人艺术作品资助社会方方面面，尤其在文化教育方面捐款已超过1000多万元，这在全国书画家中是少有的。而一向低调行善的他面对记者的采访，只说：“做这些事，我很快乐。”

记　者：细细品读您的书法，会让人感知到清逸、蕴藉、浑朴、平和、简静之气。与此同时，您在赈灾时，在扶贫助文中身体力行捐款捐物，又体现出的慈悲之心，常常让人为之动容。在您看来，书法家的艺术探索和为人之道，二者之间有何关联?

言恭达：我们民族文化的核心理念是“敬天爱人”，既要遵循天道规律，又要善待百姓、关爱世界。《国语·晋书六》中说：“天道无亲，唯德是授。”所谓“天道”者，万物之本体，事物变化之必然规律。“天道”亦“人道”，“天理”亦“人理”，“天人合一，内外一理”。“天道”亦“公理”，公道自在人心。中国文化是道的文化，中国哲学讲“为道”，而“道”的核心是“仁”，它以“善”为底色。这个“道”实质上是人达到超越和开启的形而上的境界之路，有了“道”就获得了人之所以为人的价值与意义。中国哲学讲“天人合一”，也讲“知行合一”。这体现了哲学与人生紧密相连，而

“道”与“德”是相依相成的。中国书画艺术以“人格”高低作为首选的评判标准。“德”而化之便是“爱”，爱祖国、爱民族、爱人民是“大爱”，人人爱我，我爱人人是博爱。而慈善范畴讲的更多的爱，是对社会弱势群体、困难群众的爱心、同情心以及慈行善举，也包括国之有难、民之有危时表现的奉献、牺牲精神。

现在，我们国家经过改革开放30多年的高速发展之后，社会正处于转型期，身为文化人，要秉持仁者爱人的中华民族美德，身体力行。积极参与慈善，不仅是艺术家对社会的回报，对人民的敬畏，对生活的感恩，更是一种健康的生活方式。通过慈善的实践来自觉地提升自己的人文境界，从而完善作品中所透析的现代人文精神。

记　者：我们了解到从2008年汶川赈灾始，你作为江苏文化界的领袖带头捐款捐物，从此践行慈善至今，你能具体谈谈吗?

言恭达：我一向将慈善作为文化来看待，在十一届全国政协会议的五年期间，我在《关于慈善文化教育的几点建议》中提出：一是要从学生抓起，自小培养他们的慈善爱心意识，传承中华民族源远流长的慈善文化优良传统；二是提倡全社会要将慈善理念作为一个专门学科来普及，一种民族的生活方式来推广；三是早日出台国家的有关慈善法规，注重慈善文化的宣传。这一系列教育慈善文化的建言，得到了国家有关决策机构的采纳。

在为期六年的江苏省文联副主席、书记处书记任职期间，我每年都要组织全省的书画名家开展公益慈善活动，支持省、市慈善总会的募捐、拍卖等活动。除带头捐款捐作外，多年来，我还通过出售自己的艺术作品筹集善款，无偿为各类社会公益事业服务。如：积极参与汶川、玉树、雅安等地震赈灾；在全国开展艾滋病防治宣传和健康教育工作；向南京市慈善总会捐资150万元建立“南京言恭达慈善基金”；为江苏省唯一的孤儿学校——“响水县红十字博爱小学”捐款125万元，作为首期200名孤儿的生活补贴费；为东南大学捐资100万元，建立“东南大学言恭达教育基金”；在全国政协“善行天下政协委员公益活动”上，为雅安地震灾区和安徽贫困地区捐赠100万元的各类图书；为北京语言大学捐资100万元，建立“言恭达艺术文化教育基金”，专门奖励各国优秀留学生及文化走出去的工程项目。为了更有效地展开公益活动，去年经民政部门批准，“言恭达文化基金会”已正式成立，具体我就不细谈了。

记　者：你做了这么多好事，总的感想是什么？

言恭达：文艺的本质是责任与自由，但自由有其规则，规则存于内心。市场经济的幽灵进入了艺术的殿堂，游戏规则按市场法则去改变。当越来越多的文化人挤入名利场，无休止地疯狂舞蹈时，我们已失去了对生活的感悟与思考。失去了心灵的激情与升华，失去了真情的表达和呼唤。我们可以大声地宣告：只靠市场引导和利益驱动，不可能真正留下时代文化的经典，也不可能培养出对现实、对民生具有人文关怀的艺术家——艺术需要良知！

记　者：为何公益慈善会成为您自我生活的需要？是什么力量在推动您践行不辍呢？

言恭达：为了完成对母亲的承诺，履行对先贤的尊重。我家先贤言子（言偃，字子游）是孔子儒家文化的主要传播者，是“三代礼仪”典章的代表人物。“礼”是“仁”的本质内涵，“仁”是以“爱人”为目的的，以此确立了“小康”之治的社会理想，其最著名的思想是言子与孔子的对话——“大道之行也，天下为公……”所以，出于对先贤的尊崇，我们这代文化人需要传承大道的文化理想。我的母亲与天下万千母亲一样，普通平凡。母亲新中国成立前是普通家庭妇女，新中国成立后干了一辈子的居委会主任，当过市人大代表。这个文化程度并不高却喜爱读书的开明进步女性，传递给我们五个子女最重要的价值观便是平等、自强、报国。母亲具有科学救国的思想意识，信奉“不要做大官，要做大事”。她营造了“轻财重才，尚德崇义”的家风。母亲教导我们要重人生价值、重人性光辉、重人文修养。在母亲身上东方民族女性所特有的善良特质，表现得十分突出，我的长相、性格乃至今天处世为人的方式，全受母亲的影响。

人的“善良”要从小培养起。说个小故事吧：我至今还记得，小学六年级时，家在产棉区的舅婆，用新棉花做了一床棉胎给我们。1960年困难时期物资极为匮乏，这一床厚实暖和的棉胎算得上不可多得的好东西，结果一转眼的功夫新棉胎就不见了，原来被母亲拿去送给一户街道的“五保户”了。那个特困户三个孩子睡一张床，才盖一条单薄的棉被。我当时心里觉得特别委屈，忍不住对母亲说：我和弟弟也要新被子啊！母亲叹了一口气说，人家小孩已没被子盖了，你们好歹有旧的。

母亲对这种特别贫困的人家总是百般照顾。有一天她路过看到那三个孩子没饭吃在哭闹，就叫到家里来和我们全家人坐一起吃饭。当时我嫌他们脏，不愿上桌。妈妈突然十分严厉地斥责了我——“你嫌他们穷吗？”我至今还清晰地记着母亲当时的目光……她使我从小懂得了一个道理：人与人是平等的，要学会善待周边每一个人。

2008年汶川地震，当我从电视报道中看到大楼倒塌时，一个个平时默默无闻的老师，没有丝毫犹豫，将生的希望留给学生；当我看到南京第一赈灾义捐者，竟是一个清洁工人将半个月的工资500元献出时；当我看到一个要饭的老人，将一大把零钱换成百元整钱投进募捐箱时，我彻底震撼了！这是存在于中华民族每个子孙心中最高的良知。国难见国魂，正是因为我们这个民族骨子里充满了善的基因，我们才孕育出如此绚烂璀璨的文化。

今天，母亲离开我们已经15年了，但母亲的精神一直呼唤着我们要关心家人，善待百姓。

记　者：据了解，2007年南京市曾由市民自发投票选出南京最热心慈善事业的人士，您高票当选为南京首届“十大慈善之星”；2008年您被江苏省人民政府授予“博爱勋章”，2010年被国务院防治艾滋病工作机构授予“爱心形象大使”称号；2011年您荣获国家“第六届中华慈善奖·最具爱心行为楷模”称号；2013年被江苏省人民政府授予首届紫金文化荣誉勋章；从2010年至今，您的慈善事迹两次入选全国政协“善行天下·政协委员慈善公益事迹展”……您的慈行善举，为广大艺术家增添了光彩呀！

言恭达：这么多年来做了一点事，党和组织给了我不少荣誉，其实我根本不看重这些“光环”。说实话，艺术家能留给社会、留给历史的是他的作品与口碑。这些慈善之事我愿意扎扎实实去做，并不是想显示什么，不必宣传得那么高。

时代的本质是生活，时代的生命是民众，老子讲“知常复命”，这是传统文化的生存智慧。艺术家要在求学问、明事理中，回归生命的常态，这种文化体悟与哲学思考启示我们：要维护全社会文化利益的公平，体现现代人文关怀，召唤文艺责任的回归。

言恭达慈善文化如是说——

艺术家成大事要修炼格局境界，此关不突破很难有大作为；艺术家成大事要修炼心性，此乃大智慧也！此关不突破永远只能做所谓的个人英雄，只能做小人物，永远感受不到团队带来的成就。现在很多人都在讨论什么是幸福，其实幸福不是你拥有了什么，而是身边的人因为你的存在而感到快乐！社会因为你的创造而增加一份人文价值！

行善是一种社会责任，一种民族担当。不能想象，一个不具备对现实关怀的艺术家能留下传世精品。

慈善是一种文化，一种情怀。首先，慈善是自我生命的需求，是每个人心中自然流露的爱泉，因此，它是自觉的，快乐的；其次，慈善是低调的，只有低调才能保证慈善行为的纯粹性；再次，慈善是平等的，要感受到被救助者的自尊。因此，慈善不是施舍，它是一种以大爱的精神去营造当今社会人人平等的和谐氛围。

有大爱的民族才是灿烂的民族。中华民族文化的核心理念是“敬天爱人”。在当前社会转型期，文化人更需要具备淡定之心、悲悯之怀、忧患之思，做到阳光下感恩时代，文化中敬畏传统，民生里关爱大众。

是人民养活了艺术家，是时代造就了当今我们这批书画家，我们和老师前辈们相比实在太幸福了。所以，我们今天没有任何理由不回报社会，感恩时代！当代的艺术家应从小技进入大道，从小我进入大我，从小文化进入大文化，从小众艺术进入大众艺术，从而实现自我，推动时代进程。

（原载于中国政协传媒网2014年2月13日）

完善立法和鉴定机制加强著作权保护

柴永强

今日上午，全国政协委员、中国书协副主席言恭达在北京国际会议中心接受采访时表示，当前我国著作权的相关法律已不能适应社会的发展需要，应与时俱进作出相应修改。特别是十多年来，民间文艺作品的著作权保护问题一直没有解决，严重影响了我国传统文化的继承、保护。

言恭达告诉记者，我国著作权法实施已经20年，而侵权盗版现象目前仍十分突出，尤其是美术、书法作品领域，假冒和伪劣赝品泛滥。对此言恭达认为，有必要加强著作权刑事保护力度，更多利用刑事手段打击严重的侵权盗版行为。

此外，我国文化产业正处于大发展时期，由此产生的著作权民事、刑事案件也在呈明显的上升趋势。而我们的版权鉴定机制建设明显滞后，由司法行政机关确认的鉴定机构太少，远不能满足实际需要。因此，言恭达认为，需要从国家层面推动各地创造条件，在中介组织或专业团体中成立有资质的鉴定机构。以江苏文联为例，已和江苏版权局进行合作，共同成立艺术家维权中心。专门处理著作权民事纠纷的鉴定工作。工作开展以来，为很多文艺家讨回了公道。

另一个棘手问题，是我国民间文艺作品的著作权保护一直没有相关立法。言恭达说，自1990年开始，我国著作权法第六条一直是“民间文学艺术作品的著作权保护办法由国务院另行规定”。但这一另行就是十多年，到现在还是空白。当前，我国政府正在大力倡导拉动内需，促进消费。这其中文化消费是不容忽视的重头戏，民间文艺作品由于贴近百姓生活，市场潜力很大，但版权保护的薄弱严重干扰了民间文艺作品产业化的进程。因此建议相关部门尽早立法调研，尽快出台民间文学艺术作品著作权保护条例。

（原载于中国网2010年3月4日）

言恭达捐百万助力“走出去”

徐　宁

北京语言大学言恭达艺术文化基金启动暨捐赠仪式日前在北京语言大学举行。全国政协委员、中国书法家协会副主席言恭达向北京语言大学捐赠人民币100万元，专门用于奖励和资助北京语言大学留学生及中国书法篆刻研究所海内外书画艺术活动、出版等项目。此前，言恭达还为雅安地震灾区和安徽贫困地区捐赠100万元各类图书。近10年来，言恭达通过出售自己的作品，总共向社会捐资1000余万元。

作为德艺双馨的著名书法艺术家，言恭达常年致力于文化公益事业，在全国享有广泛而深远的影响。他告诉记者，投身慈善既有家庭影响，也有自身的价值诉求。母亲的言传身教，让他从小就怀着一颗朴素的爱心，恪守中国传统文化中敬天爱人的人文价值观。他认为，一个对现实不具有人文关怀的艺术家，其作品将无法达到应有的境界。慈善是文化，是每个人心中自然流露的爱泉，慈善必须是低调的、快乐的和平等的。慈善应该成为艺术家生活方式的一种选择，艺术家通过慈善来提升自己的人文境界，从而完善作品中所透析的现代人文精神。

言恭达希望此基金的设立，为中华艺术文化在世界的传播出一份力。中国语言大学有来自世界180多个国家1万多名学生在这里学习，他希望各国留学生“走进来”后再将中国文化“带出去”，对中国书法艺术国际教育和中国艺术海外传播起到一定的推动作用。

（原载于《新华日报》2013年12月20日）

政协委员言恭达建议用优秀传统文化提升“官德”

安　莹　刘伟伟

怎样才能提高各级领导干部的执政水平，真正做到执政为民？昨天，全国政协委员、中国书法家协会副主席言恭达在接受现代快报专访时，建议编纂《群书治要》续篇，并以此作为各级党校、行政学院干部培训的重要教材，帮助提升领导干部们的“官德”。同时他还提出，文艺工作者应该力戒浮躁，耐得住寂寞，在人民、社会的大爱中寻求闪光点，创作出时代精品。

建议编纂《群书治要》续篇，可当干部培训教材

这次参加全国两会，言恭达带来了八个提案，这其中花费最大力气的一个就是建议编纂《群书治要》续篇。

《群书治要》是唐贞观初年，魏征及虞世南等大臣奉命编辑的治世要典。言恭达委员认为，《群书治要》汇集的古圣先贤的治国智慧、理念、方法、经验与成效，它所承载的圣贤文化教育思想，不仅是中华民族自立于世界强国之林的重要文化命脉，也是全人类各民族实现和平发展的智慧源泉。当前，在社会上广泛宣讲《群书治要》，不仅可以加强官德修养，提升领导者务须注意的用人、观人、得人之道等，而且有助于国人树立高度的文化自觉和文化自信，推动中国重现盛世之治、实现中华民族伟大复兴。

言恭达表示，《群书治要》至珍至贵，但在中国5000年的文明中，这部书只包括了上始五帝，下迄晋代（即中华5000年文明史前半段）的理政经验。而隋朝以后，也积累了丰富的治国理念，同样需要总结成书，“应编纂《群书治要》续篇，使之与《群书治要》一起，完整地呈现中国传统文化典籍中的

精华，以此作为各级党校、行政学院干部培训的重要教材，并号召全社会学习”。

言恭达委员为此建议：由中央财政提供专项经费，用于支持《群书治要》续篇编写、出版和宣传推广工作。成立《群书治要》续篇编辑出版委员会。组织专门力量从《四库全书》等典籍中，萃取隋唐以后治国理政的思想，依照《群书治要》的内容、体例，编纂《群书治要》续篇。

文艺工作者，要在人民和社会的大爱中寻求闪光点

作为文艺界别的政协委员，言恭达告诉记者，此次参加全国两会，与往年感触略有不同。这其中最关键的原因就是去年10月15日习近平主持召开文艺工作座谈会，此次全国两会期间，不少代表、委员还在讨论。

在市场经济条件下，文艺工作者怎样创作出优秀的作品？言恭达认为，作为当代的文艺工作者或艺术家，首先要确立以人民为中心的创作导向，其次是做到在市场经济条件下不迷失方向。“习主席讲话中除了要求有社会担当和服务理念，还提到任何作家、艺术家的立身之本是作品，因此要努力创作优秀的文艺作品或时代精品。”

作品是否成为精品，是衡量一个文艺工作者的主要标准，言恭达认为，文艺工作者要在三个方面把握好。首先是要有时代的人文关怀和审美情愫，不仅要有高度，也要有对老百姓和时代的人文观。其次是力戒浮躁，安下心来开掘传统，同时思考目前的时代特质和个人特点，将两方面相融合，并在创作中耐得住寂寞。

最后一点是要坚持读书和思考，“艺术家读的书很多，但关键是要对提升艺术创作能力有帮助”。言恭达认为，读书之后还要思考，深刻理解当下的时代需要怎样的审美导向和艺术作品。

“我们需要守护文化，让艺术回归心灵，并在人民和社会的大爱中寻求闪光点。”言恭达表示，在以上三个方面的前提下，坚持文化信仰，我们的文化作品就有希望有力量，“不能只满足于文化价格，而忽略文化价值”。

（原载于人民网2015年3月9日）

让书法艺术融入到民生当中

江 迪 丁云霏

说起自己的中国梦，言恭达希望：让书法艺术融入到民生当中，让拿起毛笔成为一种大众的生活方式，这时，中国传统文化中的道德便自然而然内化于心，雅文化将成为一种流行的生活风尚。

说起言恭达，有太多的身份可以介绍。几乎每个身份背后都有说不完的故事：作为全国政协委员，他深入调研，积极履职；作为艺术家，他继承传统，践行创新；作为慈善人，他广播义举，兼济天下。每一个身份背后，都是一个世界。或许从言恭达的名字起步，可以探索他的世界。

言

就在接受《人民政协报》专访前一天，言恭达刚刚参加完江苏省政府参事调研，从苏州回到南京。这一次调研的是历史文化名镇名村。4天的时间，去了7个镇村，言恭达和同事们调研时深入细致，收获颇丰。

作为全国政协委员和江苏省政府参事，使言恭达有了许多调研的机会。只要条件允许，他都尽可能参加。这些调研，为言恭达“立言”提供了肥沃的土壤。

“作为一名政协委员，言恭达密切关注界别群众的呼声。在担任江苏省政协委员的时候，他就非常积极地撰写提案，提交大会发言，在小组讨论时也能谈出真知灼见。到担任全国政协委员之后，这个作风进一步发扬光大。”全国政协委员、江苏省政协副主席朱晓进说。

作为一名艺术家，言恭达“立言”的领域首先选择在文化艺术领域。2008

年全国两会上，言恭达注意到，有些政府职能部门只看到了现代艺术发展所带来的文化产业机遇，给予了政策与扶持，但对于现代艺术中有损国家形象的创作，却缺乏相应的管理措施。对此，言恭达呼吁：针对中国现代艺术发展要建立相应的创作、展示和市场管理机制，要将中国现代艺术对外文化交流，上升到树立国家形象和文化安全的高度，要加强对中国现代艺术创作队伍的引导和管理。

翻看言恭达历年提交的大会发言和提案可以发现，每年他都会有多件与"三农"相关的发言和提案。青少年时代的言恭达曾经有着多年的农村生活经历，这段生活经历让他至今对农村和农民有着天然的亲近感。这种亲近感也对他"立言"产生了深远影响。担任政协委员之后，他连年撰写提案，为"三农"问题提出建议。而社会治理、养老体制、职业教育、医患关系等社会民生领域也常能听到他的声音。

"一个不了解社会、不关注民生、不感悟生活的艺术家，一个对现实不具备人文关怀的艺术家，他的艺术作品绝不可能被时代认可，成为一种历史文化遗存。我不愿意也不会做一个蜷缩在书斋里的文化人、一个时代的隐者。我主张我现在所从事的诗、书、画、印的艺术创作，必须将传统的特点、时代的特质与个人的特色有机结合，这就必须贴近现实、贴近生活。面对民生，需要我们去关注、观察和思考。一个远离时代的艺术家不会有太大的成就。"言恭达这样认为。

恭

言恭达出生于江南历史文化名城常熟。他是孔子72贤弟子中唯一南方弟子言偃84代世孙。书香世家的熏陶和地灵人杰的虞山山水让言恭达自小便得到受用不尽的文化滋养和渊雅醇古的艺术濡染，也对中国文化和书法艺术充满着恭敬之情。

青少年时代的言恭达经历了7年上山下乡苦其心志劳其筋骨的锻炼，其间曾经有一段拉纤的经历，11天时间和农民们一起把一条水泥船从常熟沙家浜拉到上海装饲料。在那11天里，他一边拉纤，一边背诵刚刚借到的半本《草字汇》。正是生活的波折和磨难坚定了言恭达"目标始终如一"的书学信念，

“那时候我想，我只有这个条件，我已经进门了，那么干一行就要精一行。”言恭达说。

20世纪80年代初，言恭达得以师承学界鸿儒沙曼翁。初次登门，言恭达呈上一副石鼓对联，沙老仔细点评，并称赞所书气息“不俗”。那一次，沙老指着自己的篆书横批“读书万卷可医一俗”，告诫言恭达要将才气与刻苦、临帖与读书结合起来。

从此，言恭达跟随沙老学书法、篆刻，师徒俩或在庭院里面对绿蕉沏茶品茗，或漫步园林道古论今。沙曼翁先生对艺术的至诚至真与做人的率直淡泊都深深影响着言恭达。与恩师30多年恬淡随意的茶谈，如春雨一般润物细无声，让言恭达逐步养成了“砚边点滴”的思考与积累，在对书画印美学感悟和把握的同时，阐发了其对中华传统人文品格与艺术精神的建构与弘扬，让言恭达对书法本体和时代意义有了全方位思考。

当下书法家要写什么？这是言恭达思考很久的问题，难道还要一直写“春眠不觉晓”吗？言恭达认为，书法反映的是汉字的艺术，它是由历史情境而造就的。书法艺术的灵魂活在书写者与欣赏者的情感共鸣中，书法不仅仅具有审美功能，它是中华文化最重要的传承方式，数千年的文字书写孕育了中华民族独特的文化内置。言恭达提出为人生而艺术，将书法艺术还原于文化，求真于经典，要让书法艺术引领方向、提升大众审美层次，推动社会俗文化向雅文化发展。要让书法艺术积累于当下，“今天的创造将是明天的记忆”。

多年前，言恭达就开始以自作诗感悟生活、感恩时代、感知民生。提及自己书法作品中对时代的关注，言恭达说：“我恋古，但不守旧；我天天与古人对话，但又时时吸收时代的新鲜空气。”言恭达心中的书法经典，绝不是在文斋中埋头苦练出来的，而是提高眼界，关注世界，用阅历的财富去写出时代的精神。

“恭”逢盛世。2008年，北京奥运会给一直想写当代重大题材的言恭达提供了契机。他选择何振梁先生在莫斯科申办第29届奥运会的陈述演讲，完成《我的中国心》这幅17米大草长卷，收藏于国家奥林匹克博物馆。

2010年，世博年。言恭达一直在想：写什么？直到4月30日，他听到胡锦涛同志在世博会贵宾宴会上作祝酒词《让城市更美好》时，灵感迸发。“五一”长假，言恭达在家里，静静地写成了25米大草长卷。国家博物馆馆长吕章申听说后找到言恭达：“这是‘当下的精品’，理当为国家博物馆收藏。”

此后，言恭达为联合国首届中文日活动精心准备了24幅作品，向世界展示中文作为联合国官方语言的影响力与艺术魅力。2011年，APEC峰会期间，言恭达受邀参加美国夏威夷大学APEC文化论坛，时值辛亥百年和中国共产党成立90周年，他创作的48米《世纪脊梁·推动二十世纪中国历史进程伟人诗文》大草长卷同期在夏威夷大学展出，震撼海外。2012年，伦敦奥林匹克美术大会上，在70多个国家500多幅美术作品中，言恭达的15米大草长卷《体育颂》是唯一一幅中国书法作品，广受好评。

这些大草长卷不仅都是重要的历史文献，也是书法艺术内容与形式在时代创新的有效尝试。它承载着当下时空的许多元素，白话文、现代叙述方式、全球文化背景、人类重大历史事件记载等。与一般意义上书写的唐诗宋词、古文辞赋不同。“古今中外，任何艺术都是时代的产物。回顾历史上具有传世经典的艺术作品时你会发现，这些作品大都在传统的形式下注入了那个时代的新元素。我理解，这才是真正的继承和创新。”言恭达说。

达

达则兼济天下。言恭达也在用心去助人腾达，这与其从小接受的家风熏陶不无关系。

说起对自己从善之心影响最大的人，言恭达提起了自己的母亲。言恭达的母亲喜爱读书、开明进步，传递给子女们最重要的价值观便是平等、自强、报国，信奉“不要做大官，要做大事”，更营造了“轻财重才，尚德崇义”的家风。

母亲助人帮人的事情太多，言恭达说自己还很小的时候特别不理解，现在想来，自己一直被母亲潜移默化地影响着。小学六年级那年，家在产棉区的舅婆用新棉花打了一床棉胎送过来。在1960年那个物资匮乏的年代，这床厚实的棉胎是不可多得的好东西。可转眼之间，新棉胎就不见了，母亲说送给同一街道的一家五保户了，那一家三个孩子睡一张床只盖一条破被子。年幼的言恭达对母亲说：我和弟弟也要新被子啊！母亲叹了一口气说，人家小孩已没被子盖了，你们好歹还有旧被。

母亲对这户贫困人家特别照顾，有一天她路过看到那三个孩子没人做饭在哭闹，就叫到家里来和全家人坐在一起吃饭。当时年幼不懂事的言恭达嫌他们脏，不愿上桌吃饭。母亲突然十分严厉地呵斥："你嫌他们穷吗？"言恭达说自己至今还清晰地记着母亲当时的目光。"她使我从小懂得了一个道理：人与人是平等的，要学会善待周边每一个人。"

说起自己的悲悯情怀，言恭达淡淡地笑道，其实慈善已成为一种生活方式。中国社会正处于转型期，而自己身为文化人，要秉持仁者爱人的中国民族美德，身体力行，热衷和参与慈善，不仅是艺术家对社会的回报，对人民的敬畏，对生活的感恩，更应该将此行动融入日常生活方式之中。

言恭达多年来通过出售自己的艺术作品，将所得款项为四川汶川地震灾区、青海玉树地震灾区、江苏红十字孤儿学校、全国艾滋病防治、江苏省体育发展基金等无偿捐资1000多万元。2008年被江苏省人民政府授予"博爱勋章"，2010年被国务院防治艾滋病工作机构授予"爱心形象大使"称号；2011年荣获国家"第六届中华慈善奖·最具爱心行为楷模"称号，2013年被江苏省人民政府授予首届紫金文化荣誉勋章。

提及这一个个有分量的荣誉，言恭达谦虚地说自己并不想用这些去显示什么，慈善之事只想去扎扎实实地做，并且用心去做到位。

2012年成立的言恭达文化基金会是以言恭达个人名义命名的非公募基金会，也是江苏书法艺术界唯一的文化基金会。基金会以资助公益文化艺术事业，扶持文化艺术优秀人才，推进当代文化经典积累，促进海内外文化艺术交流，弘扬中华优秀文化为宗旨。

言恭达也努力营造助人腾达的社会环境。他曾经向全国政协提交《关于慈善文化培育的几点建议》的提案，提出将慈善理念作为一个专门学科，一种生活方式来对待。他表示："慈善是个人内心自然流露的爱泉，因此，慈善是不图回报的、低调的、是快乐的！"

让中国艺术走向世界舞台，让传统文化融入现代生活。说起自己的中国梦，言恭达希望：让书法艺术融入到民生当中，让拿起毛笔成为一种大众的生活方式，这时，中国传统文化中的道德便自然而然内化于心，雅文化将成为一种流行的生活风尚。

（原载于《人民政协报》2014年6月10日）

艺术创作不能丧失价值底线

王　婷

本报从3月29日起围绕某些当代艺术丑化中国人形象的现象连续发表了《不要丑化中国人的脸》等5篇相关文章，引起了全国艺术界和社会各界的强烈反响。对此事的探讨起源于今年全国“两会”上的一份提案，以中国书法家协会副主席言恭达为首的10多位政协委员联名呼吁，谨防“现代艺术”丑化中国人形象。为此，本报记者追本溯源，专赴南京采访言恭达先生，请他更具体地剖析“不要丑化中国人的脸”的深刻内涵。

记　者：在今年的“两会”上，以您为首的10多位政协委员联名呼吁，谨防“现代艺术”丑化中国人形象。请问当时提出这份提案是出于什么样的考虑?

言恭达：首先我要说明的是，艺术作品的创新追求是艺术家个性存在的自由与张扬的需要，尤其是“现代艺术”由于它特有的前卫性，应当允许艺术家在全球化语境下，以自己独特的艺术语言符号去表达对生活的感受和对世界的寄语。

但问题是艺术创作不能丧失价值底线。我们要思考艺术价值的底线和对当下的意义。如果我们以“85新潮”作为中国现代艺术的滥觞，那么，中国现代艺术已经走过了20多年发展历程。由于中国现代艺术从艺术观念到表现手法多是以西方价值判断标准为核心，大多迎合西方艺术审美观念，因此当代现代艺术的游戏规则中缺少博大精深的中国传统文化支撑。在艺术的内容与形式的关系上，艺术价值的体现很大部分是由它的内容支配的，我们看到“现代艺术”在“探索”中的一些作品不但严重丑化了中国人形象，甚至有些国家领导人的形象也被恶搞与丑化。这不仅有损于中国国家形象，而且还潜移默化地体现西方意识形态的渗透，危及中国国家文化安全。此外，“现代艺术”的有些作品在海外的拍卖会上以天价成交，造成了大批年轻艺术家的效仿和跟风。基于中国现代艺术当下的现象，我提出了相关的提案，并得到10多位全国政协委员的响应。

记　者：请您陈述一下这份提案的基本观点和相关内容？

言恭达：提案的题目为《加强对中国现代艺术创作、展示和市场管理》。整个提案分三部分：第一部分，是对中国现代艺术发展现状的分析，指出了中国现代艺术发展的背景、历程和特点。第二部分，提出了中国现代艺术发展中存在的一些问题：一是一些中国现代艺术是以西方价值判断为中心的，一些创作迎合了西方人的胃口，不仅普通民众甚至连国家领袖的形象也遭到了丑化和诋毁；二是党委和政府职能部门对于这类非体制内的、非主流的中国现代艺术的创作、展示和市场管理好多基本处于失语状态，在中国现代艺术作品参加世界性展览时，缺乏一种严格的审查机制。第三部分，提出了解决中国现代艺术存在问题的相关建议：一是努力建立中国现代艺术的价值体系，摆脱对西方形式的依附和对西方审美的投机；二是党委和政府职能部门应建立针对中国现代艺术发展中创作、展示和市场的相应管理机制。

记　者：对“不要丑化中国人的脸”的讨论引起了美术界乃至全社会的广泛关注，您对此是怎么看待的？

言恭达：我们注意到，提案经过《美术报》等媒体的报道，在当下美术界已引起了很大的反响，收到了很好的效果。“一石激起千层浪”，正说明“现代艺术”丑化中国人形象的现象是严重存在的，才会引起广大文艺界维护国家形象、维护文化安全的共鸣。

当然我们也从来没有否认现代艺术对当代美术做出的探索性贡献，也没有否认现代艺术作为一种艺术流派存在的合理性。只是指出部分现代艺术作品，一味追求丑化中国人的形象，甚至对领袖人物、时代英雄形象的恶搞、诋毁和丑化，失去了中国艺术家应有的道德良心与底线。

需要强调的是，我们的提案和我的言论不是针对某几位现代艺术家，而是作为一种现代艺术创作中的倾向或思潮而提出的。前些日子某书画报的记者文章中，为了追求新闻效果，未经我同意擅自列出了几位著名现代艺术领军人物的名字，这不仅和提案内容不符也没有忠实我的原意。

记　者：您认为那些丑化了中国人形象的作品有怎样的危害？

言恭达：有多重危害。由于这类“丑化作品”往往以中国身份参与各种世界性的展览，甚至有些作品以“天价”在拍卖会上成交，在利益的驱动下造成一大批年轻艺术家的仿效和跟风。

而且，由于中国现代艺术，特别是一些“丑化作品”是建立在西方价值体系基础之上的，所以，很难或根本不可能发展、构建出具有中国精神和自我价值的学术体系，只能以西方价值判断为标准迎合西方艺术观念，最终误入歧途不可自拔。

更加严重的是这类“丑化作品”严重影响了中国人民在世界的形象。我们的当代艺术家应该有较强的政治意识，谨防西方反华势力利用现代艺术形式，进行意识形态的渗透和颠覆，这很可能会危害中国国家安全。

记　者：在当前形势下，您认为现代艺术怎样才能健康发展？

言恭达：由于从事中国现代艺术创作的群体，主要以非体制内的职业画家为主，大都疏于管理和关注。因此，党委与政府职能部门要重视并帮助建立一套相应的创作、展示和市场管理的有效机制。作为党领导下的人民团体——中国美术家协会，要在繁荣当代美术创作的同时，重视关注非体制内的现代艺术的文艺思潮与生存状态，确立当代美术创作具有中国气派、中国精神的时代主流文化。中国现代艺术只有深深地根植于博大精深的中国传统艺术的土壤之中，汲取现代艺术精华，建立中国自己的现代艺术审美价值体系，才能从本质上走上现代艺术创作的新路。

同时，广大媒体要有正确的舆论导向，弘扬真善美，揭露丑恶、媚外的现象，为中国现代艺术的健康发展作出自己的贡献。我们的现代艺术家在艺术探索与追求中要有中华民族的自信心，要以创作积极、健康向上的艺术形象的责任，要有敏锐的眼光和远大的抱负，致力于创作出具有中国气派的现代艺术作品。

（原载于《美术报》2008年5月10日）

政协委员要关注群众的关注

周洪双

“政协大会是反映问题和呼声的最佳机会，决不能空手而来。”今年两会，全国政协委员、中国文联全国委员会委员言恭达带来了好几份提案，涉及扶持民营养老机构发展、推动慈善文化建设、加强历史文化名村保护和实施农村饮用水安全工程等问题。

“你是艺术家，为什么没有关于艺术的提案呢？”面对记者的提问，言恭达委员说：“在这里我是政协委员，要关注群众的关注，为他们发出声音，而不应局限于专业领域。”

这是言恭达担任政协委员9年的心得。9年来，言恭达委员提交了70多份提案，涉及农家书屋、农民工子女教育、城镇化、公共文化服务等具体问题，这些提案都是经过深入调研而提出的，其中很多建议都得到了相关方面的重视。

作为书法家，言恭达委员也为书法教育发出过呼吁。几年前，在他和其他委员的推动下，全国中小学书法教育得到重视。他还直接参与了全国中小学书法教师培训工作。后来，他参加了全国政协组织的一些调研后，发现还有很多问题需要解决，参政议政视野便逐步拓展开来。

“群众生活还面临不少困难，政协委员有义务为之呼吁。”言恭达委员将他的重点关注领域分为国家宏观政策、文化建设、民生问题三类。超越专业领域，也得确保提案质量。为此，言恭达委员每年要花大量时间参与调研。2015年，他随全国政协委员视察团就“特殊教育发展和管理情况”开展调研后，向视察团提出很多建议，其中独到的观点令调研报告的执笔同志有些吃惊：“你是艺术家，怎么对特教问题这么熟悉？”“调研。”言恭达委员的答案只有两个字。

言恭达委员做调研是很讲究方法的。“我非常注意与各方面的人打交道，听取不同声音，这样才能全面了解真实情况。”艺术家的身份让他容易听到真实的声音，这让他的提案提到点子上，建议具体可操作。

今年两会前，言恭达委员专门找到相关领域的专家为自己的提案提意见。他说：“议政不是发牢骚，要说得对，才能帮助解决问题，才能发挥政协委员的作用。”

（原载于《光明日报》2016年3月10日10版）

言恭达委员两会建言：切不可信口开河敷衍了事

姜天骄

全国政协委员、国家一级美术师言恭达今年带着8个提案来参加两会。已经连续两届当选政协委员的言恭达，今年专门对自己的8个提案进行了认真的推敲。关于新形势下进一步加大版权保护力度的建议、关于“网页弹出式广告”监管的建议……他要求自己的提案务必言之有物、简洁务实。

“前不久，网上评出群众最反感词句，‘高度重视、亲临现场、重要讲话’都赫然在列。”言恭达委员坦言，“过去我们一些领导，包括新闻媒体都爱使用这样的词句，多年来如此，而且越说越上口。自从中央要求转作风、改文风、正学风后，情况的确有了明显改观。”

在言恭达委员看来，两会代表委员发言“如果说话中心不突出，思想不明确，尽是空话、大话和套话，那就辜负了人民对我们的期望。作为政协委员，我们的发言要真正反映社情民意，敢于提出自己的观点并对它负责，充分发挥委员作用。切不可信口开河或者敷衍了事”。

今年的两会与往年相比，严格控制了文稿的篇幅，侧重反映意见和建议，增强讨论实效，鼓励委员畅所欲言，讲真话、讲短话。言恭达委员说：“在拟定今年的提案前，我征求了各方面群众的意见、建议和要求，最终形成一个建设性的提案，还要在调研总结、归纳概括和语言写作能力方面多下功夫。”

（原载于《经济日报》2013年3月4日）

政协委员言恭达谈两会热点

言恭达，1948年生，江苏常熟人。全国政协委员，中国文学艺术界联合会全国委员会委员，中国书法家协会副主席，中国书法家协会教育委员会主任，中国国家画院院务委员，江苏省文学艺术界联合会副主席，江苏省文化发展基金会理事长。南京大学、东南大学兼职教授，博士研究生导师，东南大学书法研究院院长。国家一级美术师，享受国务院特殊津贴专家。

记　者：言恭达先生，您是全国政协委员，又是一位当代极具影响力的书法艺术家。据我们所知，您每年都有很多非常有质量的提案提交到“两会”。今天，我们想采访您，请您谈谈今年为两会所提交的提案情况。

言恭达：今年是第十一届全国政协第五次会议了，过去的四次政协会议我每次都提交七个左右提案，绝大部分都作为大会书面交流、收入大会书面发言汇编集。今年，我又准备了八个提案，主要涉及到农业文化遗产保护、农民专业合作社、基层群众文化队伍建设、公益性社会组织在社区服务中作用、公共图书馆资源延伸到社区、医疗纠纷调解机制、提高外向型出版物质量以及著作权侵权最低赔偿数额等诸多方面。

记　者：我们注意到，作为一个专业书画家，您平时所从事的社会文化活动非常广泛，所涉及的文化领域也很丰富，我们从这次您提交的多数是“惠民”提案就进一步得到了印证。您能就这次提案的具体内容和我们谈谈吗？

言恭达：可以。先谈谈老百姓在看病中常碰到的医疗纠纷事件吧。据卫生部的统计，全国每年发生的医疗纠纷超过百万起，平均每年每家医疗机构发生医疗纠纷的数量高达40多起，医疗纠纷致医生死亡的恶性事件也时有发生，严重影响了正常医疗秩序，对医务工作者造成了很大的精神压力。事实证明只有建立一个能整合各方力量的第三方机构才能有效应对医患纠纷。在这方面，江苏省南通市的经验值得重视。新华社称：南通医患纠纷调处新机制的建立为新形势下化解医患纠纷打开了第四扇门。为了更好地通过加强和创新社会管理，有效化解医疗纠纷，我们建议：一是积极推广南通成功经验，在各地社会管理综合治理委员会领导下，建立相对独立于医院和卫生部门，同时又能有效整合各方力量的第三方的医疗纠纷调解机构，承担起医疗纠纷中私了、官了两种处理方式，使患者能很好维权，也使医闹没有市场。二是大力推广医疗事故责任险。因为医疗事业是一个高风险的行业，完全杜绝医疗事故既不可能，也不现实。为了让广大医务工作者能放下心理包袱，解决后顾之忧，全身心地投入医疗工作之中，有必要设定医疗事故责任险，可根据医务人员所从事医疗工作风险的大小，工作年限的长短，既往的业绩（包括事故的记录）购买不同额度的保险金额，对于出了事故的医生应提高下一年度的保费金额，对未出事故的医生在购买责任险时给予一定优惠。院方也对责任险给予一定的资助，一旦发生医疗事故，由保险公司根据案情理赔，避免院方与患者的直接争执和讨价还价。三是开设医疗意外险。医疗事业不仅是一个高风险的行业，而且是一个存在很多未知因素尚待探索的行业，有时会遇到不明原因的医疗事故发生，如有些患者对某些药物高度过敏，但事先并不知道，结果在青霉素、麻醉药等皮试中就发生严重过敏反应，甚至造成死亡。这属于意外事故，医务人员并无责任，但患者及家属心中不平，不能理解，也难以接受，引起纠纷。对于此类情况，只需在挂号费或住院费中附加小额度（一两角钱）的医疗意外险，患者负担不大，但一旦发生意外事故，即可由此险赔付，以避免医患双方的冲突。四是尽快为医疗事故处理立法。鉴于2002年颁布实行的《医疗事故处理条例》不能满足医疗纠纷处理的需要，因此应根据形势的发展和各地近年来医疗事故处理中摸索出的成功经验和失败教训，尽快制定完善的《医疗事故处理法》，使医疗事故处理有章可循、有法可依，为构建和谐医患关系，维护正常医疗秩序，促进医疗事业的健康发展保驾护航。

记　者：“创新社会管理”是近年来党和政府提出的一项重要的战略决策。您这次也有这方面的提案，其主要内容是什么?

言恭达：我国“十二五”规划纲要明确指出，要“发挥群众组织和社会组织作用，提高城乡社区自治和服务功能”，“培育扶持和依法管理社会组织，支持、引导其参与社会管理和服务”。可以说，社会组织参与社会服务是推进政府职能转变、满足社区居民的多元需求，化解社会矛盾，保持社会稳定、促进社会和谐的必然举措，培育和扶持公益性社会组织参与社区服务，苏州和上海已经进行了多年的探索、尝试并取得了很大的成就，同时也存在着一些困难和问题。我们在进行深入、细致调研的基础上，提出如下建议：一要更新观念，加快政府职能转变。创新社会管理和公共服务机制，形成党委总揽全局、政府负责实施、社会各方协同、公众广泛参与的社会管理格局。可以说，社会组织参与社会管理和社会服务，是现代社会的重要特征。为此，必须更新观念，解放思想，全面推进政府职能转变。二要完善机制，加大政府购买服务的力度。在政府职能转变的过程中，要认真研究和梳理政府现有工作事务的范围、领域，鼓励公益性社会组织来承担某些可转移、委托的职能，完善“政府承担、定向委托、合同管理、评估兑现”的新型政府公共服务提供方式，强化政府购买服务的力度。具体来说，可以通过公益创投、公益项目招投标等形式，引入竞争机制，确定符合相应标准和要求、具备相应资质和服务能力的公益性社会组织作为政府购买服务的项目实施机构。三要构建孵化平台，加快培育和发展公益性社会组织。鉴于目前公益性社会组织自身发育能力较弱，可以构建孵化平台，建立公益园区，加快培育和发展各类公益性社会组织。可借鉴上海市浦东公益园的做法与经验。四要加大对公益性社会组织的政策扶持力度。出台一些有利于公益性社会组织发展的政策和法规，明确公益性社会组织的地位和性质；出台一些有利于公益性社会组织发展的财政政策，加大对公益性社会组织的财政支持，减免征收公益性社会组织的税费，减轻公益性社会组织的负担。五要重视专业人才培养，提高社会工作者的待遇水平，形成一支高层次的专业人才队伍。还要根据我国社会经济发展的需要，确定社会工作人才队伍的总量，通过高等教育与职业教育相结合、脱产教育与在职教育相结合的方式，培养社会工作专业人才。六要加强公益性社会组织自身能力建设。公益性社会组织应增进与不同领域、不同背景的社会组织的交流合作，汇聚各类专业、示范性组织的优势，拓宽自己的业务范围，放大职能，朝多元化方向发展。同时，公益性社会组织也应积极与高校交流合作，探讨社会组织工作的开展和专业工作人员培养，实现高校人才的高效利用。

记　者：在国家文化战略中“走出去工程”是中华民族文化复兴的重要途径和方法，其中，外向型出版物的宣传与交流是实施这一工程的载体，你如何看待?

言恭达：党的十七届六中全会强调实施文化走出去工程，创新文化走出去模式，为文化繁荣发展提供强大动力。外向型出版物是推动“文化走出去”的重要载体和前沿阵地，对于实施文化走出去工程具有重要意义。虽然各地在这方面做了一些卓有成效的工作，但是总体看，外向型出版物的状况并不均衡，整体水准也不是非常理想，主要的问题在于质量不高、形式单一等，严重影响到我国文化输出的形象和受众面，因此我们提出：一是实施精品战略。各地党政部门编印的外向型出版物，应在中央外宣办指导下，由各省外宣办和各市外宣办统一扎口管理，实行统一规划、指导，提高策划、编辑、制作水准。外向型出版物不宜先求多，而应先求精。各地党政部门及省级机关要编印的外向型出版物应先由各地外宣办统一上报各省外宣办。由各省外宣办组织专家队伍进行论证，确定由省或市重点打造的外向型出版物。对未列入重点打造的、各级党政部门编印的外向型出版物，应规定各级财政不予以支持，以免造成浪费。二是对需重点打造的外向型出版物，应在对现有的外向型文化资源进行全面调研和充分分析的基础上，组织专业力量进行策划和编写。可分层次、分步骤操作。有些外向型出版物可在全国的层面上来组织编写，有些可以分由各个地方来组织编写。同时要让专业的国际合作、外文翻译及出版机构在前期充分介入，以确保定位的准确及内容的易接受性。三是创新外向型出版物的形态。应充分利用数字化技术带来的新形式和新机遇，打造对外交流数字出版平台。可以建立非官方或半官方性质的“中国与世界”门户网站，把全国的外向型文化资源整合到这一平台上，以形成整体的影响力。在提供全方位文化信息的同时，还可以吸纳国内外向型文化企业加入这一平台，整合电子商务业务，从而使外向型数字出版平台真正服务于文化产品与文化服务走出去。四是外向型出版物要摆脱宣传册这样一种传统定位，和文化产品紧密结合起来。外向型出版物作为图书产品，要广泛开拓现有的各种开放型网络渠道，要与各种文化走出去活动，比如书展、演出等紧密结合，成为文化产品和服务的一部分。还要充分利用我国文化遗产资源，与外向型出版物相结合，推出有特色的特许文化产品和服务。

记　者：据了解，当前农村“农民专业合作社”对新农村建设在科技创新、科技推广和应用以及提高科技人员素质，起到了巨大的作用。但是，如何提升农民专业合作社科技、管理水平，进一步提升农业社会化服务，从而让我国的农业生产再上一个新台阶，还有很多有待解决的问题，您有什么建议和具体举措？

言恭达：关于“农村问题”我每年都有提案，如2009年“关于新农村传统文化保护”，2010年“关于农民工技能培训”以及2011年“关于大学生村官工作”等。这次我又提交了两个，其中就有关于如何办好农民专业合作社。目前，广大农民专业合作社已逐步成为我国农业生产的主体，它们的生产、管理水平也决定了我国农业的生产、管理水平。农民专业合作组织的发展，对新农村建设产生了极大的影响，提高了农产品的市场竞争力，提高了农民组织化程度，提升了农民的科技水平，同时也促进了农业增效，农民增收和农村稳定。为了办好“专业合作社”，使其更好地为农村建设服务，我们建议：一是重点扶持，畅通推广渠道。农业不仅要科技创新，更要将研发出来的成果推广应用。应以农民专业合作社为主体建立并完善农业科技推广体系，通过农民专业合作社来推广农业科技成果、通过提升农民专业合作社的科技水平来带动农业社会化服务水平的提高，实现整个农业的科技水平提升目标。二是相互结对，减少推广层级。应要求各级农业科研单位与相关农民专业合作社直接挂钩，通过网络、现场指导等多种形式提供技术支持，让农民专业合作社能在第一时间接触到最先进的农业生产技术和现代农业管理知识，缩短我国农业与发达国家农业的差距。三是强化培训，加快队伍建设。对农民培训的重点应是农民专业合作社的管理者和技术骨干。相关部门应加大培训农民专业合作社骨干力量力度。应参照招聘“大学生村官”等方式选派涉农专业的优秀大学毕业生到部分省、市级示范社任管理人员或聘为辅导员，构建合作社发展后备力量。应选派省、市级示范社的经营管理人员、技术人员到农林方面的高校研修深造。应在相关高等院校开设“农民专业合作社管理”专业，培养这方面的专业人才。

记　者：近年来，我国的农村由于生产、生活方式转变、水环境污染和人工养殖增多等原因，造成许多水域水生物减少、品种单一、传统捕捞技艺流失、水工建筑损坏、水乡风俗少见。许多地方为了片面追求经济利益，破坏了当地原有的树林物种生态，传统农业技艺失传、失存问题十分严重，请您谈谈这方面的建议。

言恭达：2009年我有一个提案是关于“农村传统文化保护的建议”，这次是有关“农业文化遗产的保护”。“农业文化遗产的保护”，简单地说是保护传统农业生产生态系统，具体的又分为：农业景观、生态耕作系统，还有农业的植物品种、生产工具、生产技艺、风俗习惯、自然地貌、居住村落等物质的和非物质的文化遗产保护。保护的主要目的之一是保护区域的农业文化独特性，所以，农业文化遗产保护主要是地域性生态特征的保护。为此我们建议：一是明确保护职责。由于农业文化遗产保护涉及多个方面，建议由各省农委牵头建立农业文化遗产联合保护协调机构，参加单位拟有文物、农业、水利、林业、畜牧业、渔业及环境保护等主管部门，以确定保护范围、各自职责、对原生态物种的修复、传统农业生产技艺、设施的保护等任务。二是摸清家底。应在非文物文化遗产普查基础之上，筛选出重点保护目录，尤其是濒临灭亡重要遗产，由上述部门按各自职责加以保护。三是建立专项的农业文化遗产保护专项资金。可以考虑在农业专项支持资金中，划出一定比例，用于农业文化遗产保护工作。同时，各级政府文化产业引导资金应设立农业文化资源专项资金。四是应培养农业文化遗产保护专门人才，扶持农业传统技艺传承人。五是规划、设计、建设一批重点农业文化遗产保护的专题馆、博物馆，建议把现场保护与建农业文化遗产博物馆相结合，即在有特色的农业文化遗产现场建立农业生态博物馆。六是建立地方农业物种保存和研究中心。七是重视支持特色农业（农业文化遗产保护基地）旅游的发展，扶持一批以具有当地传统特色的以水、渔、桑、蚕、茶、树等为灵魂的文化创意农业园。八是通过评估、鉴定建立一批传统农业技术生产实验基地、传统农业产品生产作坊，使农业文化遗产保护走专业化、品牌化道路。

记　者：您长期担任江苏省文联的领导工作，对如何抓好基层群众文化队伍建设一定了解的比较多，也有自己的看法，对吗？

言恭达：随着各地基层文化惠民设施的不断完善，基层文化站、体育健身场地的相继建成，基层群众文化活动在硬件方面有了很大改善。许多地方的基层群众文化呈现活动多、参与人数多、演出团队多等喜人景象。然而，同时还存在着四大不匹配，一是群众文化的表面繁荣与各层级的满意度不匹配；二是硬件上去后与落后的软件不匹配；三是经济发展与文化发展不匹配；四是群众文化的较快发展与组织领导力量的不匹配。为了更好地繁荣社区文化，提高社区文化建设水平，我们建议：一是尽快出台《社区群众文化团队管理和扶持办法》。明确界定社区群众文化团队的概念、内涵、外延和功能，社区群众文化团队的成立条件、登记流程、权利义务、日常管理、经费来源，政府部门的管理职能、扶持政策等。二是理清职能，重新定位，各司其职。建议由街道办事处出面，以购买服务的方式将辖区内文化团队的事务性管理，统一转移给社区民间组织来承担。街道办事处负责宏观引导和扶持，一方面在财力上予以充分保障，并赋予社区民间组织一定的财政自主权，另一方面建立完善的考核评估体系，定期对社区民间组织进行监督和考评。同时，居委会的职责也由直接管理转变为协调、监督和建议。三是提升社区群众文化团队民间组织的具体管理职能。联合会应在政府部门的引导下，加强自身建设，尽快担负起政府移交的相关职能。其具体职责是：制定年度规划、指导团队活动的有序开展，人、财、物的合理调配及使用；发掘社区文化人才、提升团队活动水平，努力打造群众喜闻乐见的品牌活动等。四是加强群众文化管理队伍建设。应设立“从业资格”，通过由省辖市组织的统一招考、持证上岗，完善并配齐文化管理队伍。应通过组织人事部门发文硬性规定基层要有1至2名文化专业人员。五是开辟“绿色通道”，引进“特需”人才。正如基层医院需要全科医生一样，群众文化也需要“复合型”人才，要有技能、能教、能说、会演、会策划、会组织。对这样的“复合型”人才，应在省辖市以上的文化部门考核认可的基础上，通过“绿色通道”特别引进。六是加大奖励力度，大力扶持业余文化队伍。应完善各项奖励机制，重点加大对有特色，有精品的业余文化队伍的奖励力度，使之不断提升知名度，扩大影响力，从而提升业余队伍水平。

记　者：党的十七届六中全会提出：“满足人民基本文化需求是社会主义文化建设的基本任务。必须坚持政府主导，加强文化基础设施建设，完善公共文化服务网络，让群众广泛享有免费或优惠的基本公共文化服务。”公共图书馆作为公共文化服务体系中的骨干力量，应在社区文化建设中发挥更大的作用。对此，您有什么具体建议？

言恭达：公共文化服务体系的特点是公益性、基本性、均等性和便利性，将公共图书馆服务延伸到社区可以说正是这些特点的具体体现。为了充分发挥公共图书馆在公共文化服务体系建设，特别是社区文化建设中的作用，让基层群众在家门口就能享受到公共图书馆的服务，读到更多、更好的书，应该从以下几个方面入手。

一是将省、市、县（区）公共图书馆在社区设立分馆作为文化惠民工程的一项重要内容，与文化信息资源共享工程同步推进。使社区公共图书馆分馆既有纸质图书，也有电子图书。同时应通过省、市、县（区）公共图书馆社区分馆建设，进一步扩大公共图书馆规模，满足群众的阅读需求。

二是同一城市社区公共图书馆分馆之间一定要做到互相联网、资源共享、通借通还。

三是设立专项资金，用于分馆建设和适应各分馆之间互相联网、资源共享、通借通还需求而建立的图书物流队伍及有关设备建设。

四是应从文化大发展大繁荣高度出发，要求各级财政部门进一步加大对公共图书馆的投入，并将增加的投入主要用于社区分馆建设。

五是对在同一城市的省、市、区公共图书馆，应为它们各自划分一定的社区让其建设分馆。

记　者：您担任江苏省版权协会副会长的职务，前几次政协会议中您均有关于版权方面的提案，如2009年《强化执法力度、优化执法机制、推进版权保护》，2010年《加强我国著作权立法和鉴定机构建设》，2011年《加强出版书号管理》《严厉打击通过网络销售侵权盗版制品》等有关版权保护方面的提案，这次有关著作权方面的提案是什么内容？

言恭达：是的，几乎每一次会议，我都有关于知识产权方面的提案，这不仅仅因为我担任江苏省版权协会的副会长，在省文联书记处也是分管“文艺维权”工作，而主要因为我国当前版权保护工作不容乐观，侵权、盗版现象非常严重，已影响到我国的自主创新能力和文化产业的发展，应当引起各届政府和广大群众的高度重视与关注。

记　者： 通过以上的采访我们感到，您作为一位全国知名的书法家，能关心这些国计民生的事情，这在当今艺坛是非常少见的。我们也想通过这个机会，了解一下最近几年来您所倡导的“挥写书法时代经典”“追寻艺术文化价值”“感恩时代践行使命”等艺术思想理念的详细内容。

言恭达： 近几年来，我常常在思考书法艺术究竟是什么？书法如何融入当下的社会？一个艺术家如何实现自己的审美理想？因此我提出了“挥写书法时代经典”“追寻艺术文化价值”“感恩时代践行使命”的学术理念，并积极自我实践，“为人生而艺术”。

所谓“挥写书法时代经典”，是通过一系列的社会活动来践行的，其中最典型的就是创作了2008年北京第29届奥林匹克运动会《我的中国心》、2010年上海第41届世界博览会《城市让生活更美好》，以及2011年纪念中国共产党建党90周年和辛亥百年《世纪脊梁——推动百年中国历史进程人物诗抄》等书法长卷。我们知道，书法属于一种艺术，更是一种历史，书法作品必须反映现在的时代特质，才能为后人留下属于我们这个时代的经典，我书写“长卷”就是为创作经典在努力探索。

所谓“追寻艺术文化价值”，一是将艺术还原于文化。这个文化既是一个时代的人文精神，又是这个时代的文化记忆，更是要反映这个时代的文化特质。二是求真于经典。在传统经典的基础上进行创新，创新于艺术形式与技法，同时还有时代的内容。三是提升于大众。推动俗文化向雅文化转换，用高雅的意趣引导大众审美，提升大众文化的审美品位。四是引导方向。引导方向有两方面：（1）社会高雅艺术的审美引领；（2）艺术家为主流文化服务方向的引领。五是积累于当代。要创作出能反映时代经典的文化作品，今天的文化创作就是明天的历史遗存。而艺术创作的最终文化价值是唤起全社会对文化的觉醒。

所谓“感恩时代践行使命”，是通过慈善公益实践反哺社会，也达到个人境界的提升和灵魂的净化。几年来，我先后为汶川、青海玉树地震灾区，江苏红十字孤儿学校，全国艾滋病防治，江苏省体育发展基金等无偿捐资数百万元，并捐资建立南京“言恭达百万慈善基金”、东南大学“言恭达百万教育基金”等。目前，正在筹建“言恭达文化基金会”。

我们这一代书画家很幸运，赶上了一个伟大的时代，是时代推出和造就了我们这批艺术家，我们与老师前辈们相比太幸福了，所以，我们没有任何理由不回报社会。阳光下感恩时代，文化中敬畏传统，民生里关爱大众，是我多年来心底的呼声。一个艺术家必须融入社会、感恩时代、感知民生、感悟生活，让个人的生活体验提升为时代的审美体验，从而实现真善美相统一的审美理想。这是今天书画艺术家创作的必由之路，也是一个有良知、有责任的艺术家的社会责任担当。不能想象，一个不具备对现实关怀的作家、艺术家能留下传世经典。慈善的本质是使之成为每个人生活方式的选择，艺术家需要通过慈善的实践来自觉提升自己的人文境界，从而完善作品中所透析的现代人文精神。行善是一种社会责任，慈善是个人内心思想情感的自然流露，因此，慈善是不图回报的、低调的，是快乐的。

（原载于中国网2012年3月5日）

图书在版编目（CIP）数据

政协委员履职风采·言恭达/言恭达著. —北京：中国文史出版社，2017.12
ISBN 978-7-5205-0107-1

Ⅰ.①政… Ⅱ.①言… Ⅲ.①政协委员—生平事迹—中国
②言恭达—生平事迹 Ⅳ.①K820.7

中国版本图书馆 CIP 数据核字（2018）第 029609 号

责任编辑：窦忠如　刘华夏

出版发行：**中国文史出版社**
网　　址：www.chinawenshi.net
社　　址：北京市西城区太平桥大街 23 号　邮编：100811
电　　话：010—66173572　66168268　66192736（发行部）
传　　真：010—66192703
印　　装：北京地大彩印有限公司
经　　销：全国新华书店
开　　本：787×1092　1/16
印　　张：19　　插页：6
字　　数：289 千字
版　　次：2018 年 3 月北京第 1 版
印　　次：2018 年 3 月第 1 次印刷
定　　价：48.00 元